本书为国家社会科学基金青年项目"我国能源消费结构调整及其经济和环境效应研究"（批准号：15CJY034）阶段性成果

能源消费转型及其
社会、经济和环境影响研究

张 馨 著

Energy Consumption Transformation:
Social-Economic-Environmental Impact

中国社会科学出版社

图书在版编目（CIP）数据

能源消费转型及其社会、经济和环境影响研究/张馨著.
—北京：中国社会科学出版社，2018.2
ISBN 978 - 7 - 5203 - 1411 - 4

Ⅰ.①能…　Ⅱ.①张…　Ⅲ.①能源消费—关系—经济
发展—研究—中国　Ⅳ.①F426.2 ②F124

中国版本图书馆 CIP 数据核字（2017）第 273397 号

出 版 人	赵剑英	
责任编辑	侯苗苗	
责任校对	王纪慧	
责任印制	王　超	

出　　　版	中国社会科学出版社	
社　　　址	北京鼓楼西大街甲 158 号	
邮　　　编	100720	
网　　　址	http：//www. csspw. cn	
发 行 部	010 - 84083685	
门 市 部	010 - 84029450	
经　　　销	新华书店及其他书店	

印　　　刷	北京明恒达印务有限公司	
装　　　订	廊坊市广阳区广增装订厂	
版　　　次	2018 年 2 月第 1 版	
印　　　次	2018 年 2 月第 1 次印刷	

开　　　本	710×1000　1/16	
印　　　张	19	
插　　　页	2	
字　　　数	283 千字	
定　　　价	79.00 元	

前　言

　　能源、食物和淡水都是人类赖以生存的物质基础，是推动经济发展和社会进步的重要资源，在现代化建设中具有举足轻重的地位。能源作为自然资源的重要组成部分，不仅在生产中扮演着经济增长驱动的角色，而且在生活中发挥着为人类不断改善生活质量和提高生活水平提供大量能源服务的作用。随着世界经济的高速发展和人口的快速增长，各国对能源资源的需求日益增加。然而，人类在享受能源带来的经济增长、科技进步、社会文明等巨大成果的同时，也遇到一系列无法避免的能源可持续利用的挑战，以及过度使用化石能源引起的气候变化和环境污染。不言而喻，能源问题不仅关乎人类的繁荣与福祉，更关乎每个人的生存。

　　能源战略是国家发展战略的重要支柱。当前，世界能源供求格局深刻调整，新一轮能源革命和转型发展正在蓬勃兴起，加快开发利用可再生能源已成为世界各国的普遍共识和一致行动。我国作为能源生产和消费大国，必须抓住机遇，贯彻落实新发展理念，加快供给侧结构性改革，积极推动能源消费、供给、技术、体制革命和国际合作，实现能源绿色低碳转型，更好地支撑我国经济、资源、环境的可持续发展。基于此，我国向世界做出庄重承诺：到 2020 年，非化石能源占一次性能源消费总量的比重达到 15% 左右，单位国内生产总值二氧化碳排放量比 2005 年下降 40%—45%；到 2030 年，非化石能源占一次能源消费总量的比重达到 20% 左右，单位国内生产总值二氧化碳排放量比 2005 年下降 60%—65%；2030 年前后碳排放达到峰值，并力争尽早达到峰值。在能源绿色低碳发展目标的驱动下，未来我国应把发展清洁低碳能源作为能源结构调整的主攻方向，大幅度增加非化石能源消费比重，逐步提高天然气消费比重，减少二氧化碳排放，建设清洁低碳、安全高效的现代能源体系，促进生态文明建设。

本书以能源消费转型为主线，系统地阐述了能源消费研究的相关理论及其应用，深入探讨了全球能源转型的轨迹、趋势和特征，以及国外主要国家能源转型的实践及经验借鉴；我国能源转型面临的形势、阶段性特征和发展路径，以及能源消费转型与社会进步、经济发展和环境保护的关联程度，并分别提出能源与社会、经济与环境协调发展的路径选择。全书共分八章，围绕能源消费转型展开全方位的探索研究，具体章节安排如下：第一章，能源消费的演进与变革。回顾了能源开发利用变革在人类发展历史进程中产生的影响，在对全球能源转型趋势与特征进行研判的基础上，总结我国能源消费转型面临的机遇。第二章，能源消费的相关理论与实践述评。梳理能源研究中的相关理论及文献，总结国外主要国家能源转型的实践历程以及对我国的经验借鉴。第三章，我国能源转型发展的形势与路径。基于当前我国能源转型的发展环境和阶段性特征，提出了能源转型的方向、难点和实施路径。第四章，我国生活能源消费转型研究。分析我国生活能源消费的演进特征，并对我国和印度农村家庭能源消费进行对比和研究，以西部地区黄土高原为例研究城乡居民家庭能源消费情况。第五章，能源消费转型与社会进步。总结城市化进程中的农村能源消费变革的历程并探讨未来转型方向，对能源和社会的交叉问题，即能源贫困及其治理进行探讨，针对案例研究区域分析城乡居民家庭能源消费的阶梯特征及其反映的家庭生存状态差异。第六章，能源消费转型与经济发展。阐述能源消费变革与经济转型发展的相互作用关系，提出在节能减排目标要求下产业结构的优化路径，分析案例研究区域城乡居民家庭生活能源消费支出的结构特征以及家庭收入对能源需求的影响。第七章，能源消费转型与环境保护。基于我国能源消费碳排放数据，分析碳排放的影响因素，寻求二氧化碳减排的"中国举措"，对案例研究区域的城乡居民家庭能源消费的污染气体排放进行核算，分析生活能源结构转换的减排效应。第八章，展望。对未来能源发展趋势及我国能源可持续发展的构想进行展望。

　　本书是在笔者主持的国家社科基金青年项目"我国能源消费结构调整及其经济和环境效应研究"（项目编号：15CJY034）阶段性成果基础之上整理而成的，基于调研数据的案例研究来自笔者博士毕业论文《城乡居民家庭能源消费及其生存现状的多维视角分析——以黄土高原西部地区为例》，希望本书能够为从事能源研究的科研工作者以及政府部门提供参考。

目　录

第一章 能源消费的演进与变革

人类发展历史中几个具有划时代意义的里程碑均与能源利用变革密切相关，至今人类社会已经历了薪柴时代、煤炭时代和油气时代。作为经济社会发展的重要物质基础，能源已经深刻地嵌入到经济社会发展的方方面面，其覆盖范围之广、影响时间之久、作用程度之深，远远超出了其他矿产资源。越是现代社会，对能源的依赖程度越高。因此，能源革命对人类社会发展具有重要的推动作用。当前，新一轮能源革命蓬勃兴起，世界能源消费逐渐转向天然气和新能源，体现出由高碳能源向低碳能源转型、由低效利用向高效利用转型的趋势。我国已成为世界上最大的能源生产国和消费国，传统能源生产和消费模式难以为继。在经济增速趋缓、资源环境约束趋紧的新常态下，推动能源革命势在必行、刻不容缓。在中央财经领导小组第六次会议上，习近平同志提出的推动能源生产和消费革命的五点要求为我国的能源革命谋篇布局，同时，在五大发展理念之一的"绿色发展"理念引领下，以及在供给侧改革的推动下，我国能源消费结构调整将迎来有利机遇，逐步由传统能源主导的能源消费结构转变为传统能源与新能源双轮驱动、协调发展。

第一节 能源开发利用与人类发展

一 能源利用与人类社会进步

人类社会进入到 21 世纪的今天，能源在人类文明的进程中发挥了积极的推动作用。从能源的变革历程来看，人类社会的发展历史经历了三个能源时代：薪柴时代、煤炭时代和油气时代。每一次能源的更迭都标志着文明的飞跃，从而也使人类生存发展的观念得到根本性转变。可以说，没有能源的发展作为支撑，就没有人类文明的进步。当前，能源利用又向以太阳能、核能为主体的新能源时期过渡，新一轮的能源革命正在到来。

火的发现，可谓是人类利用能源的开始。人类自从学会用火以后，人类文明才实现了历史性的跨越。自旧石器时代以来，人们以薪柴等生物质能为燃料，并利用一些简单的水力和风力机械从事生产活动，人力和畜力也是重要的动力来源。能源的利用主要满足炊事、照明、取暖这三项人类社会最基本的生存需求。在漫长的薪柴能源时期，人类控制能源的能力没有多大变化，生产和生活水平低下。时至今日，在广大发展中国家的农村地区，以薪柴、薪草和秸秆为燃料的现象仍很普遍。

煤炭的利用，开创了人类历史的新纪元，把人类社会带进了第一次工业革命，也使人类的能源利用进入了新的历史阶段——煤炭能源时代。蒸汽机的发明使煤炭成为第二代主体能源，特别是煤炭被加工转换成电能之后，电力成为一切社会、经济、文化活动须臾不能离的要素，促进了社会生产力大幅度提高，人类社会的面貌焕然一新。电灯、电话、电车和各种家用电器进入千家万户，人们的生活变得更加丰富多彩。

20世纪50年代中期，伴随着第二次工业革命的到来，全球石油和天然气的消费量超过了煤炭，意味着人类利用能源的历史进入第三阶段——石油能源时代。随着石油开采技术的成功和把石油作为燃料的新用途加以开发，汽车、飞机、内燃机车、远洋轮船等交通运输工具迅猛发展，大大缩短了国家和地区之间的距离，极大地促进了世界经济的繁荣，将人类社会飞速推进到现代文明时代。当今世界，石油作为一种战略性资源，已经成为全球能源供应体系中的核心。

化石能源的利用成为现代工业文明的标志。然而，由于世界各国经济的急剧增长促使人们对化石能源进行大规模地开发利用，资源供给的有限性与人类发展需求的无限性之间的矛盾日益凸显，人们开始寻找新能源和新技术。一些可再生能源陆续被开发出来，比如太阳能、风能、地热能、核能、海洋能等。与此同时，用能技术不断改进，用能效率不断提高。例如，生物质能的利用从直接燃烧转变为压缩成型、气化（发酵沼气）、液化，甚至发电等。清洁、高效、便利和可持续成为未来社会用能的主要趋势。

综上所述，人类发展伴随着能源的更替和演进。能源类型从低级到高级，能源种类从单一化到多元化，能源利用方式从粗放型到集约型，用能效率由低效到高效，用能器具由简单到复杂，人类对能源的消费也从生存型演变到发展型和享受型。由此反映出，社会越进步，人们的生活水平越高，对能源的依赖性越大。简言之，人类福利的增进与能源开发利用的进步是密不可分的。

二　能源需求增长与经济发展

自 20 世纪 70 年代的两次"石油危机"爆发以来，能源的重要性逐步显现，成为全世界瞩目的焦点，也使人们深刻地认识到能源资源对经济增长有着极强的约束作用。随着国民经济的不断发展，社会生产和生活对能源的依赖程度日益强烈。作为支撑经济增长的"发动机"，能源要素的重要程度已经与资本和劳动力两大生产要素并驾齐驱，而由于当今主体能源的稀缺性，能源资源逐渐成为制约社会经济发展的巨大瓶颈。为保证宏观经济的平稳运行，实现能源的可持续利用是亟待解决的问题。

改革开放以来，我国经济快速发展，带来了社会的繁荣和人民生活水平的提高，社会经济发展必然导致能源需求的迅速扩大。特别是城市化进程的推进使人们的生活方式发生改变，促使整个社会的生活能源消费结构和模式发生重大变化，增加高质量的清洁能源成为必然要求。例如，家用电器的多样化和室内取暖降温需求促进了用电量的增加，电网负荷高峰连续攀升；近些年来，汽车数量的迅猛增长扩大了成品油的消耗，2015 年我国原油对外依存度已超过 60%，这意味着我国主体能源对外依存度上升，不仅迫使我国每年支付巨额的经济成本，而且国际市场石油价格的剧烈波动将对我国的经济发展和社会稳定造成巨大冲击。由此可见，长期以来，由于能源供应紧张，我国的经济增长更加依赖于能源进口，能源安全保障将面临严峻挑战。

我国作为世界上人口最多、经济增长最快的发展中国家，目前已经超过美国成为世界上最大的能源消费国。从世界范围来看，一个国家所处的经济发展阶段对能源消费水平有很大影响。我国与先行工业化国家一样，在完成工业化和城镇化建设的过程中，能源需求的较快增长体现了经济发展阶段对能源需求的客观规律性。在当前以及未来较长一段时间内，我国仍将保持以煤炭为主的能源结构，这种以化石能源为主的能源消费结构将严重制约中国的可持续发展。为此，中国政府在《中国的能源状况与政策》白皮书中提到，到 2020 年，可再生能源消费量在能源消费总量中的比重将上升到 15%，重点发展水电、风电、太阳能和现代生物质能。① 能源结构的调整可在一定程度上缓解能源短缺问题，但如何在保障经济总量增长的前提下降低能耗，则需要加快推进能源技术的进步。在国家"十一五"规划中，首次将单位产值能耗以量化指标的形式设定为考核经济发展的指标。在新一轮世界科技革命的战略机遇下，我国提出走新型工业化道路，推动经济发展更多依靠科技创新驱动，对能源资源的依赖尽可能降低，为合理控制能源消费总量提供了必要条件。

三 能源消费对环境的影响

能源消费在带来大量经济增长的同时，也带来了日趋严重的生态和环境问题，引起国际社会的广泛关注。能源的开发利用与环境变化具有复杂和紧密的关联，在不同的空间尺度、自然条件和发展水平下，表现出不同的影响程度和方式。

（一）宏观层面：能源消费对全球气候变化的影响

迄今为止，联合国政府间气候变化专门委员会（IPCC）自 1990 年起发布了五次关于全球气候变化的评估报告，认为气候变暖是当今世界最主要的环境问题，而能源消耗排放的大量温室气体则是导致全球变暖的重要原因，已成为影响人类生存与发展的严重威胁。许多学

---

① 中华人民共和国国务院新闻办公室：《中国的能源状况与政策》白皮书，2007 年 12 月。

者基于较长时间序列的资料和对面板数据模型的研究，得出了能源消费与经济增长、碳排放三个变量之间存在着内在因果关联的结论，验证了能源消费对二氧化碳排放的贡献。在全球气候变暖背景下，环境问题关系到人类的可持续发展，应对气候变化成为国际社会的共同关注。许多国家积极参与国际气候谈判会议和温室气体减排计划，承担相应的减排义务。1997 年，149 个国家和地区在日本京都通过了里程碑式的《京都议定书》，这是国际社会第一次在跨国范围内设定具有法律约束力的温室气体减排或限排额度。2007 年，"巴厘岛路线图"最终绘制成功，一直游离在全球减排框架之外的美国的加入使它变成一份应对气候变化的真正的全球协议。2009 年，哥本哈根气候谈判会议提出发展中国家也应当承担减排义务，但对于不同发展水平国家的碳排放配额的确定存在很大争议。2015 年 12 月，在巴黎气候变化大会上达成了《巴黎协定》，其成为历史上首个关于气候变化的全球性协定，也说明了各国人民应对气候变化的努力和决心。2016 年 11 月 4 日，《巴黎协定》的正式生效，开启了全球合作应对气候变化的新阶段。根据协定，发展中国家应依据不同的国情继续强化努力减排，并逐渐实现减排或限排目标。总的来说，遏制全球气候变暖必须减少人类活动带来的温室气体排放，国际社会对此已达成共识。以低能耗、低排放、低污染为特征的低碳经济正在成为全球经济发展的新趋势。

我国二氧化碳排放总量居全球前列，是世界温室气体排放增量的主要贡献者。我国目前正处于工业化和城市化加速发展阶段，能源需求迅速扩大导致二氧化碳排放量大幅攀升，进一步的发展还需要较大的排放空间，加之我国以煤为主的能源结构短期内难以改变，面临着国际上要求减排的巨大压力。尽管如此，我国一直遵循《联合国气候变化框架公约》"共同但有区别的责任"的原则，为抑制气候变化做出了不遗余力的努力。2009 年 11 月 25 日，我国政府宣布，到 2020 年单位国内生产总值的二氧化碳排放比 2005 年下降 40%—45%，这是对国际社会的庄重承诺。因此，"向低碳经济转型"既是我国自身经济发展的内在要求，也是应对国际减排压力的必然选择，关系到我国未来能源战略和可持续发展的大局。为此，我国将大力推进绿色低碳循环发展，采取有力行动应对气候变化。2015 年 6 月 30 日，我国向联合国气候变化框架公约秘书处提交了《强化应对气候变化行动——中国国家自主贡献》，文件确定了我国 2030 年的四项自主行动目标，提出到 2030 年，中国单位 GDP 的二氧化碳排放要比 2005 年下降 60%—65%。这是我国加快推进生态文明建设、实施国家绿色化战略的主动作为，展示了我国政府对国内人民和国际社会负责的自主、自信与自强。

（二）中观层面：能源开发利用过程对生态环境的影响

化石能源的开发占用大量土地，改变原有的地表景观，破坏植被。我国煤矿采空区已累计达 100 万公顷左右，70% 的大型矿区均是土地塌陷严重区。煤炭开发已造成西北地区约 245 平方公里范围的水土流失，使当地原本生态环境脆弱、水资源严重匮乏的局面更加恶化。油气开采及炼化同样对环境造成巨大影响。我国陆上油气开发严重破坏地下水资源，降低地下含水层水位。海上石油储层往往埋藏浅、上覆岩层胶结性差，稍有不慎就会对海洋生态环境造成灾难性影响。煤层气、页岩气开采也会带来大面积地下水资源污染问题。

生物质能的大量利用不仅使林草植被的覆盖减少，水土流失严重，还中断了自然生态系统的物质循环过程，导致生态系统的退化。从传统农业社会开始，薪柴长时间作为主导能源而存在，但薪柴的储存量有限，人类不断的砍伐使世界森林面积日益缩小。同时，森林变成荒野，失去了调节气候、维持生态平衡的能力，环境质量日趋下降。例如，我国的黄土高原地区，原是森林茂密、草原肥美的森林草原地带，由于长期不合理开垦和乱砍滥伐，造成大面积的荒山秃岭，生态遭到严重破坏。有关研究表明，我国西部地区的水土流失、土地沙化在很大程度上与作物秸秆、薪柴、薪草和畜粪等生物质能的过度利用有关。

（三）微观层面：非清洁能源利用对空气质量的影响

传统生物质能和煤的利用带来的室内空气污染对居民，特别是妇女和儿童健康造成了很大影响。据世界卫生组织估计，在发展中国家每年有 150 万人（大部分是妇女和儿童）死于来自生物燃料炉灶的烟尘，由此导致的死亡率达到世界范围死亡人数的 4%—5%。燃料及其燃烧后的灰烬堆放也影响人居环境卫生。另外，化石能源燃烧释放出二氧化硫、氮氧化物、烟尘、可吸入颗粒物等大气污染物，是造成酸雨、雾霾、浮尘天气的主要原因。发达国家在工业化早中期都出现过严重的空气污染，如 20 世纪中期发生的"伦敦烟雾事件"和"洛杉矶光化学烟雾事件"都曾震惊世界。研究表明，近 50 年来我国雾霾天气总体呈增加趋势，雾霾持续时间长、范围广、影响大、污染重，可吸入颗粒物正在成为城市大气污染的焦点，给人类健康带来不可忽视的负面影响。

四　能源消费与人民生活

人们的日常生活处处离不开能源，从衣、食、住、行、通信、教育、文化、卫生到娱乐，能源的利用影响到人类生活的方方面面，有学者描绘了能源与人民生活息息相关的各部分之间的关联（见图 1-1）。能源消费与人类生活各方面的密切关联使之成为测度人民生活质量和国家发展水平的标准。家庭能源消费也成为衡量一个国家文明发达程度的重要指标。人民生活水平状况与能源利用息息相关。按照人类发展报告（1997）所述，关于人类贫困的定义更多被看作是对过一种可承受范围的生活的选择和机会的放弃，而不仅仅是经济贫困。从另一个方面来说，贫困是指没有足够的社会经济发展所需的能源来提供这些选择和机会，而这一点是至关重要的，能源贫困将会影响人类的生存与发展。

在世界上主要发达国家的总能源消费中，家庭用能与工业用能、交通用能已形成明显的"三足鼎立"之势。家庭能源消费的增长速度已经超过了工业能源消耗，成为能源消费新的增长点。有相关研究表明，2000 年经合组织（OECD）国家的生活能源消费量已占到国家能源消费总量的 15%—20%，其中瑞典的比例更是达到 38%。欧美等国的生活能源消费产生的二氧化碳排放量占总排放量的比重也较高，英国为 27%，美国达到了 41%。根据 UNDP 和世界银行对 15 个国家的调查显示，发展中国家的家庭生活用能占总能源消耗的 30%—95%。由此可以看出，除了生产方面的用能，对生活能源消费领域也需要高度关注和深入探究。生活能源作为居民的必需消费品，其供求关系和利用方式对人们的生活改善和当地生态环境保护具有重要影响。

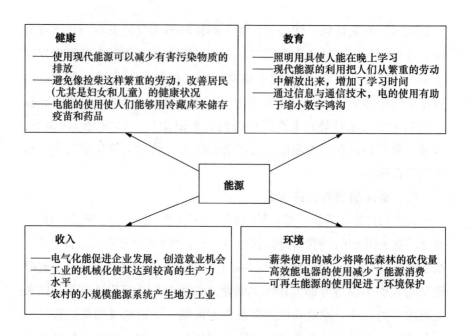

图1-1　能源影响人民生活的方方面面①

　　生活能源消费虽然并不直接参与国民经济价值的创造，但关系着居民生活水平的质量和消费行为的偏好。随着人们生活水平的提高，所需的能源也在逐渐增加。因此，从一个国家人民的能源消费量就可以看出一个国家人民的生活水平。例如，生活最富裕的北美地区比贫穷的南亚地区每年每人的平均能耗要高出55倍。美国电力研究院C. F. Anderson等用生活质量模型分析能源、国民生产总值和生活质量间的关系，把能够度量的社会、经济、文教卫生、环境及国家实力与安全五大类共50个变量输入模型，对人均国民生产总值超过1000美元的50个国家和地区进行生活质量对比。结果表明，人均能耗尤其是人均用电量与生活质量具有直接的正比例关系（见图1-2）。

―――――――――

　　① Makoto Kanagawa & Toshihiko Nakata, "Analysis of the Energy access Improvement and Its Socio - economic Impacts in Rural Areas of Developing Countries", *Ecological Economics*, 2007, 62（2）.

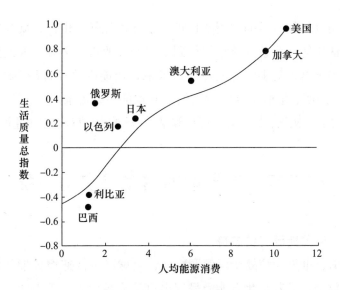

图 1-2　人均能耗与生活质量的关系①

　　在我国一次能源消耗比例中，工业部门的能耗占 70% 左右，居民生活能耗成为仅次于工业用能的第二大能源消耗部门，占到 10%，其余为交通运输、农业等部门消耗。然而值得注意的是，工业产品最终是被人们所消费的，从终端消费来看，将间接能源消费量也纳入考虑，则居民生活能源消费占能源消费总量的比例超过 50%。因此，城乡居民家庭的能源消费将成为我国未来能源需求增长和二氧化碳排放增长的主要来源。我国居民的生活用能结构正在向高效化、清洁化和可持续的方向转变。随着居民消费水平的不断提高，消费结构日益升级，能源消费也在不断增长。城市化带来了社会经济的巨大进步，一方面促进了农村居民对于商品能源的需求增加；另一方面使越来越多的农村人口进入城镇，改变了他们的能源消费行为。随着城市居民生活方式的改变，其能源消费结构以及消费模式也在发生着转变。在农村地区，电力、煤炭、液化气等现代能源逐渐替代传统生物质能；在城市地区，家用电器的种类和数量不断增加，使得电力消费持续上

---

　　① 赵媛：《可持续能源发展战略》，社会科学文献出版社 2001 年版。

升，家用汽车拥有量的大幅增长扩大了交通能耗。由此，城乡居民家庭的生活用能从数量到质量都得到了提升和改善。另外，人们的生活内容更加丰富，对生活舒适性的追求使得用能的途径日趋多样化。除了炊事、照明、取暖三项维持人们最基本的生存需求以外，清洁卫生、交通、通信、文化、娱乐等发展型和享受型的能源消费也在快速增长。

第二节　世界能源转型趋势与特征

一　当前能源消费态势

当前，世界经济处于深度调整期，全球经济低速增长带动能源需求增速放缓，尤其是化石能源呈现出供给充足而需求乏力的局面，越来越多的国家将能源发展重心转向清洁能源，可再生能源发展速度加快，能源消费结构进一步优化。

（一）能源消费结构多元化发展

从能源消费增速来看，2015 年，世界一次能源消费仅增长了1.0%，低于十年间平均水平的 1.9%，这是自 1998 年以来的最低增速（除金融危机时期以外）。煤炭消费的增长率呈现负增长，创历史新低。除石油和核能以外，其他所有能源消费增长都低于过去十年的平均增速。用于发电的可再生能源持续稳健增长，增速达到 15.2%，稍低于其十年平均水平的 15.9%，但增量创历史新高。

从能源消费结构来看，20 世纪 60 年代以来，石油逐步完成对煤炭的替代，成为第一大能源，石油占比大幅度提高，煤炭占比大幅下降，天然气占比逐年提升。70—90 年代，以 1973 年第一次石油危机爆发为节点，石油占比从高位大幅回落，并持续下降，但一直保持主导地位的煤炭占比却呈小幅波动，基本维持在固定范围，而此时天然气得到了快速发展，占比稳步提升。与此同时，人们开始寻找新的替代能源——核能，核电占比大幅提升，从 1975 年的 1.4% 上升到1995 年的 6.1%。进入 21 世纪，煤炭消费崛起（主要是中国因素），石油消费占比下降较多，天然气占比维持稳定水平，由于核事故及核技术被少数国家所掌握，核能占比小幅下降，可再生能源逐步登上历史舞台，占比稳步提升。目前，全球形成了相对均衡的化石能源消费结构，煤炭、石油与由天然气、核能、水电和可再生能源组成的清洁能源已形成了"三足鼎立"的格局，三分能源消费份额，2015 年占比分别为 29.2%、32.9%和37.8%（见图1−3）。

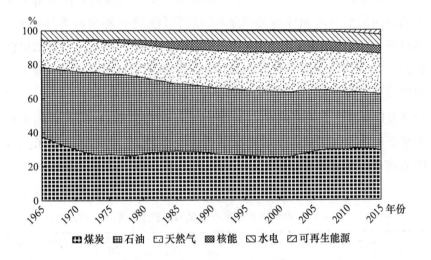

图1−3 世界能源消费结构变化

资料来源：《BP 世界能源统计年鉴》（2016）。

　　在当今世界的能源结构中，石油、煤炭和天然气牢牢占据前三名的位置。但从演进趋势来看，随着能源需求的不断变化，全球能源结构也将发生重大调整，呈现多元化发展，总体趋势可以概括为低碳化和可再生化。为应对能源安全挑战以及气候变化，重塑能源格局是世界发展大趋势。各国均在设法提高能源效率，控制和减少碳排放，从而提升国家竞争力。美国在全球范围内主打"技术领先战略"，欧盟主打"低碳战略"，已经持续了二三十年。综观世界各国，经济发展从中等收入国家跨入高收入国家无一例外地要求以优质能源供应作为保障。以煤为主的能源结构可以支撑我国进行快速的工业化和城镇化，但难以支撑我国成功跨越"中等收入陷阱"，顺利进入后工业化时代，因此，不断优化能源结构是国家发展的根本途径。

（二）能源消费格局分异明显

能源消费始终是伴随着经济的发展，能源消费大国主要是发达经济体或是人口大国，一次能源消费总量位居前五的国家分别为中国、美国、印度、俄罗斯和日本（如表1-1）。能源消费呈现不同的增长模式，发达国家增长速度明显低于发展中国家。当前中国的经济正在进入新常态且正在经历着巨大的结构转型，虽然仍保持其世界最大能源消费国、生产国和净进口国的地位，但能源消费增速有所放缓，2011年之后更是快速下降，2015年增幅为1.5%，仍远远超过美国的0.9%。这主要是由于中国正处于快速工业化和城镇化的发展阶段，使得中国成为世界上连续15年一次能源消费增量最多的国家。除了欧洲及欧亚大陆以外，所有地区的能源消费增长都低于10年间平均水平，但新兴经济体占全球能源消费增长的97%。俄罗斯和日本的一次能源消费大幅度下降。

表1-1　　　　　　　　世界主要国家一次能源消费量　单位：百万吨油当量

年份	2005	2006	2007	2008	2009	2010	2011	2012	2013	2014	2015
中国	1793.7	1968	2140.1	2222.3	2322.1	2487.4	2687.9	2795.3	2903.9	2970.3	3014
美国	2350.2	2333.1	2371.8	2320.3	2206.1	2285.3	2266	2210.4	2271.7	2300.5	2280.6
印度	393.6	413.9	450.2	475.7	515.2	541	565	599.8	626	666.2	700.5
俄罗斯	647.2	676.1	680.5	683.5	648	673.3	694.9	695.3	688	689.8	666.8
日本	522.5	521.8	517.4	510.8	469	497.4	471.9	468.5	465.8	453.9	448.5

资料来源：《BP世界能源统计年鉴》（2016）。

从能源消费的区域格局来看（见图1-4），能源消费结构趋向优质化，但地区差异仍然很大。亚太地区在煤炭、石油和水电消费上领先，而欧洲及欧亚大陆则在天然气、核能和可再生能源消费上领先。亚太地区主导全球煤炭消费，2015年占全球能源消费的72.9%。天然气是唯一一种在任何区域消费占比都未超过全球消费总量30%的燃料，这也说明各个地区都在积极推动天然气消费，是实施能源转型的主要目标。中东能源结构最单一，石油和天然气占总能源消费的

98%。可以看出，发达国家的经济已进入到后工业化阶段，经济向低能耗、高产出的产业结构发展，能源消费向高效、清洁、可持续的能源种类发展。

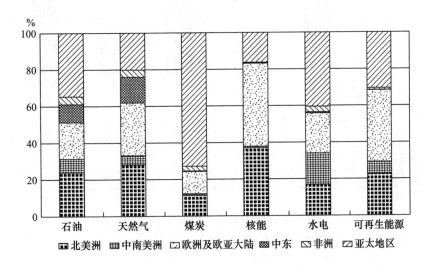

图1-4　2015年分区域的能源消费量

资料来源：《BP世界能源统计年鉴》（2016）。

能源消费重心正在发生转移。能源领域的长期传统格局开始改变，全球能源需求的重心正在向新兴经济体转移。"供给西进"和"需求东移"是当今全球能源的主导路径。在供给端，随着页岩油气、油砂、重油等新技术的大规模应用，以美国为代表的非常规油气产地逐步替代中东、俄罗斯等传统油气产地将成为可能。在需求端，美欧发达国家的工业化进程已经逐步走出了依靠能源消耗换取经济发展的阶段，对能源的新增需求显著减少，转而在能源利用效率的提升和优质能源的替代领域开启了能源革命。与此同时，中国、印度等新兴市场对于能源的需求正在与日俱增，从目前来看，这两个国家的能源消费数量多但质量不高，煤炭消费占一次能源消费总量的一半以上（如图1-5），在未来的新增能源需求中应逐步转向清洁能源，从而实现能源转型。美国和俄罗斯以油气为主的能源结构就是中国下一步能源结构调整的目标。

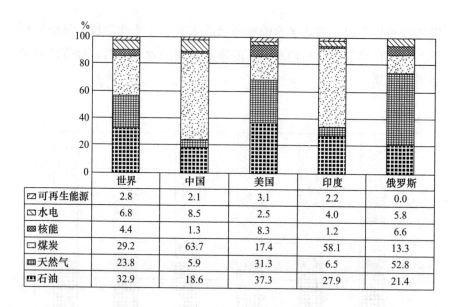

图1－5　部分国家一次能源消费结构

资料来源：《BP世界能源统计年鉴》（2016）。

二　未来能源消费趋势

世界政治经济格局的变化、金融危机和绿色能源革命，是影响能源未来走势和结构变化的三大主要因素。随着全球化、现代化和信息化趋势的不断发展，世界各国都在力求使能源利用、经济增长、环境保护与社会和谐协调一致地发展，能源消费结构将发生深刻调整，主要体现为化石能源消费内部结构的调整以及化石能源与非化石能源结构的调整。据英国石油公司发布的《BP世界能源展望》预测，化石能源仍是为世界经济提供动力的主导能源，约占预计能源增加量的60%，以及约占2035年能源供应总量的近80%，但内部结构将会发生显著变化，煤炭增长将急剧放缓（年均0.5%），到2035年煤炭将在一次能源的比重达到有史以来的最低点，而天然气是增长最快的化石能源，将取代煤炭成为第二大燃料。在非化石能源中，可再生能源（包括生物燃料）迅速增长（年均6.6%），导致其在一次能源中的占比将从2015年的大约3%上升至2035年的9%（如图1－6）。

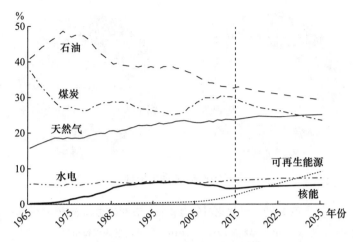

图1-6 一次能源结构变动趋势预测

资料来源:《BP世界能源展望》(2016)。

当前,全球正在兴起一股"绿色"浪潮,人们越来越认识到社会、环境、能源资源和经济发展的协调性与整体性是可持续发展的关键。绿色发展要求我们减少经济增长对资源的消耗,更多地依靠资源循环来发展经济,建设"减量化、再利用、资源化"的经济体系。加快转变经济和能源发展方式,从单纯追求增长速度,转向追求经济发展、社会和谐、生态良好的综合目标。因此,绿色能源将成为未来能源发展的主基调,未来二十年,新能源与可再生能源的比重将提高8%(如图1-7)。大规模地开发利用可再生能源,鼓励可再生能源进入能源市场,已成为世界各国能源战略的重要组成部分。发达国家纷纷制定"绿色能源计划"和"绿色能源新政",给予新能源和可再生能源前所未有的政策支持。作为这轮绿色能源的先行者,美国通过立法的形式确立了能源绿色发展国家战略,保持领先的绿色能源生产水平。欧盟于2007年制定了应对能源和气候变化问题的目标,到2020年,欧盟国家实现"三个20%",即可再生能源占能源消费总量的比重提高到20%,温室气体排放减少20%,能源利用效率提高20%。2016年底,欧委会通过的"欧洲人的清洁能源"新战略展望提出,2030年前绿色能源份额将增长至50%。这充分体现了欧盟国家进行绿色能源革命的决心和信心。

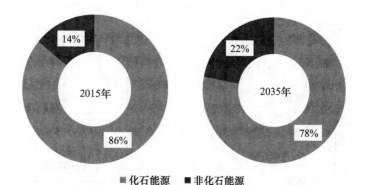

图1-7 世界化石能源和非化石能源结构变动

资料来源：根据《BP世界能源展望》（2016）提供数据计算得出。

中国作为世界上最大的能源消费国，在过去20年中成为全球能源需求增长的主要来源。但由于中国正在向更可持续的发展路径进行调整，能源需求将发生改变（如表1-2）。第一是增速的改变。中国的能源需求预计在2035年的展望期内将以不到年均2%的速度增长，远慢于2000年以来8%的年均增长率。中国能源需求放缓不仅是由于经济增速处于换挡期，也部分地反映了能源效率的改善，以及经济增长模式的改变。在经济增长新动能的驱动下，中国的经济增长将减少对高能源密集度的工业部门的依赖，最终实现经济增长与能源消费的强脱钩。第二是结构的改变。由于经济结构转型升级以及环境和气候政策推动，中国将减少对煤炭的依赖，从而降低煤炭对于支持经济增长的重要性。据《BP世界能源展望》（2016）预测，未来二十年中国煤炭消费将仅以年均0.2%的速度增长，并且煤炭在一次能源中的比重将从2015年的约2/3下降至2035年的50%以下。非化石能源和天然气的消费都将快速提高，它们在能源结构中的合计比重将从目前的17.8%上升至2035年的大约1/3。

表1-2　　　　　　　2035年中国能源消费预测

各类能源消费（需求）	变化情况（%）
能源总量	+47
石油	+61

续表

各类能源消费（需求）	变化情况（%）
天然气	+186
煤炭	−2
核能	+644
水电	+38
可再生能源	+673

资料来源：《BP 世界能源展望》（2016）。

作为绿色能源主要倡导者和推动者的欧、美、日等发达国家，已经完成了能源结构的前两个转变，即煤炭时代向油气时代的转变，以及电力系统的大规模发展。而对于正处于工业化、城镇化快速发展阶段的中国来说，未来需要同时面临能源结构的三重转变，即化石能源革命、电力革命和绿色革命。逐步控制化石能源的大规模扩展、大力发展可再生能源是中国实现碳减排目标的必然选择，中国政府不遗余力地向这一方向迈进。《能源发展战略行动计划（2014—2020 年）》提出"绿色低碳"的发展战略，2030 年非化石能源占比将提高到20% 左右。2014 年，中国和丹麦可再生能源发展项目发布的《中国可再生能源发展路线图 2050》为中国可再生能源明确规划了发展路线，并提出 2050 年风电、太阳能发电有望主宰电力系统，可再生能源发电占比将达到 86%。

三　世界能源转型轨迹

世界能源转型已进入加速期，随着气候变化压力的加大，能源结构调整势在必行，非化石能源发展成为趋势。国际能源署（IEA）发布的《2016 年世界能源投资展望》报告中明确指出，可再生能源发电的增量已经超过了世界电力需求的增量。也就是说，世界新增电力的需求已被可再生能源发电的增量满足。全球可再生能源发展速度并没有明显减缓，逐步替代传统常规高碳能源发电的进程不可避免。纵观能源演进的历程，能源转型是由技术创新和技术进步推动的，也是与工业革命同步推进的。第一次工业革命（工业 1.0）进入煤炭时代，第二次工业革命（工业 2.0）进入石油时代，第三次工业革命（工业 3.0）迎来天然气时代，第四次工业革命（工业 4.0）将以发展新能源和可再生能源作为核心任务，促进新能源经济的发展将成为未来世界各国竞争的重点。

（一）转型特征

1. 能源结构由高碳向低碳方向发展

在能源发展过程中，人类一直在不断寻找更多种类的能源，但不同发展阶段的主导能源有所不同。随着需求的变化和技术的发展，主导能源不断升级，总体是朝着更加低碳的方向发展。从薪柴到煤炭、石油、天然气，再到水能、核能、风能、太阳能以及其他清洁能源的发展过程，就是逐步减少碳排放甚至是无碳化的过程。也可以看作是从低密度能源向高密度能源转型的过程。化石能源碳排放强度高，人类持续上百年的开发利用已经排放了大量二氧化碳，对全球气候变化产生了深远影响，同时碳基能源资源的有限性开始显现。要减缓气候变化、实现人类社会可持续发展，必须降低能源结构中化石能源比重、提高清洁能源比重。现在，全球拥有丰富的太阳能和风能资源，大规模开发利用的潜力巨大，将成为未来最重要的清洁能源。在能源新技术和"绿色新政"的驱动下，新能源产业将引领世界经济发展方向，并带动人类社会新的变革。

2. 能源利用由低效向高效方向发展

随着能源种类的演进，人们对于能源利用技术的革新也在不断升级，使得能源利用从低效的直接燃烧向高效的终端电能利用发展。提高能源开发利用效率的关键在于技术创新，能源工业未来的方向将从能源资源型走向能源科技型。电能是清洁、高效、便捷的二次能源，电能的终端利用效率远高于化石能源直接利用的效率，电动机效率可以超过 90%。一次能源都可以转化为电能，通过电网进行优化配置和利用，终端能源消费都可用电能替代。因此，未来能源利用效率将主要取决于作为一次能源的风电、太阳能发电、水电的开发转化效率，大规模开发清洁能源并转化为电力，全球能源利用效率将获得极大的提升。当前，通过信息与通信技术对能源系统的渗透，实现能源生产和消费的智能化，可以减少浪费，提高整体系统效率。

3. 能源配置由集中化向共享式发展

传统能源发展强调的是规模经济，规模越大，单位成本越低。随着新能源技术和能源系统数字化的发展，包括微电网在内的新能源分布式就地利用、就地分享的模式发展迅猛。能源配置逐步从点对点输送向物流网、管网方向发展，呈现强烈的网络化趋势。未来，在以清洁能源为主导、以电能为中心的能源发展模式下，将形成以电网为主要载体的能源全球配置新格局。面对世界能源发展新趋势，中国提出了构建全球能源互联网的倡议，增进南南合作、南北合作，推进能源与信息、材料、生物等领域新技术深度融合，实现清洁能源大规模开发、大范围配置和高效率利用。

（二）三个消费峰值

不同的能源结构反映了各个国家的工业发展水平及社会文明状态。全球三大经济体的能源演进特征可以反映出能源转型的区域差异。当前，世界能源转型呈现出"三个消费峰值"的特征。

——中国煤炭消费峰值。中国是以煤为主的典型的高碳能源结构，因此世界煤炭消费比重与中国煤炭消费走势息息相关。中国煤炭消费在 2013 年达到峰值，使得石油在世界能源消费结构中得以继续保持主导地位，对于推动世界能源转型具有重大意义。

——美国石油消费峰值。美国是世界第一石油消费大国，美国60%以上的石油消费在交通运输上，由于技术进步推动能源使用效率持续提高，因此在汽车数量增加的情形下，美国石油消费量在 2006 年到达峰值后开始出现下滑。体现出技术进步对能源转型的影响。

——欧洲天然气消费峰值。欧洲天然气消费在 2010 年到达峰值，有经济发展放缓的原因，而更重要的原因在于可再生能源的快速发展，低碳环保政策的推动，以及风能、太阳能发电成本大幅降低。体现出新能源替代效应对能源转型的影响。

（三）三种驱动模式

从主要国家能源转型的动因、目标和路径来看，主要呈现三种驱动模式。

美国模式：为减少对进口石油的依赖、确保能源安全、实现能源独立而推动的能源转型。在充分市场竞争的经济环境下，通过一系列政策进行新型燃料的科技研发，2005年"页岩气革命"效果显现，石油进口量开始回落，改善了美国的石油安全状况。可以说，美国的能源转型是技术引领的供给侧革命。

德国模式：以能源安全、负担得起的能源、与环境兼容的能源供应作为其能源转型的指南。德国社会和政府的低碳环保理念推动了可再生能源革命，政府政策以及能源消费成本快速增加的公众支持是德国模式的基础，促使德国走上坚定的弃核弃化石能源的道路。

日本模式：日本福岛核电事故后，社会主动节能导致电力消费持续下降，其积极寻求可再生能源发电来弥补关闭核电造成的电力短缺，属于灾变驱动消费侧转型。

以上模式都是从本国国情出发，在能源供给与需求不断产生矛盾，以及国际共识的影响下演化而来的。中国是世界最大的能源消费国和投资国，在未来全球能源转型格局中占有举足轻重的地位，也必将会出现适合自己的"中国模式"。2017年5月18日，中国成为全球第一个实现在海域可燃冰试开采中获得连续稳定产气的国家，为天然气水合物资源的商业性开发利用奠定了基础。未来由中国引领的新一轮"天然气水合物革命"，将推动整个世界能源利用格局的改变。

第三节　中国能源消费转型的时代背景

一　新一轮能源革命蓄势待发

能源作为人类生存与发展的重要物质基础，在推动经济发展、社会进步和人类福利增进的同时，也带来了气候变化和环境污染，使其成为国际社会广泛关注的问题。同时，化石能源的不可持续性也引发了一系列无法避免的能源安全问题。在意识到这些问题之后，人们开始寻求新能源、可再生能源的开发利用，并逐步替代传统的化石能源。在这样的背景下，新一轮能源革命已然兴起。

我国已成为世界上最大的能源生产国和消费国，传统能源生产和消费模式已难以适应当前形势。在经济增速趋缓、资源环境约束趋紧的新常态下，推动能源革命势在必行、刻不容缓。在亚太经合组织工商领导人峰会开幕式上，习近平同志指出，"全球新一轮科技革命、产业革命、能源革命蓄势待发"。在中央财经领导小组第六次会议上，习近平同志提出了推动能源生产和消费革命的五点要求：推动能源消费革命，抑制不合理能源消费；推动能源供给革命，建立多元供应体系；推动能源技术革命，带动产业升级；推动能源体制革命，打通能源发展快车道；全方位加强国际合作，实现开放条件下能源安全。当前，国内能源消费增速明显放缓，2015 年已降至 0.98%，同时能源产业向低碳化、高端化、智能化转型的要求日益迫切，能源消费结构调整将迎来有利机遇，逐步由传统能源主导的能源消费结构转向传统能源与新能源双轮驱动、协调发展。

（一）减量革命

合理控制传统能源消费总量。中国是世界上最大的煤炭生产和消费国，尽管从 2005 年到 2015 年，煤炭占能源消费的比重由 72% 下降到了 64%，但短期内煤炭消费占据主导地位的基本格局不会发生根本改变。因此，对于能源消费总量的控制主要是对煤炭消费的控制，以倒逼经济发展方式转变和能源发展转型，促进经济社会可持续发展。当前，我国煤炭行业进入需求增速放缓期、过剩产能消化期、环境制约强化期、结构调整攻坚期"四期并存"的发展阶段。煤炭行业"高投入、高消耗、高污染、低产出、低效率"的"三高二低"式粗放型增长模式难以为继，必须转为提质增效的集约型发展模式。控制煤炭消费并不意味着控制经济发展动力，随着服务业的加速发展，经济增长对于能源消费的依赖将会逐渐减弱。我国逐渐步入后工业化时期，也是经济增长动力转换的过渡时期，推进产业结构的转型升级是控制煤炭消费的关键举措。同时，要加快推进煤炭消费减量替代重大工程，加快高耗能地区锅炉节能改造、天然气替代燃煤等节能技改工程建设，有效控制煤炭消费总量。在新能源具备大规模供应能力的基础上，逐步将所有化石能源纳入控制范围。

进一步挖掘工业节能潜力。"十二五"期间，我国工业用能占能源消费总量的比重保持在65%左右，主要工业产品单位能耗平均比国际先进水平高40%，因此，降低工业能耗是推动能源利用方式变革的重中之重，主要通过结构节能、技术节能和管理节能来实现。围绕能源利用最大化，依托持续技术创新和实施清洁发展、绿色发展战略，通过油煤气盐多联产，积极推进能化产业绿色化和高碳产业低碳化，加速能化产业全面绿色低碳转型。以工艺技术革新为抓手，着力推进能源利用高效化和清洁化。对高耗能行业实施节能技术改造，如以推广超超临界发电技术为方向，推进煤电落后机组的淘汰，将大临界机组改造成为热电联产机组或大功率超临界机组。强化重点用能企业管理，制定相关法规，依法加强年耗能万吨标准煤以上用能单位节能管理，实施先进工业能效行动计划，组织开展能源审计和能效水平对标活动，逐步提升工业能效。

强化能源资源综合利用。能源在开发利用过程中，伴生了大量的煤矸石、煤泥、油田伴生气、余热等资源，应积极寻找废弃物处理和资源循环利用新途径，降低能源资源的浪费。如发挥煤矸石既是燃料又可作为生产建材的双重效能，可利用其发电和制砖。大力推进工业余热余压回收利用，2015年钢铁、水泥、玻璃、合成氨、烧碱、电石、硫酸这7个工业行业的余热资源量相当于行业能源消费量的30%左右，可见工业余热资源的潜力空间很大，但受技术因素和经济因素的制约，开发难度加大。目前，高温余热利用较充分，中低温余热利用是未来的主攻方向。

(二) 增量革命

增加煤化工高端产品。煤化工是煤炭清洁利用的重要方式，包括煤制油、煤制气、煤制烯烃、煤制甲醇、煤制乙二醇等多种技术。在"十三五"期间，煤化工应将产品差异化、高端化和高附加值作为发展方向，以延伸产业链、拓宽产品线及开发新的煤基化学品为重点。充分发挥现有各类国家级和行业技术创新平台的技术优势，围绕这些产品开展基础研究和共性技术开发，实现产品的差异化和高端化。能源资源大省可依托大型煤化工企业，组成战略性技术团队，形成煤化工技术创新力量，加大煤化工产业链延伸的研发设计策划力度。从供给端着力推进煤化工行业向高端制造、绿色制造、智能制造和能够引领消费的新产品方向发展。抓住 2030 年碳排放峰值到来之前的历史机遇，谋划一批大型近零排放的绿色煤化工项目。

提升清洁能源比重。增加天然气供应，相较于传统的化石能源，天然气更加清洁、高效、单位热值的成本也比较低廉，可以广泛地应用于工业发电、化工产业和居民生活。提升技术经济性的关键在于技术创新，应大力推进非常规天然气开发和技术储备。技术和体制双管齐下，推进煤层气产业化开发。提升可再生能源发电量比重，在供应结构中逐步替代化石能源，使可再生能源成为电源总装机里的主导发电能源。积极有序开发水电，建立生态补偿机制，加强水电项目的长期监管与综合影响评价。加快风电电网建设，解决西北风电集中外送问题。落实和完善电价、税收政策，进一步增强企业和地方发展风电的积极性。加大对光热发电产业的政策支持力度，在系统集成、装备、关键零部件等技术攻关方面给予重点支持，推动自主知识产权的光热发电技术向商业化过渡。

增强国际能源合作。积极开展国际能源合作将给经济发展带来更多活力，应建立双边或多边能源合作机制，坚持不懈地开展能源对话与交流，实现能源供应来源多元化。主动开展能源外交，提升中国在国际组织中的话语权，积极参与构建国际能源治理机制。加强新能源产业技术国际合作，不断拓宽合作领域，全面掌握主流技术，支撑新能源战略性新兴产业的发展。通过各种方式的合作，与世界各国一起探讨建立清洁、安全、经济、可靠的全球能源供应体系。

（三）技术革命

第三次工业革命的最大特征是技术依赖，在能源转型的过程中技术的重要性非常明显，体现在各个方面，包括化石能源的清洁、高效利用，以及可再生能源利用成本的下降和效益的提升。煤炭清洁化利用、煤电超低排放、油品质量提升等技术改造，为传统能源创造了新的发展空间。分布式能源的发展改善了我国的能源供给结构，解决了一些边远地区的无电问题，增加了人们的获得感。近年来，风电、光伏发电、生物质能发电和核电等清洁能源的投资保持了快速增长，分布式能源、能源互联网、电动汽车、低碳工业园区等能源消费形式或技术创新成果产生了较大的外溢效应，一批科技企业应运而生并快速发展，社会就业和企业盈利能力也因此获益。

二 绿色发展理念引领能源变革

在党的十八届五中全会上，习近平总书记提出并系统论述了"创新、协调、绿色、开放、共享"五大发展理念，其中绿色发展关系到可持续发展的大局，也与能源生产和消费的格局息息相关。推动全球能源转型，实现绿色持续发展，是人类社会的共同事业。我国的能源转型是绿色发展不可或缺的重要内容，而绿色发展对我国的能源质量提出了更高的要求，加大了能源转型的约束条件。推进能源转型，必须深入践行绿色发展理念，坚持节约资源和保护环境的基本国策，以更加积极有效的措施，加快能源技术创新，大力推动能源变革，全面节约并高效利用资源，建设清洁低碳、安全高效的现代能源体系，为世界能源转型发展做出积极贡献。

发展绿色能源利用模式，促进能化产业转型升级。控制煤炭消费总量，加快建设可再生能源体系和储备体系，提升新能源和可再生能源利用比例，提高能源利用效率。以绿色能源为支点，推进能源结构绿色低碳化。围绕能源利用效率最大化，依托持续的技术创新和清洁发展、绿色发展战略的实施，通过油煤气盐多联产，积极推进能化产业绿色化和高碳产业低碳化，加速能化产业全面绿色低碳转型。加强智能电网建设，促进可再生能源发电利用。大力发展循环经济和清洁生产，建立能化绿色产品供应链。

构建全球能源互联网，以清洁和绿色的方式配置能源。全球能源互联网是以特高压电网为骨干网架、以各国互联泛在的智能电网为基础、以输送清洁能源为主导的全球能源配置平台，将从能源输送、能源调度和能源供应三个方面入手，实现能源网络的全球化、绿色化和智能化。建设和使用全球能源互联网，能够加快推动清洁能源对传统化石能源的替代，降低能源的综合环境成本，从而破解全球尤其是中国的化石能源困局，以应对气候变化带来的挑战，保护环境的可持续发展。打造"互联网＋"模式的能源商品交易平台，运用互联网思维优化提升能源化工企业的商业模式、营销模式、研发模式和服务模式，促进能源资源绿色高效开发和清洁高端转化。

实施绿色金融与绿色财政政策，解决低碳能源企业的资金问题。深入能源等生产要素税费的改革，提高能源资源利用效率，降低能源资源供给成本，减轻能源企业的税费负担，加快清洁能源的发展，增加产业发展后劲。建立可再生能源费用分摊机制。进一步加强绿色金融建设，扶持实体经济绿色、低碳发展。试点设立民资控股的绿色银行，通过发行绿色债券、央行再贷款等形式进行债权融资。开展节能减排企业融资、合同能源管理、节能减排设备制造商增产信贷等绿色信贷模式。

淘汰落后产能，严格执行污染物总量控制。兼顾节能目标和经济效益，有条件、有步骤地部署淘汰落后产能工作。采用倒逼机制淘汰落后产能，遏制高耗能、高污染产业发展。加大"以奖代补"力度，完善落后产能退出机制。对未按期淘汰的企业，严格执行差别电价政策，依法吊销排污许可证、生产许可证和安全生产许可证。加快推进碳排放权交易试点建设，将电力、水泥、化学制造、金属采选等高能耗行业中碳排放量大、减排重点企业纳入试点范围。

三　供给侧改革深入推进

当前，我国正在深入推进供给侧改革，全面落实"去产能、去库存、去杠杆、降成本、补短板"五大重点任务，在能源领域主要是去产能。为了化解产能过剩危机，国务院、银监会和地方政府分别出台一系列政策，包括加快淘汰落后产能和其他不符合产业政策的产能、有序退出过剩产能、对僵尸企业进行治理等。

（一）能源产业供给侧改革

我国的能源供给正在从数量扩张向质量优化的方向转变。在过去相当长的时间内，我国的能源供给数量一直保持着较高的增长速度，而近年来增速却在下降，其中煤炭和煤电供给的增速下降尤其明显，有时甚至是负增长。与此同时，可再生能源却保持着两位数的增长速度。由此可见，我国的能源供给结构正在发生着深刻变化，与此同时，对于煤炭等化石能源消费水平的下降使得这类行业仍然存在产能过剩的现象。因此，在能源转型的过程中，需要尽快化解煤炭行业和煤电过剩产能。针对煤炭行业产能过剩严重的情况，国务院发布了《关于煤炭行业化解过剩产能实现脱困发展的意见》，指出从 2016 年开始，用 3—5 年的时间再退出煤炭产能 5 亿吨左右、减量重组 5 亿吨左右。常态化开展淘汰落后产能、违法违规建设项目清理和专项执法三个专项行动。加快处置"僵尸企业"，推进"僵尸企业"重组整合或退出市场，严格控制新增产能，加快淘汰落后产能，推动煤炭行业兼并重组。利用市场机制倒逼，加快推进电力市场化改革，着力解决弃水、弃风、弃光问题。大力推进分布式能源发展，加快建立电力市场，充分释放降电价、促发展等改革红利。

从石油产业来看，我国炼油市场呈现三大特征：主体日益多元化，中国石油、中国石化两大集团市场份额逐年下降，由 2005 年的 87% 降至 2015 年的 64%；成品油产量增长较快，消费增幅缓慢，产能过剩明显；成品油市场价格扭曲，合规经营企业效益差。一个完整的石油和化学工业产业链，从原始材料起始到市场终端大体可分为五个产业结构层次：

（1）石油、天然气开采业；

（2）基础石油化工原料加工业，如乙烯、丙烯、苯、甲苯、二甲苯、电石等；

（3）一般石油和化工加工制造业，如聚乙烯、聚丙烯、合成氨、合成树脂、合成纤维、合成橡胶等；

（4）高端石油和化工制造业，如化工新能源、新材料、高技术精细化学品等；

（5）战略性新兴石油和化工产业。

然而，我国石油和化学工业目前主要集中在技术水平较低的前三个产业结构层次上，即石油、天然气和化学矿开采业占 35%，基础化学品制造业占 18%，一般化工产品加工业占 47%，高端制造业和战略性新兴产业两个产业层次的产品却几乎是空白。低端产品过剩而高端产品不足，这也从另一个角度说明了我国石油产业转型升级的必要性和迫切性。2016 年 7 月 23 日，国务院办公厅发布的《关于石化产业调结构促转型增效益的指导意见》指出，面对我国石化产业存在产能结构性过剩、产业布局不合理、安全环保压力加大等问题，一要努力化解过剩产能，尤其是严格控制尿素、磷铵、电石、烧碱、聚氯乙烯、纯碱、黄磷等过剩行业新增产能；二要统筹优化产业布局，改造提升传统产业。同时，民营企业提质增效和转型升级在一定程度上决定着行业未来的发展。

（二）能源企业供给侧改革

面对能源行业艰巨的去产能任务，能源企业尤其是处于能源资源大省的能源企业，在改革中面临新的挑战。着力深化企业改革改制、打造市场主体、构建适应市场经济要求的体制机制是供给侧结构性改革对国有企业提出的主要要求。

第一，以深化改革为引领，激发企业发展活力。全面抓好中省深化国有企业改革"1 + N"改革总体部署的贯彻落实。推进国有能源企业市场化改革，打造市场主体，积极探索分类改革，明确不同类型能源国有企业市场化改革的有效形式。以提高国有资产运营效率为中心，积极推进国有资本投资运营公司试点工作，加快完善企业法人治理结构，努力建立更加符合市场经济要求的经营体制。加快公司股份制改革，稳妥推进企业混合所有制改革，全力推进企业上市，通过市场竞争的外部环境来提升效果，以市场化手段进行混合所有制改革。进一步探索推行员工持股和股权激励，优化职工的薪酬结构，建立健全职工效益与薪酬联动机制，提高全要素生产率。加大国有企业办社会职能和历史遗留问题的处置力度，深化企业内部三项制度改革，有效实现干部能上能下、员工能进能出、工资能高能低等长期性任务。

第二，合理缩减过剩产能，推进企业转型升级。结合各省资源禀赋实际情况，通过创新发展一批、重组整合一批、清理退出一批的路径，淘汰过剩产能。煤炭行业逐步关停资源煤质差、开采条件差的老矿区，石油企业按照产销平衡点来生产，努力降低开采和炼油成本，根据市场需求适度扩大规模。根据国家电网投资布局，建立一批煤炭就地转化为电力、电源外送的项目和新能源项目。加快能源产业的布局优化和结构调整，大力发展产业链循环、技术先进、产品创新的能源工业产业园，积极发展能源先进的制造业和配套的现代服务业，建设绿色低碳、循环发展的能源产业，建立清洁、安全、高效的现代能源体系。从生产端发力，推进"增品种、提品质、创品牌"的"三品"建设，提高产品和服务对市场需求变化的适应性和灵活性。

第三，坚持创新驱动战略，增强企业发展动能。抓好企业科技创新的顶层设计、体系构建、科研投入、考核评价、人才建设等工作。加大技术创新、技术改造和创新成果产业化的力度，推动传统能源企业向创新型企业转变。减少原煤等一次能源外输比例，加大煤炭、石油、天然气就地清洁、绿色、高效转化的比重，实现煤炭分级分质综合利用，提升煤、油、气融合联产竞争力，延伸资源转化的产业链条，推进煤化工产业高端化。通过校企、院企合作模式培育创新主体平台，强化能源企业创新主体地位和主导作用，形成一批有竞争力的创新型能源企业，在重大创新领域组建一批国家、省级重点实验室、工程实验室和工程中心。积极探索金融创新模式，提升企业的融资能力和资本运营能力，通过资源资产化、资产资本化、资本证券化的经营路径，扩大股权融资规模。通过银行间系统发行各类占有融资工具，积极利用信托、委托、融资租赁等方式解决融资需求。

第四，加快企业资源整合，打造竞合发展优势。加快内部资源整合重组，进一步突出能源企业主业，打造内部能源分类专业化板块，加快主业改制重组，压缩管理层级，降低管理成本，不断优化企业内部组织结构和资源配置结构。积极推进能源企业联合重组，优化劳动力、资本、土地、技术、管理等要素配置，鼓励能源企业以合资、合作、产权流转和股权置换等多种形式进行整合重组，提高产业集中度和专业化水平。按照优势互补原则，积极推进跨区域、跨所有制的战略合作。支持有条件的能源企业积极实施"走出去"战略，与央企、省企、民企"抱团出海"，开拓国际市场，特别是"一带一路"沿线国家市场，深化与沿线地方能源产业的全方位合作，推动能源项目开发，带动能源产业相关装备、技术与服务贸易的对外合作。

第五，持续推进精细化管理，夯实企业发展基础。深化对标考核和精细化管理，对照国内外一流企业找差距、寻短板，促进企业提质增效。着力加强成本管控，深入开展"成本管控、效益否决"专项行动，努力降本增效。运用互联网思维和"实体＋互联网"运作模式，实施合同能源管理、需求侧管理等市场化机制，通过建设广泛的能源互联网，以"互联网＋"和"＋互联网"的有效形式，充分利用能源互联网的融合、开放、平等和协作的特征，促进能源利用体系内各能源供给子系统协调运作。

第二章　能源消费的相关理论与实践述评

　　能源与社会、经济、环境和人民生活息息相关。在能源—经济—环境（Energy – Economy – Environment，3E）系统中，能源是决定经济和环境可持续发展的关键因素，而这三个要素又都影响着人类的生存与发展。自20世纪70年代的两次"石油危机"爆发以来，能源的重要性逐步显现，国内外学者对于能源的研究方兴未艾。这些研究通常都是基于相应的理论框架进行的。本章对能源研究中的相关理论进行了梳理，主要包括能源可持续发展理论、能源需求理论、能源阶梯理论以及低碳经济理论，这些理论也为后续研究提供了支撑。同时，对国内外能源消费及其与社会、经济、环境相互关系的相关文献进行归类述评，准确把握该研究领域的动向；对国外主要国家的能源转型的实践历程进行总结，从而得出对我国能源转型具有借鉴意义的经验启示。

第一节　理论基础

一　能源可持续发展理论

（一）可持续发展理念的产生

　　"发展"具有历史范畴的含义，随着人类社会历经农业社会、工业社会并将全面迈进知识经济社会，人类的"发展观"也相应转变，总体来看，以20世纪70年代为转折点，由传统发展观转为可持续发展观。

　　传统发展观主要指工业革命以来的无限增长观以及西方经济学家

曾经极力倡导的单纯经济增长观。这种发展观以物质财富增长为核心，追求的唯一目标就是经济增长，认为经济增长必然带来社会财富的增加和人类文明的进步。

20 世纪 70 年代以后，随着公害问题的加剧和能源危机的出现，人们逐渐认识到增长不一定带来发展，把经济、社会和环境分割开来谋求发展，只能给地球和人类社会带来毁灭性的灾难。从美国生物学家蕾切尔·卡逊（Rachel Carson）发表的《寂静的春天》、罗马俱乐部成员梅多斯发表研究报告《增长的极限》、联合国在斯德哥尔摩召开的人类环境大会上通过《人类环境宣言》，到联合国环境署在肯尼亚内罗毕召开的纪念人类环境会议十周年特别会议上通过《内罗毕宣言》和《特别会议决议》，无一不体现出人类对于传统发展观的反思和创新。

源于对"我们共同的家园"未来的担忧，可持续发展的思想在 20 世纪 80 年代逐步形成。1987 年，世界环境与发展委员会在《我们共同的未来》报告中第一次阐述了可持续发展的概念，即"既满足当代人的需求，又不损害后代人满足其需求的能力的发展"，得到了国际社会的广泛共识。换句话说，就是指人口、经济、社会、资源和环境需综合协调发展，它们是一个密不可分的系统，在发展经济的同时，还应当考虑控制人口、节约资源和保护环境，使子孙后代能够永续发展和安居乐业。1992 年 6 月，联合国在巴西里约热内卢召开环境与发展大会，通过了《21 世纪议程》等一系列决议和文件，第一次把可持续发展由理论和概念拓展到行动层面，使可持续发展成为各国发展的长远模式，导致人类的发展观、资源观、道德观、科学观的深刻变革。

（二）能源可持续发展理论概述

可持续发展考虑各个子系统之间的相互制约和协调。而在资源问题上，能源处于重要地位，人类能否可持续发展，能源问题首当其冲。能源是人类生存、经济发展、社会进步不可或缺的重要基础资源，也是关系到国家经济命脉和国家安全的重要战略物资。在当今世界经济趋于全球化的进程中，由于各国能源开发利用与经济发展、环境保护的矛盾日渐突出，能源问题已成为影响人类经济社会可持续发展的主要问题之一。

在这个背景之下，基于可持续发展理论的思想，能源可持续发展的理念应运而生。"能源可持续发展"（Sustainable Energy Development）的概念最先由 Munasinghe 于 1995 年正式提出，认为通过一系列能源供给与需求管理政策的实施，最终可以实现能源的可持续发展。能源可持续发展是指能源的发展既要满足经济发展的需要，又不对人类的生存环境和生态系统造成不能容忍的破坏；既要满足当代人对能源日益增长的需求，又不对后代人满足其增长需求的能力构成威胁。它包含了三个关键点，即发展、公平和可持续性。发展是指把合理利用资源和保护环境作为人类生存和发展的基础，维系人类社会的长远发展。公平是指既要体现当代人在能源利用和分配上的公平，也要体现当代人和后代人之间的代际间的公平。可持续性是指人类的经济和社会发展不能超过资源与环境的承载能力。

能源的可持续发展不能局限于能源系统本身，而应将能源与经济、环境、生态等视为一个完整的有机整体，建立一个既要发展经济和能源工业，又要保护生态环境的可持续能源系统。在这个系统中，能源的可持续发展包括能源利用的可持续性、经济的可持续性、环境的可持续性以及人口与社会协调发展的可持续性。

（1）能源利用的可持续性。要求当代人应尽可能谨慎地对待能源的消耗，以使人类能够永续地利用资源，包括能源节约和综合利用、能源效率的提高、能源结构的优化、可再生能源的开发利用以及能源利用过程中的环境和生态保护等。

（2）经济的可持续性。能源利用的最终目的是促进经济健康有序地发展，使人民生活水平不断提高。能源是国民经济的重要基础保障，能源的发展既要满足国民经济发展的整体需要，保持经济结构的协调与效益最大化，同时作为一个行业，能源工业本身也必须注重行业的长期利益。这是能源经济可持续的出发点。

（3）环境的可持续性。能源在开发、加工、转换和利用过程中必然对自然界产生一定的破坏作用。能源的可持续发展应当以保护环境为己任，重视自然资源和人类环境不可再生、不可替代的价值，提高和维持生态系统的持续生产力，推进能源利用走向绿色、低碳，将能源对环境的影响降至最低。

（4）人口与社会协调发展的可持续性。主要考虑能源的承载能力和能源的未来发展要求。能源工业发展往往与经济布局的发展联系在一起，能源工业持续发展与否势必影响到城市、人口与社会的可持续发展。能源资源的逐渐枯竭必然对一个地区的就业、环境等造成严重影响，进而引发许多社会问题。

能源可持续发展战略的目标，就是使系统内的各个部分之间能够相互协同。要实现这一目标需要在保证经济社会发展需要的前提下，从代际公平、保持环境、高效使用等方面，最低限度地满足以下 4 个条件：

（1）能源资源实物（价值）量变化率大于零。

这个条件反映的是代际公平。用公式表达如下：

$$r_1 = \Delta R_1 / R_{10} > 0$$

式中，r_1 为能源资源实物量变化率；R_{10} 为参照系能源资源实物量；ΔR_1 为能源资源实物量变化量，且 $\Delta R_1 = R_1 - R_{10}$。

由于科技的进步，单位能源创造产品随着时间的推移是不断增大的，因此该条件也可以用能源资源价值量来描述。

（2）人均能源资源实物（价值）量的变化率大于零。

该条件是用来保证代际公平及代内公平的，即要求不仅对每一代人，而且对代内每一个人来说都应有能源来保证其发展。用公式表达如下：

$$r_2 = \Delta R_2 / R_{20} > 0$$

式中，r_2 为人均能源资源实物（价值）量变化率；R_{20} 为参照系人均能源资源实物（价值）量；ΔR_2 为人均能源资源实物（价值）量变化量，且 $\Delta R_2 = R_2 - R_{20}$。

（3）单位 GDP 能源消耗量的变化率小于零。

该条件用来保证能源利用效率的不断提高。用公式表达如下：

$$r_3 = \Delta R_3 / R_{30} < 0$$

式中，r_3 为单位 *GDP* 能源消耗量变化率；R_{30} 为参照系单位 *GDP* 能源消耗量；ΔR_3 为单位 *GDP* 能源消耗变化量，且 $\Delta R_3 = R_3 - R_{30}$。

（4）能源使用对环境污染的变化率小于等于零。

该条件是用来保证能源对环境的污染不会增加，甚至会减少。用公式表达如下：

$$r_4 = \Delta R_4 / R_{40} < 0$$

式中，r_4 为能源环境污染量变化率；R_{40} 为参照系能源环境污染量；ΔR_4 为能源环境污染量变化量，且 $\Delta R_4 = R_4 - R_{40}$。

（三）能源的可持续消费

生产的最终目的是消费，因此要从人类的终端行为透视可持续发展的理念，来寻找可持续的消费模式。作为可持续发展理论研究的基本命题之一，可持续消费来自于古代节俭的消费思想、适度消费、绿色消费等消费理念，让有限的资源和财富得到有效保护和高效利用。联合国环境署于1994年发表的《可持续消费的政策因素》一书中首次提出可持续消费的定义，认为"可持续消费是提供服务以及相关的产品以满足人类的基本需求，提高生活质量，同时使自然资源和有毒材料的使用量最少，使服务或产品在生命周期中所产生的废物和污染物最少，从而不危及后代的需求"。在这个定义中，包含以下几个关键点：满足人类生活需要，提高生活质量，提高资源利用率，提高可更新资源比例，减少废弃物排放。由此可见，可持续消费的实质就是如何在为满足基本生活需要和提高生活质量而提供更好的产品或服务的同时，持续减少该产品或服务对环境的影响和对人体的危害。

能源可持续消费模式是指能源的生产和使用可以支持社会、经济及环境的长远持续发展的消费模式，因此，这里的消费是取广义上的含义，它不仅指能源的持续供应，还意味着能源的生产和利用能够长远地增进或者至少与人类福祉和生态平衡相协调。能源的可持续性消费模式从本质上看，是人类在享受近代工业文明成果时所付出沉重代价的基础上，重新审视经济发展与能源消费之间关系后提出来的。

能源消费不仅涉及生产能源的消费，同时也包括生活能源的消费。居民生活能源的可持续消费是在追求人与自然和谐进步基础上形成的能源消费观念、消费方式、消费结构和消费行为，是在满足人们基本生活需要和提高生活质量的同时，将生活能源消费对资源环境造成的直接的和间接的、近期的和长远的负面影响最小化，从而维系整个自然生态系统的动态平衡和经济社会的可持续发展。居民生活能源可持续消费的本质是对资源的合理配置与利用，有资源利用的经济社会效率层面的含义。传统经济学源于使用有限的资源来满足人们无限的欲望，这种方式导致了人们对各种物品和能源消费的"无节制性"，成为一种不可持续的有害消费。居民生活能源的可持续消费，从可持续发展战略与能源战略的高度规定了生活能源消费必然以"经济—社会—生态"三维系统的整体协调发展为前提，是对能源可持续发展理论更加丰富和深入的认识。它突破了传统的能源可持续发展研究的固有模式，探索出一条新的能源可持续消费路径，对能源战略和可持续发展理论有着重要的意义。

（四）能源可持续发展理论的应用评述

基于能源可持续发展理论，能源的开发利用要与经济和环境相协调。能源资源作为人类生活和生产必需的要素，是经济发展的动力之一，但其不合理利用对环境也造成了破坏。基于此，学者们在能源—经济—环境（Energy – Economy – Environment，3E）系统的框架下构建了 3E 模型，探讨能源的可持续发展。卢庆华（2005）运用能源—经济—环境（3E）可持续发展的思想，对山东省能源利用的不可持续性及其带来的环境影响进行分析，探讨 3E 综合平衡发展的政策选择。王仲瑀（2007）借助 3E 模型和情景分析法对黑龙江省的能源开发、利用以及能源节约和综合利用状况展开讨论，分析今后能源可持续发展中可能存在的问题。I. Dincer（2000）认为，实现环境问题的解决需要长期的可持续发展的潜在行动，而可再生能源资源的利用似乎是一个最为有效的解决方案，并从当前和未来的角度研究有关可再生能源、环境和可持续发展的问题。A. Stocker 等（2011）利用综合的能源—经济—环境模型对奥地利 2006—2020 年的可再生能源发展趋势进行情景模拟，结果显示，增加可再生能源资源在能源使用总量中的份额对于实现奥地利可持续能源系统构建是重要的，但又略显不足，能源效率的大幅增加和住宅能耗的降低也是可持续能源政策的重要基石。

对于中国能源可持续发展战略的实施，学者们从不同角度进行了政策讨论。姚广红等（2008）剖析了我国能源消费当前面临的严峻挑战，并指出实现我国能源可持续消费的基本途径。沈镭等（2009）分析了中国能源可持续发展面临的主要问题，从能源决策的完整性、能源供给安全、能源消费的可持续性以及能源技术与教育4个方面构建中国能源政策可持续性评价的指标体系，并进行了定量评价（如图2-1）。方杰（2006）结合我国能源消费模式的主要特征，认为大力发展能源循环经济是实现能源可持续性消费的最佳模式。朱曹坚（2006）通过对苏州能源消费现状和能源消费结构的分析，指出目前的能源利用水平尚不能实现经济的可持续发展，随后从技术节能、经济节能和能源消费结构调整方面提出实施可持续能源发展战略的途径。为全面深入地分析中国可持续发展的能源问题，吴开尧（2011）在可持续发展评估的目标下，提出了中国能源核算的解决方案，既要核算能源从资源到排放的全过程，又要核算这个过程中相关的资源、经济、社会和环境影响，该核算方案提供了能源、经济和环境综合数量分析的框架。随着我国城市居民家庭能源消费在能源消费总量中的比重急剧上升，家庭节能将成为我国建设节约型社会的一个重要方面。白瑷峥等（2010）分析了我国城市居民能源消费现状，并提出城市居民生活能源可持续消费的模式。

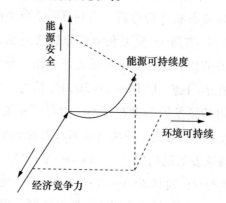

图 2-1　中国能源可持续发展的路径选择①

①　沈镭、刘立涛：《中国能源政策可持续性评价与发展路径选择》，《资源科学》2009年第8期。

也有学者通过计量模型的分析探讨中国能源可持续发展的途径。Li Zhidong（2010）采用计量经济学方法对中国的可持续能源战略进行定量研究，指出为实现可持续发展应采取更全面的战略措施，包括提高能源效率、加快发展可再生能源和促进运输部门的结构调整，同时，东亚共同体建立亚洲能源与环境机构也是重要的战略选择。Wenying Chen 等（2010）以中国西部可持续能源发展模型（WSED）评估中国西部地区的各种能源发展方案，包括 MARKAL 模型、中国西部的可计算一般均衡模型（WCGE）、能源服务需求的预测模型（ESDP），模型通过对 2050 年不同情景的分析描述了能源消耗、二氧化碳排放、用水量、能源投资成本及其对中国西部地区国内生产总值的影响，这些结果对于可持续的能源发展政策和可持续的从西部向东部的能源转移战略具有政策启示。

二　能源需求理论

（一）能源需求分类

能源需求是指消费者（家庭或厂商）在一定价格条件下为满足某种特定的效用而对能源产品的需要。然而这种需要的实现，是以消费者具有支付能力为前提的。在能源短缺时，能源需求将会大于能源消费；在能源供给充足或者供过于求时，能源需求将等同于能源消费。

从全社会的角度来看，能源需求可分为生产部门对于能源的需求和居民生活对于能源的需求。生产把能源作为生产要素，因此生产能源需求是要素需求；生活把能源作为产品，因此生活能源需求是商品需求。对作为商品的能源需求和作为要素的能源需求分析的理论基础不同，商品需求分析的理论基础是需求和效用理论，家庭部门对商品的消费以效用最大化为目的；而要素需求分析的理论基础是生产与成本理论，厂商部门对生产要素的需求以利润最大化为目的。

从能源利用的过程来看，能源需求可分为直接需求和间接需求。直接需求是指家庭或厂商对各类能源的直接购买；间接需求是指家庭或厂商购买其他非能源的商品和服务，而生产这些商品和服务需要消耗能源，从而产生家庭或厂商对能源的间接消费。对于家庭部门而言，直接能源需求包括炊事、照明、取暖制冷、交通等方面所需要使用的能源，而对其他所有非能源产品和服务的消费所派生的能源需求都是间接能源需求。对于厂商部门而言，直接能源需求包括其所直接购买的用于终端消费的燃料和电力，而对其他中间商品和服务的购买导致的能源消费属于间接能源需求。

（二）能源需求分析

在经典的需求理论中，消费者对于某种商品的需求被描述为在预算约束下追求效用最大化。消费者对所有的消费方案进行比较，给出优劣次序，然后用一组有序的一维实数来代表这种优劣次序，与不同的消费方案相对应。

令 X_i 代表消费者对第 i 种能源的购买量，$i=1$，2，$\cdots$，n。U 代表消费者的效用，它是各种不同商品组合的函数，称为效用函数，表示为：

$$U = U(X_1, X_2, \cdots, X_n) \tag{2-1}$$

用 I 代表消费者的收入水平，P_i 代表第 i 种能源的价格，$i=1$，2，$\cdots$，n。消费者的预算约束为：

$$P_1X_1 + P_2X_2 + \cdots + P_nX_n = 1 \tag{2-2}$$

上式称为消费者的预算直线，表示在给定的价格 P_i 和收入水平 Y 的条件下可以购买的各种能源组合。

对于一个理性消费者来说，就是当价格 P_i 和收入水平 Y 给定时，在预算约束式（2-2）条件下，消费者选择商品组合，使效用函数式（2-1）达到最大。这是典型的条件极值问题。

一般地，对于有 n 种能源的经济系统，第 i 种能源的需求函数可表示为：

$$x_i = X_i(p_1, p_2, \cdots, p_n; I) \quad (i=1, 2, \cdots, n) \tag{2-3}$$

这反映了某种能源的需求量取决于消费者的收入和所有 n 种能源的价格。

（三）能源需求函数

能源需求函数是用来表示能源需求量变动和其影响因素之间相互依存关系的函数式，表达式如下：

$$X_i = F(T, I, P, P_a, P_b, \cdots, P^e) \tag{2-4}$$

式中，X_i 表示对第 i 种能源商品的需求量，T 表示消费者的偏好，I 表示消费者的收入水平，P 表示该种能源商品的价格，P_a，P_b，…，表示其他相关商品的价格，P^e 表示消费者对该能源商品未来的价格预期。

在影响能源需求量的众多因素中，能源的价格是最重要的因素，因此，采用抽象分析法，假定其他条件既定不变，仅分析一种能源的价格变化对该能源需求量的影响，这样，能源需求函数可表示为：

$$X_i = f(p) \tag{2-5}$$

即某种能源的需求量是其价格的函数。

针对能源需求的分析，可以利用需求函数模型来求解。在计量经济研究中，为了方便进行参数估计，一般采用线性函数式或可线性化的函数形式。常见的需求函数模型的具体形式有如下几种：

（1）单方程线性需求函数模型。

$$X_i = \beta_{io} + \sum_{j=1}^{n} \beta_{ij} P_j + \gamma_i I + \mu_i \tag{2-6}$$

模型的含义是第 i 种商品的需求量 X_i 是所有影响第 i 种商品需求的商品价格 P_j 和消费收入 I 的线性函数。这种需求函数模型缺少合理的经济解释，并且参数没有经济意义，但在现实中确实存在。

（2）单方程半对数需求函数模型。

$$X_i = \beta_{io} + \sum_{j=1}^{n} \beta_{ij} \ln P_j + \gamma_i \ln I + \mu_i \tag{2-7}$$

该模型的特点是，能反映价格微弱变化对需求的影响。

（3）单方程对数线性需求函数模型。

$$\ln X_i = \beta_{io} + \sum_{j=1}^{n} \beta_{ij} \ln P_j + \gamma_i \ln I + \mu_i \tag{2-8}$$

这种需求函数模型是由样本观测值拟合而得到的一种模型形式。它具有合理的经济解释，参数也有明确的经济意义，是一种常用的需求函数模型。

（4）线性支出系统需求函数模型

前述模型都为单方程需求函数模型，适用于需求分析侧重某一种商品的需求量时的情况。如果要对所有 $x_i = X_i$（p_1，p_2，…，p_n；I；μ_i）都进行估计，那么就需构建一个由 $n+1$ 个方程组成的完整的需求方程系统。

1947 年，Kleln 和 Rubin 提出了直接效用函数：

$$U = \sum_{j=1}^{n} \beta_i \ln(X_i - X_i^0) \tag{2-9}$$

式中，X_i 为第 i 种商品的实际需求量，X_i^0 为第 i 种商品的基本需求量，β_i 为边际预算份额。

1954 年，英国计量经济学家 R. Stone 以式（2-9）为基础，提出了线性支出系统需求函数。设 V_j 为第 j 种商品的支出，则总消费支出为：

$$V = \sum_{j=1}^{n} V_j = \sum_{j=1}^{n} P_j X_j \tag{2-10}$$

在预算约束 $\sum_{j=1}^{n} P_j X_j - V = 0$ 的情况下，将效用函数极大化，即构造拉格朗日函数：

$$L(X_1, X_2, \cdots, X_n, \lambda) = \sum_{j=1}^{n} \beta_j \ln(X_j - X_j^0) + \lambda(V + \sum_{j=1}^{n} P_j X_j) \tag{2-11}$$

由极值条件可得：

$$\begin{cases} \dfrac{\partial L}{\partial X_i} = \dfrac{\beta_i}{X_i - X_i^0} - \lambda P_i = 0 \\ \dfrac{\partial L}{\partial \lambda} = \sum_{i=1}^{n} P_j X_j - V = 0 \end{cases} \tag{2-12}$$

求解该方程组得：

$$P_i X_i = P_i X_i^0 + \beta_i(V - \sum_{j=1}^{n} P_j X_j^0) \quad (i = 1, 2, \cdots, n) \tag{2-13}$$

线性支出系统需求函数的含义是第 i 种商品的需求支出额（$P_i X_i$）可以分解为两部分：一部分是维持基本生活所需要的基本需求支出（$P_i X_i^0$），另一部分是总预算支出（V）扣除所有商品的基本需求支出后剩余部分中用于第 i 种商品的支出，与消费者的偏好有关。

（四）能源需求理论的应用评述

国内外很多学者基于经济学中的能源需求理论，引入计量经济学模型研究能源需求问题。Christensen 等（1973）从柯布—道格拉斯生产函数（Cobb-Douglas Function）演化得出能源需求的超越对数模型，首次将能源作为生产要素引入柯布—道格拉斯生产函数中，从而对能源需求进行分析。之后，研究方法不断创新和深入，能源需求模型的构建也逐渐完善。Richard D. Prosser（1985）将四种不同的滞后结构模型作为实际国内生产总值和平均能源价格的函数，来表达经合组织国家1960—1982年最终的能源需求。Eltony 等（1995）利用协整误差修正模型估算了1970—1989年科威特对汽油的需求，结果显示，在长期内汽油需求对于收入变化的响应要高于短期。李艳梅（2007）以能源需求分析的理论为基础，构建城市化进程中能源需求增长的成因分析的SDA模型，并进行了实证分析，进而对未来城市化发展的能源需求进行预测。概括地说，通过建立能源需求函数来分析能源需求并进行预测，是目前应用较多，也较广泛的模型形式之一。

在研究家庭能源需求时，学者们大多利用微观调查数据，基于不同形式的需求函数进行分析。George S. Donatos 等（1991）使用单方程模型进行了家庭对电能的需求弹性估计。Nguyen Anh Tuan 等（1996）基于越南北方四省的家庭能源调查进行能源需求分析，并考察不同类别的家庭收入对能源消费模式的影响，结果发现，收入是影响能源利用数量和结构的重要因素，随着收入的增加，家庭趋向利用更多的电力而减少作物秸秆的使用。M. Chambwera 等（2007）通过对哈拉雷500户家庭的调查，运用近乎理想需求系统模型（AIDS）分析了能源结构下的城镇燃料需求，并评估了能源在家庭总支出中的份额以及薪柴、电能和煤油在总能源支出中的份额，分析结果表明，减少薪柴的需求以减轻环境退化的主要政策措施包括降低替代燃料，特别是煤油的价格。H. Gundimeda（2008）运用线性的近乎理想需求系统模型（LA - AIDS）对印度城镇和农村居民家庭的四种主要燃料的需求支出弹性进行了估计。D. Ngui 等（2011）也采用LA - AIDS模型对肯尼亚3665户家庭样本进行价格和燃料支出的需求弹性估计。张海鹏等（2010）基于八省的林区家庭微观调查数据，采用双扩展的线性支出系统模型（2 - ELES）来研究农村家庭生活能源消费需求，发现林区家庭生活用能正在转向商品能源，呈现出边际倾向递减规律，未来的生活能源消费主要集中于液化气和电力方面。

三　能源阶梯理论

（一）能源阶梯理论的内涵

Hosier 和 Dowd 于 1987 年提出了能源阶梯（Energy Ladder）假设，认为"能源阶梯"是用来描述家庭从使用传统能源载体到使用更现代、技术更先进的能源载体来满足能源服务需求，即随着经济状况的改善，家庭用能趋向更高级燃料的路径。如果将家庭燃料选择和阶梯作类比，那么使用传统燃料（如薪柴或畜粪）的家庭被假定为处于阶梯的底层，使用现代的商品能源（如 LPG、天然气或电力）的家庭被假定为处于阶梯的较高梯级。这种转变过程在发展中国家的家庭中更受关注，因为类似的过程在经历过工业化的发达国家已经发生。以家庭炊事的燃料选择为例，家庭选择使用煤油或 LPG 来替代薪柴意味着向上攀登能源阶梯；相反，当家庭做出相反的决定，从使用煤油或 LPG 转向薪柴，则意味着沿能源阶梯向下移动。

这一概念通常也被称为"燃料转换"或"燃料—收入阶梯"，用以反映当家庭收入达到一定的阈值时将转向更便利和更优质的燃料。在之后的研究中，Reddy（1995）对于能源阶梯概念进行了深化，指出不同家庭的能源利用模式随着他们的经济地位而改变。每一级的阶梯对应不同等级的能源，并且能够上升到哪一级阶梯主要取决于家庭收入，是一个家庭随着经济地位的提高而不断攀升能源阶梯的过程。他在研究中也提供了很好的佐证，发现低收入家庭使用薪柴、牛粪、作物秸秆等，中等收入家庭使用煤油，而高收入家庭使用液化气和电能。Douglas 等（1997）在研究发展中国家的农村能源问题时，提到了农村的"能源阶梯"理论，发现人均收入在 300 美元或更少的贫穷国家，至少 90% 的人口以薪柴和畜粪作为炊事燃料。然而，当人们的收入增长时，便会一步步攀登"能源阶梯"，最终实现电力照明和将化石燃料用于炊事。这种向现代燃料的转换一般在人均年收入达到 1000—1500 美元时才能实现。这些观点明确了收入与用能种类之间的联系，并且确定了能源转换所需要的收入水平。不过，随着技术进步和现代燃料成本的减少，人们进行这种转换所需要的收入水平显著下降。

（二）能源阶梯理论的扩展与延伸

从时间和空间的维度都能够映射出"能源阶梯"的内涵。从时间维度来看，"能源阶梯"表现为能源消费结构的演变过程。对于一个国家来说，当经济发展处于工业化初期时，能源消费结构主要取决于能源资源的赋存状况。随着国民经济水平的提高，其能源消费结构逐步转换为以清洁能源取代污染能源、高效率能源取代低效率能源、新能源取代传统能源，能源消费模式也最终发展为需求导向型，这种转变趋势是一个自发的不可逆过程。也就是说，经济发展水平的提高促进了能源开发利用技术的进步，进而推动能源阶梯不断向上延伸。例如，几乎所有西方发达国家的能源消费结构都经历了"以煤为主→以石油为主→利用天然气和核能等新能源"的转变过程，如图 2 - 2 所示。在所有部门中，家庭部门的燃料使用模式随时间经历的变化最为明显，如炊事用能，能源种类可能由生物质能转为煤油、液化气和电能。

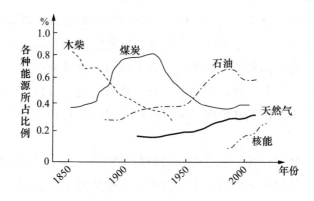

图 2 - 2　世界能源替代趋势图①

从空间维度来看，学者们以城市化为切入点，以地理空间上的不同类型区域来体现城市化进程的不同阶段，用以考察"能源阶梯"的

①　胡鞍钢、吕永龙：《能源与发展——全球化条件下的能源与环境政策》，中国计划出版社 2001 年版。

规律特征，近年来才有相关文献出现。A. Nansaior 等（2011）选取农村、郊区和城市三种类型区域代表城市化的三个时点，评估生物质能在何种程度上仍然起着重要的作用，结果表明，在家庭能源结构中，生物质能的相对份额从农村、郊区到城市呈现递减的趋势，符合能源阶梯模型的预测，但是没有出现某种能源的利用突然中断的现象，并且生物质能一直是家庭能源的重要组成部分。P. Poumanyvong 等（2010）考虑到国家的不同发展阶段，基于 99 个国家 1975—2005 年的面板数据库进行实证分析，得出了在各个发展阶段城市化对于能源利用和碳排放的影响不一样的结论，城市化降低了低收入国家的能源消费。而促进了中等收入和高收入国家的能源消费；对于所有收入阶层的国家来说，城市化都导致了碳排放的增加，这在中等收入国家中表现得更为明显。蔡静和蒋志刚（2008）对中国陕西的研究也证实了燃料偏好阶梯理论，在不涉及城市居民取暖用能的前提下，得出居民生活能源消费总量从农村、乡、镇、县城到城市递减的规律。因此，从地域空间的角度考虑，可将"能源阶梯"理论扩展到具有不同收入阶层的城镇体系结构中。由于不同规模等级的城镇以及农村地区在社会环境和经济水平方面存在差异，导致能源消费的数量和结构也呈现出一定的变动规律，由此提出从大城市、中等城市、小城市、县城到农村应当具有"能源阶梯"特征的假设，进而分析家庭能源消费模式变动的内在机制和趋向，从而透视人们的生存状态和生活水平的差异。

传统"能源阶梯"概念只涉及燃料的转换，也就是说，明确了收入变动和燃料转换方向的关系。但在大多数情况下，能源并不能完全转换，各种能源之间不能完全替代，因此在多种能源并存的情况下，更为实际的考虑是，随着收入水平的提高，能源利用由低质量的能源为主导转向高质量的能源为主导，或者说，能源种类日趋多元化，最终人们将放弃低质量能源的利用。基于此，将"能源阶梯"的概念引申为，在收入增加的过程中，能源消费量也随之增加，并且高质量燃料增加而低质量燃料减少，通过不同阶梯层次上的燃料的绝对使用量或相对份额来刻画这种趋势变动过程，从而反映出无论能源的数量还是质量都存在阶梯变化的特征。但随着能源效率的提升，能源消费数量的阶梯变化将趋缓。

（三）能源阶梯理论的应用评述

"能源阶梯"理论说明了收入是影响能源消费结构的主要因素，当人们的收入水平达到能够支付更高阶梯等级上的能源消费时，就意味着能源消费结构将向更高的层次跃迁。国内外一些学者应用"能源阶梯"理论来研究居民用能水平差异的阶梯变化特征，尝试用能源阶梯模型分析从生物质燃料到现代燃料的转换模式，间接地描述家庭的用能动态。Ruijven 等（2008）对多个国家的研究表明，处于较高阶梯层次上的燃料一般更清洁、更高效、更便利。Sovacool（2011）将城镇家庭划分为低收入、中等收入和高收入三类群体调查家庭能源服务，试图创建一种"通用的"或"普遍的"能源服务阶梯。研究指出，低收入家庭使用初级能源，比如畜粪、薪柴、木炭等，并消耗大量的燃料，但是能源服务的用途较少；中等收入家庭往往依赖于电能和天然气，其次是煤、液化气和煤油，这些家庭能够在更广泛的范围内利用能源；高收入家庭使用的燃料和技术与中等收入家庭相似，但会消耗更多的能源，特别是在奢侈型的消费项目上。陆慧等（2006）利用层次分析法实证分析了农村家庭的收入水平对能源消费结构的影响，结果表明，收入水平高的农户在选择能源时更看重舒适性、便利性和卫生程度，而低收入家庭则更多考虑能源的经济性。周中仁等（2007）对中国北方地区农村家庭从 1989 年到 2005 年的能源消费结构演变进行了研究，发现在收入提高的过程中，煤炭等商品能源消费快速上升，并占据主导地位，秸秆等生物质能的消费量减少，最终用能类型趋向以提高生活质量为主，生活享受用能快速增长。已有的相关研究一致显示，家庭收入水平与炊事用能的种类和数量之间存在很强的相关性，这在一定程度上为能源阶梯理论提供了现实支撑。然而值得注意的是，这一理论也存在一定的局限性。Horst 和 Hovorka（2008）通过博茨瓦纳的案例说明能源阶梯模型的弱点，发现该地区并没有呈现从生物质能向现代燃料转化的格局，薪柴一直都是重要的家庭能源。Masera 等（2000）考虑到燃料和器具的经济性、用能技术、文化偏好和健康影响，而且燃料会多次进行"不完全替代"，主张用复合燃料模型来替代传统的能源阶梯模型，能够更准确地描述农村家庭的炊事用能模式，并且更好地估算薪柴需求和室内空气污染的期望值。

城乡居民家庭的收入水平和能源消费结构都存在明显差异，农村居民以生物质能和煤为主，而城镇居民以电力、液化气和天然气为主，这使得城乡居民家庭的"能源阶梯"具有不同特征，所以学者们针对这两种类型区域进行对比分析。H. Gundimeda 等（2008）认为，模拟收入分配变化和农村与城市的差异可获得更多对不同生活方式影响的认识，结合印度十多万抽样住户的微观数据，对城镇和农村地区的不同收入家庭使用的四种主要燃料进行价格和需求弹性估算，用于评估当前的能源政策。也有学者分析了对居民家庭燃料选择偏好和消费数量的影响因素并验证其间的相关关系，比如在农村地区，人口越多、粮食播种面积越大的家庭，消费的生物质能越多；而收入和受教育程度越高的家庭，消费的生物质能越少。M. Narasimha Rao 和 B. Sudhakara Reddy（2007）通过对印度农村和城市地区家庭的实证研究，指出影响个人选择某种能源的决定因素包括人均收入、家庭规模、户主的教育程度、家庭成员的职业以及家庭区位特征。不过，在众多因素中，收入的影响最为关键。燃料消费结构的差异可以直接地反映出收入分配的不平等，高收入群体更多依赖非生物质能，而低收入群体依赖于生物质能。家庭燃料转换通常伴随着经济活动和生活方式的改变。正如 Tommi Ekholm 等（2010）所指出的，现代能源的获取对于生活标准的提高是至关重要的，他们通过建模方法分析了印度家庭不同收入组别中炊事燃料选择的决定因素，说明农村和城市环境中人民生活的经济状况和对燃料偏好的异质性，从而探索可行的政策机制来提高现代的更高效能源的广泛使用。同时，考虑到能源消费带来了空气污染等环境影响，有学者在"能源阶梯"的概念框架下对其进行了研究。Kirk R. Smith 等（1994）提出家庭燃料从低质量到高质量的转换，即沿着"能源阶梯"向上移动，通常会促使损害健康的污染物排放量大幅降低。通过对三个城市家庭的室内空气污染物进行定点监测，初步计算了燃料转换产生的环境和健康影响，从而探讨了在能源阶梯提升的过程中可能减少多少人为因素对环境的影响。

四　低碳经济理论

（一）低碳经济的内涵

随着全球气候变暖日趋严重，人们开始寻求一种新的发展模式，在不导致人们生活条件和福利水平明显下降的前提下控制大气中温室气体的浓度，使其保持在相对稳定的水平，以实现人与自然的和谐发展。2003 年，英国政府发表《能源白皮书》，题为"我们未来的能源——创建低碳经济"，首次提出"低碳经济"概念，这一概念的提出引起国际社会的广泛关注。欧盟、日本、美国等国家从多种途径展开低碳经济建设行动。

低碳经济是指在可持续发展理念指导下通过技术创新、制度创新、产业转型、新能源开发等多种手段，尽可能地减少煤炭石油等高碳能源消耗，减少温室气体排放，达到经济社会发展与生态环境保护双赢的一种经济发展形态。低碳经济的实质在于提升能源的高效利用，推行区域的清洁发展，促进产品的低碳开发并维持全球的生态平衡。这是从高碳能源时代向低碳能源时代演化的一种经济发展模式，伴随着新一轮的能源转型。

低碳经济发展的核心是低碳能源，包括可再生能源、核能等清洁能源，属于高能效、低能耗、低污染、低碳排放的能源，改变现有的能源结构是发展低碳经济的关键，使现有的"高碳"能源结构逐渐向"低碳"的能源结构转变。低碳经济发展的动力是低碳技术，包括煤的清洁高效利用、油气资源和煤层气的高附加值转化、可再生能源和新能源开发、传统技术的节能改造、CO_2 收集和封存等。这些低碳技术作用于石油、化工、电力、交通、建筑、冶金等行业领域，将成为低碳经济发展强大的推动力。低碳经济发展的载体是低碳产业，其承载能力的大小将决定低碳经济发展的水平，催生新的产业发展机会，形成新的经济增长点。低碳经济发展的保障是低碳管理，主要包括明确的发展目标、健全的法制、创新的体制和科技等诸多方面，合理构建完善的低碳管理制度与体系为低碳经济发展提供支撑。

（二）低碳经济的实践

在气候变化背景下，向低碳经济转型已成为社会共识。英国在其2003 年《能源白皮书》中率先提出到 2050 年建设一个低碳经济体。2006 年《斯特恩报告》呼吁全球向低碳经济转型。2007 年 IPCC 第四次评估报告指出，未来温室气体排放取决于发展路径选择，越早采取减排行动越经济可行。2007 年 12 月，《巴厘路线图》达成，低碳经济发展道路受到关注。2008 年世界环境日主题为"转变传统观念，促进低碳经济"。2009 年哥本哈根世界气候大会之后，人们就通过减排遏制全球变暖达成共识，而低碳经济是实现经济发展方式转变的根本途径。面对这场新的产业革命，世界各国都在调整贸易、融资和生产计划方面的决策，提出了适用于本国的低碳政策措施，发起低碳倡议。

英国把发展低碳经济置于国家战略高度，制定了完备的低碳法律法规体系。2008 年颁布实施的《气候变化法案》使英国成为世界上第一个为温室气体减排目标立法的国家，并成立了相应的能源和气候变化部。按照该法律，英国政府必须致力于发展低碳经济，到 2050 年实现温室气体排放比 1990 年减少至少 80% 的目标。除此以外，英国还颁布实施了《能源法案》《气候变化与可持续能源法案》《能源与计划法案》等，这些法律的基本导向在于促进碳减排、提高能源效率，发展清洁、低碳、可再生能源，保障能源安全和有效供给等，对推动低碳经济发展发挥了重要作用。在低碳经济发展过程中，英国着重强调政府的宏观调控作用，运用激励机制推进低碳经济发展。主要采取"政府为主导，企业为主体，公众参与"的低碳经济发展指导路线。同时，发挥市场的资源配置作用，英国在伦敦建立了世界首个碳交易中心，是世界上第一个建立碳排放交易制度的国家。为达成低碳经济发展的战略目标，英国政府制定一系列导向清晰、操作性强的政策措施。在政府预算框架内实行碳排放预算管理，对相关低碳项目如绿色方案、可再生供暖激励、低碳社区挑战赛以及生物质能发电、低碳技术创新等实行财政补贴或奖励政策，对使用能源的工商企业和公共部门征收气候变化税，从而提高了能源使用效率，进一步推动节能减排和低碳发展。

美国强调发展低碳技术，力图通过低碳技术主导未来世界经济的发展。同时，开展"绿色新政"与"绿色外交"。奥巴马政府以"绿色经济复兴计划"作为首要任务，提出要尽快确立美国在新能源竞赛中的领先地位，成为清洁能源出口大国。在低碳技术方面，大力推进智能电网，计划到2025年发电量的25%来自可再生能源；加大新能源技术研发，通过调整生产结构、减免税收和发放低利率贷款促进对可再生能源的投资；利用碳回收和储存技术回收并封存化石燃料产生的碳排放，要求所有新建燃煤发电厂必须采用最新碳回收与储存技术；推广节能建筑技术，对全国公共建筑进行节能改造，更换原有的采暖系统，代之以节能和环保型新设备；制定电动汽车产业发展一揽子计划，大力支持充电设施建设，加大对超大功率快充、动力电池等核心技术研发的投入力度。美国已陆续制定了一系列发展清洁能源、节能降耗、鼓励消费者使用节能设备和购买节能建筑方面的财税政策，重点偏向对需求方的补贴，加快市场培育，通过需求创造供给，以提高政策的有效性。

日本提出建设低碳社会，大幅削减温室气体排放。2008年7月，日本政府公布了"低碳社会行动计划"草案的具体内容，标志着2008年5月由日本福田首相提出的"福田理想"开始进入具体实施阶段。低碳社会的性质主要表现为：在可持续发展理念的引领下，大家一起行动起来确保社会各阶层的共同发展；为了将大气中温室气体浓度控制在各种由气候变化所引起的危险可被避免的程度，大家一起共同为大幅削减事业做贡献；实现能源高效利用，同时低碳能源以及低碳生产技术的使用也被推广；引入低排放的消费行动模式。日本《低碳社会方案》提出，2050年二氧化碳排放量削减70%，这就需要进行以大幅减排为目标的社会转型。这一方案为环境（低碳）模范城市、公共团体以及企业长期减排战略的制定提供参考，达成低碳社会后人们的生活将会变得更加舒适便利。

（三）低碳经济理论的应用述评

国外关于低碳经济的研究大多以全球气候变化为背景，集中于低碳经济发展模式、碳减排技术及评价模型、政策设计、路径选择等领域。Foxon T. 等（2008）通过分析能源系统动力学的技术、制度、市场和管理因素的相互作用，指出世界各国应及时制定贴合本国国情的政策来促进低碳经济的创新发展。Bitian Fu 等（2015）结合 STIRPAT模型和 SD 模型确定了二氧化碳排放的关键驱动力因素，指出稳定的人口增长、适度的工业化和城市化水平、合理的产业结构、低能耗是区域节能减排的重点。L. Mundaca 等（2016）以绿色经济政策及相关指标为分析框架，探讨了区域实现绿色能源经济转换的政策组合。A. C. Kerkhof 等（2009）基于家庭支出数据量化了 2000 年左右荷兰、英国、瑞士和挪威家庭的 CO_2 排放量，比较结果显示，国家特征如能源供应、人口密度和集中供热可获得性会影响国家之间或内部的 CO_2 排放量的变化。A. M. Omer（2007）指出，可持续低碳能源情景强调可再生资源的未开发潜力，低碳技术的应用前景广阔。还有一些学者针对经济发展与碳排放的关系做了大量模型研究，认为经济增长、能源消费和温室气体排放之间有着紧密关联。Soytas 等（2007）研究了美国能源消费和生产的碳排放效应，发现收入和碳排放之间不存在长期的格兰杰因果关系。F. Abbasi 等（2016）采用扩展的 VAR模型探讨了在新型经济体内部经济和金融发展对于碳排放的影响。

国内学者对于低碳经济的内涵、理论和实证演绎提出了诸多见解。庄贵阳（2007）认为，低碳经济的本质是提高能源效率并优化清洁能源结构，关键是能源技术创新和制度创新。潘家华等（2010）对低碳经济的概念进行辨识，指出低碳转型过程具有阶段性特征。陈跃等（2013）全面梳理并剖析了区域低碳经济评价的研究现状，总结了当前研究的局限性。Xiangsheng Dou（2013）在研究中指出，对于中国这样的发展中国家来说，选择一个合理的、适用于中国国情的低碳经济发展模式是至关重要的。因此，中国应当在不同的条件和发展阶段下实行不同的发展模式，如单一区域差异化发展模式或多区域联动发展模式。相伟（2010）通过解析中国碳排放强度降低的影响因素，提出中国加快经济低碳化进程的实现路径。也有学者从消费层面研究低碳消费行为的推进措施和政策敏感性。刘敏（2009）在低碳经济背景下提出构建低碳消费生活方式的核心、原则、标准和制度保障，倡导人们选择低碳消费行为。芈凌云（2011）通过对我国三大经济带不同等级的 49 个城市居民的调查，建立了我国居民低碳化能源消费行为的综合模型，并对不同区域不同等级的城市居民行为进行空间差异分析，进而研究不同政策工具对城市居民低碳化能源消费的情境调节效应。

为探析低碳经济发展水平，很多学者通过构建低碳经济评价指标体系，运用计量分析方法针对个别区域进行实证研究。王宗军等（2012）基于"驱动力—压力—状态—影响—响应"模型对我国省域低碳经济进行综合评价，研究表明低碳经济发展水平总体呈现由西向东、由北向南逐渐提高，局部地区表现突出的格局。谢传胜等（2010）采用模糊粗糙集方法建立城市低碳经济综合评价模型，以北京、上海和重庆作为评价对象进行实证分析，并提出低碳经济发展路径。李晓燕（2010）等运用模糊层次分析法和主成分分析法对我国四个直辖市的低碳经济发展进行了综合评价。李子良等（2012）、屈小娥等（2013）、张传平等（2014）对省域低碳经济发展水平进行了评价。综观已有研究，对于低碳发展水平的综合评价指标不尽相同，但都涉及经济、社会、环境、技术等方面。

第二节　研究现状综述

一　能源消费结构转型研究

目前，能源结构转型的研究主要集中在生活能源消费领域。由于农村和城市在地理环境和社会经济方面都存在巨大差异，其生活能源消费结构也具有不同的特征，因此，有必要分别对农村和城市能源消费结构的研究成果进行梳理。

农村能源问题不仅反映了农村社会经济状况和农民生活水平，其用能水平和结构与当地生态环境压力也有着密切联系。王效华等（2001，2002）将中国农村家庭能源消费的历史进程划分为三个阶段：

严重缺能阶段、基本满足阶段和商品化阶段，并基于可持续发展和环境保护分析了农村生活能源消费的未来趋势。Zhongren Zhou 等（2008）研究了中国北方农村地区 1996—2005 年生活能源消费结构的演变过程，结果显示，秸秆、薪柴和煤的消费占总能源消费的比例保持在 88.8%—91.0%，而高质量的商品能源和可再生能源的比例仍然很低。贺海峰（2011）通过研究中国 1991—2007 年农村生活能源消费水平和结构的变化情况，分析了农村生活用能结构转换的基本特征以及收入水平和能源价格等因素的影响。随着经济的发展、能源市场的开放以及能源技术的改进，我国农民对生活质量的追求使得商品能源的消费以较快的速度增长，能源消费结构由生物质一次能源主导型向商品能源主导型转变。L. X. Zhang 等（2008）对中国农村能源消费的时空变化进行了回顾，展现了能源消费结构从非商品能源到商品能源的转变，由于地理特征、经济发展水平和当地能源资源可获得性存在差异，能源消费总量和种类也存在省际差异。王效华等（1996，1997）、牛叔文等（2007）、吴燕红等（2008）、周中仁等（2007）对中国不同区域的农村生活能源消费的数量、结构及影响因素进行了分析，发现对于农村地区而言，向高品质商品能源转换是较为困难的，能源消费结构的转换受到自然、经济、社会等多种复杂因素的影响。Sen Wang（2004）认为，能源转换只能发生在存在可替代能源的地区，能源消费取决于当地可获得资源。因此，根据地区资源差异，能源的转换方向也因地而异。阳光充足及风力较高的地区适宜发展太阳能和风能，水资源丰富的地区更加适合小水电的建设。

　　城市能源消费中，电能占有日益重要的地位，能源消费结构的变动受经济结构改变、政策调整和生活水平提高的影响。满足用能需求、控制环境污染成为可持续发展面临的重要问题。Stephen R. Tyler（1996）对于亚洲国家城市家庭的调查研究表明，家庭收入增加和城市发展导致了家庭燃料使用的重大变化从传统的生物质燃料转换为现代的化石燃料，而这种生活用能结构的转换反映了生活质量的改善，并且对城市空气质量具有正向影响。B. M. Campbell 等（2003）对津巴布韦在 1994 年四个小城镇和 1999 年四个大城镇的家庭燃料使用进行问卷调查，发现能源消费从木柴转为煤油、电力，随着家庭收入的提高，城镇家庭的电气化程度上升。学者们针对不同研究区域，对城市居民家庭能源消费结构的演变特征进行了动态分析，发现生活用能正在向清洁化、便利化的方向变动，反映了不断变化的生活方式和消费模式对于舒适、便利和环保有更高层次的追求。

随着居民消费水平的提高和消费结构日益升级，家庭能源消费模式的变动和消费结构的转换是必然的，但也是各种影响因素共同作用的结果。S. Pachauri 等（2008）对比分析了印度和中国城乡居民家庭的能源消费状况，指出两个国家能源利用的发展趋势和向现代能源转换的驱动因素是相似的，包括城市化、收入、能源价格和当地燃料的可获得性。B. Sudhakara Reddy 等（2009）认为，随着社会的进步，印度家庭能源使用的种类和数量这些年来发生了明显的变化，其推动因素包括能源供应、物资安全、使用效率、器具成本、能源价格、使用便捷性和外部因素，如技术发展、补贴政策的实施和环境。Wuyuan Peng 等（2010）以湖北农村家庭为研究对象，使用统计学方法在燃料转换的概念框架下探讨了家庭燃料的使用模式，回归分析显示，收入、燃料价格、人口特征和地形对于燃料转换有显著的影响。I. H. Rehman 等（2010）发现，在发展中国家，通常是通过清洁能源技术的推广来促进农村能源的转换。

二　能源消费与社会发展影响研究

能源消费促进了社会进步，而社会因素也影响着能源消费的选择、模式和用能水平。Alemu Mekonnen 和 Gunnar Khlin（2008）利用埃塞俄比亚 2000—2004 年城市家庭的面板数据分析燃料选择的影响因素，认为"燃料堆积"的概念更好地描述了家庭燃料选择的行为，与其关联的因素有收入、消费习惯、供应的可靠性、成本和家庭偏好等。姚建平（2009）通过对家庭能源消费行为研究进行评述，认为影响城乡居民家庭能源消费行为选择的因素主要包括三类：人口学因素、社会经济因素和居民的能源消费观念。在当今节能减排的背景下，Johan Martinsson 等（2011）提出了个人的环境态度对于节能起着至关重要的作用，并且其对高收入家庭的影响程度要高于低收入家庭。

家庭能源消费的数量和质量不仅和收入水平有很大关联，也与其他社会因素息息相关。S. Roberts（2008）从人口统计学的角度进行的分析表明，英国家庭规模减小、家庭数量增加导致了生活用能，尤其是电能的增加。M. Kanagawa 等（2008）通过印度的案例研究揭示了发展中国家农村地区电能的利用与社会经济条件提升之间的关系。王效华等（2001）利用全国 30 个省市区农村能源消费的统计数据，描述了 1996 年农村家庭能源消费水平和结构，在相关分析的基础上提出了用人均有效热、商品能源比例及人均电力消费作为农村家庭能源消费的特征指标，进而分析这些指标与人均收入和年均气温的相关关系。娄博杰（2008）通过计量经济模型探讨农村居民生活能源消费行为并定量分析影响其消费选择的各种因素，研究结果表明，家庭财富、资源可获得性以及教育程度等家庭特征是决定我国能源消费水平和结构变化的主要影响因素。周曙东等（2009）通过对江苏省和吉林省农村家庭用能的实地调查，运用计量经济模型分析了能源消费的区域差异及其影响因素，研究证实，江苏的农村用能结构更为优化，人均收入水平、人均耕地面积、人均耐用家电价值等是影响能源消费量的主要因素。王效华等（2010）对江苏省涟水县农村家庭进行入户调查，研究能源消费的影响因素，结果表明，人均能耗与家庭人口呈负相关，人均电力消费与人均收入有较强的正相关性。

能源与社会发展最突出的矛盾焦点在于能源贫困，其广泛存在于包括中国在内的发展中国家和地区。Qiaosheng Wu 等（2010）用洛伦兹曲线、基尼系数和泰尔指数测度了能源消费的不平等性，分高、中、低三个组反映各国人民在发展水平上的差异。2007 年国际上能源消费的不平等性为 0.45，这与用 HDI 公平指标测度的基尼系数十分接近。近年来，魏一鸣团队在这一领域做了很多有益的研究，总结并提炼了国际能源贫困评估方法，构建了中国能源贫困度量和综合评价指标，从时间和空间维度评估中国能源贫困，并针对固体燃料利用对城乡居民健康影响、能源贫困与经济发展水平、清洁能源发展与能源贫困、气候变化与能源可获得性、消除能源贫困的政策与行动等重要问题开展了系统研究。

三　能源消费与经济增长关系研究

在宏观层面上，研究主要集中于能源消费与经济总量之间的关系文献。能源消费与经济增长的因果关系存在争议，是经济增长导致能源消费，还是能源消费促进经济增长？Kraft J. 和 Kraft A.（1978）利用美国 1947—1974 年的数据进行研究，发现从收入到能源消费具有单向因果关系；而 Stern D. I.（1993）用 1947—1990 年的数据，却得出了相反的因果关系。Yu 和 Choi（1985）的研究发现，韩国的 GDP 增长促使能源消费增加，而菲律宾则存在着相反的因果关系。Yang（2000）检验了石油、天然气、煤炭和电力与经济增长的关系，得出各种能源消费与经济增长存在着格兰杰（Granger）双向因果关系。Ugur 和 Ramazan（2003）研究了 16 个国家的能源消费与 GDP 的关系，发现有 7 个国家存在平稳线性协整关系。在国内，谢松（2007）、何秀萍（2007）、李家军（2008）、张传国（2008）等对贵州、内蒙古、陕西、河南、广东几个省区的研究发现，能源消费与经济增长之间或是单向因果关系或是双向关联，结果不尽一致。

在家庭层面上，主要侧重于居民收入水平对生活能源消费的影响研究。居民家庭的能源消费水平以及能源结构转换的影响因素众多，收入水平对家庭用能的影响最为关键。王效华等（2002）对中国近几年来作物秸秆和薪柴消费下降的原因进行分析，指出农村家庭收入是导致商品能源消费比例增长和非商品能源消费比例下降的主要因素。程川等（2004）通过对重庆农村不同经济收入家庭的调查，得出能源消费结构与经济收入具有密切的相关性，增加农民收入是改善和优化农村能源结构的关键。Sylvie Demurger 等（2007）也发现家庭财富增加对薪柴的消费具有明显的负向影响，较富裕的家庭会使用薪柴的替代品。陆慧等（2006）发现，不同收入水平的农户家庭能源消费的结构存在较大差异。鉴于家庭收入对能源消费的重要影响，有学者对两者的关联进行了专门分析。Bas J. van Ruijven 等（2011）从五类终端利用的项目（做饭、烧水、取暖、照明和电器）和五种不同的收入分组对城乡居民家庭用能和燃料选择进行研究，探讨了不同假设情景下的收入分配以及农村电气化对于家庭用能和 CO_2 排放的影响，发现得出的结果对于参数的变化相当敏感，建议使收入分配更为平等并加快农村电气化，能源消费向商品能源转换，以减少贫困。也有学者从用能成本的角度分析，李国柱等（2008）在研究陇中黄土丘陵地区农村生活能源消费现状的基础上，分析了不同能源替代结构的经济效益，发现沼气和太阳能的各项成本低，应是今后农村能源结构转换的方向。

四 能源消费与节能减排效应研究

首先，低质量和低效率的能源使用会产生室内空气污染，对人体健康造成危害，这一问题在发展中国家的农村地区尤为突出。Majid Ezzati 等（2002）探讨了生活用能、室内空气污染和农户健康之间的关系，指出不清洁能源燃烧产生的室内空气污染是疾病和死亡率上升的一个直接原因，影响了居民，特别是妇女和儿童的身体健康。V. Laxmi 等（2003）认为，生物质燃料的使用对于成年女性的健康影响是相当高的，一些社会经济变量与成年女性的呼吸道症状之间的关联分析表明，提高女性识字率、减少使用生物质燃料、改变住房设计，可以减少对健康的有害影响。A. N. Anozie 等（2007）评价了尼日利亚的农村和城市炊事用能的成本和效率，探讨了能源消费过程中对空气污染的影响和能源政策响应。王效华等（2004）对近年来中国农村地区生物质能源的供应、消费和变化趋势作了分析，探讨了因生物质能源消费引起的有害气体排放问题。Yinlong Jin 等（2006）以中国四省为例分析了农村家庭能源使用的室内空气污染问题，并提出技术和行为干预的措施。Y. Tonooka 等（2006）以能源消费的环境视角，研究了西安市郊区农村的能源消费现状，并且估算了温室气体和大气污染物质排放量以及减排潜力。X. Gao 等（2009）调查了西藏农村的室内空气污染状况，并估算了能源转换减少的污染物排放。基于此，提出以下两个应对措施以改善室内空气质量：一是使用清洁能源如沼气替代固体生物质燃料；二是使做饭的地方与其他房间分离。这两个措施的施行可使居民分别减少接触 25%—50% 和 20%—30% 的颗粒物。Yu Wang（2010）计算了不同情景下中国各个部门和区域

能源消费引起的 SO_2 和 PM10 等污染物排放量，进而分析了与能源消费相关的污染物浓度变化对公共健康造成损害的经济价值。为了实现健康状况的普遍改善，需要根据家庭需求的决定因素采取减少室内空气污染的干预措施。

　　其次，在能源开发利用的过程中造成了当地生态环境的破坏。A. K. Mahapatra 等（1999）认为，农村家庭持续依赖生物质燃料，特别是对薪柴的需求，影响了森林和农业系统，然而森林资源的稀缺不会降低对生物质燃料的需求。闫丽珍等（2005）就中国农村生活能源利用存在的问题和生物质能开发利用的意义进行探讨，指出大量烧用秸秆不仅加剧了水土流失和荒漠化程度，而且使得农作物秸秆不能通过各种方式还田，直接导致农田土壤有机质含量下降。Matthew J. Cohen 等（2006）认为，生物质能的粗放使用和较低的能源利用效率破坏了林草植被，加速了土壤侵蚀，造成了生态环境的退化。Gang Liu 等（2008）分析了西藏农村家庭的能源供应和消费结构以及对生态环境、健康和社会方面的影响，结果表明，传统生物质能占到70%的特殊消费结构不仅对农村居民造成危害，也导致了一系列严重的生态环境问题，如森林砍伐、水土流失、草场退化、荒漠化等。Xiaoge Ping 等（2011）评价了青藏地区当前的能源消费形势和对生态环境的影响，指出在农村地区，生物能源资源的过度使用造成土壤肥力下降和荒漠化；而这一地区化石能源利用率低，废气排放量小，有利于地方、国家和全球的碳预算。

　　此外，随着全球气候变暖加剧，各国学者纷纷将焦点转向节能减排的研究。Soytas 等（2007）研究了美国能源消费和生产的碳排放效应，发现收入和碳排放之间不存在长期的格兰杰因果关系。R. Saidur 等（2007）对家用电器的使用带来的能源消耗、能源节约和温室气体排放减少进行了估算，发现能够节省大量的能源，有效控制了有毒物质的排放量。Annemarie C. Kerkhof 等（2009）基于家庭支出数据量化了 2000 年左右荷兰、英国、瑞士和挪威家庭的 CO_2 排放量，比较的结果显示，国家特征，比如能源供应、人口密度和集中供热的可获得性会影响国家之间和国家内部的 CO_2 排放量的变化。J. Rosas 等

（2010）对比研究了 1996 年和 2006 年墨西哥不同收入群体的家庭商品能源利用和相应的 CO_2 排放，发现由于燃气器具效率较高并且电力的排放因子较小，每户家庭的 CO_2 排放量减少。也有学者从不同角度分析减排潜力，Zhang Pei – dong 等（2007）计算了户用沼气替代传统生物质能和煤的减排效益，充分证明了农村地区的沼气建设不仅有效促进了可再生能源的发展，也缓解了农村能源需求的压力，是一种有效的温室气体和有害气体的减排方式。Zha Donglan 等（2010）估算并对比分析了 1991—2004 年中国城乡居民能源消费相关的 CO_2 排放量，通过探究 CO_2 排放量的影响因素，发现能源强度和收入的贡献最大，人口的影响使得城市地区的 CO_2 排放增加，而农村地区的 CO_2 排放量则持续减少。D. Streimikiene 等（2011）从家庭消费行为改变对减排影响的角度进行探讨，根据每天的能源消耗记录和调查数据评估了家庭中温室气体减排的潜力，提出促进家庭朝向可持续消费行为转变的政策导向。樊杰等（2010）基于个人终端消费导向开展碳足迹研究，提出了碳足迹研究的基本理念、基本假设和基本判断，并对生存型、发展型和奢侈型消费及相应碳排放进行了初步的判断和核算，从而揭示人类终端消费活动导致的碳排放以及消费能力、消费结构与碳足迹的关系，最终服务于我国的环境外交。

五　能源消费政策研究

基于可持续能源利用的理念，学者们因地制宜地提出相关的政策建议，从降低生活用能成本、减少温室气体排放、改善人民生活条件和提高生态经济综合效益等方面提供政策依据，以应对能源短缺和气候变化。

在改善用能状况、提高用能效率、保护生态、节能减排的政策调整方面，学者们提出了各自的观点。然而，由于各国的具体情况不同，每一项政策的可行性和有效性可能会有所不同。Manzoor Alam 等（1998）调查了印度家庭的能源使用，揭示了和其他发展中国家一样存在的燃料转换过程，但是政府的政策是有利于富人的，因为在不同收入群体之间燃料和器具的可获得性存在不平等，建议改变政策以纠正这些不公平现象。A. N. Anozie 等（2007）评估了尼日利亚家庭炊事能源的成本和效率、炊事用能的空气污染影响以及炊事部门的能源政策响应，现有的炊事用能模式揭示了能源政策没有对炊事能源部门产生影响，由此提出改善能源供应状况和消除建议实施障碍的政策机制。Piet G. M. Boonekamp（2006）提出了一套关于荷兰家庭能源效率的政策措施，定量分析了三大措施，即监管能源税、投资补贴和用于取暖的天然气使用管理之间的互动效应。S. Bhattacharjee（2010）建立了不同国家的能源效率政策的分析框架，由此为发展中国家提供政策效仿的参考经验。P. Balachandra（2011）认为，印度政府过去的政策和方案效率不高，需要一个行之有效的途径来解决大部分农村能源贫困的问题，然而，在政府能够应对这一挑战之前，对能源获得的现状及成因有一个更深的认识是必不可少的。V. Daioglou 等（2012）引入自底向上的模型，模拟家庭能源利用的需求和未来发展趋势，同时模型也显示出气候政策虽然可以减少家庭用能的排放，但也可能减慢低收入阶层向现代燃料的转换。

另外，也有学者探讨了居民家庭合理利用可再生能源的意义、途径与技术措施。Lin Gan 等（2007）指出在农村地区发展和推广家庭适用的生物质能利用技术有很大潜力，尤其是高效节能的炉灶，可以产生出更多的经济、社会和环境效益。J. J. Hain（2005）总结了英国政府为实现 2010 年可再生能源目标而制定的能源政策，指出现行政策设计主要是支持大型可再生能源项目，而对于小规模的和以社区为基础的可再生能源计划支持不够，应当加大投资力度。McKay Helen（2006）指出，英国的能源政策基于对环境、能源安全、贫困人群的能源保障以及针对企业、工业和家庭的价格竞争力，生物质能作为一种可再生能源资源的广泛使用有助于遏制气候变化，另外，扩大能源作物被视为确保能源安全的主要途径。P. A. φ stergaard（2009）研究了如何将可再生能源纳入能源系统，并设计能源资源配置的优化准则。

对于中国的能源问题，也有相关的政策研究。J. W. Sun（1996）建议，为了反映中国的真实情况，将农村能源消费划分为商品能源和非商品能源消费并不合适，更为符合实际的划分方法是分为统计的能源消费和非统计的能源消费，国家的能源政策应当更加关注非统计能源消费的管理，提高农村地区的能源利用效率，并尽快完善能源生产和消费的统计范围。王革华等（1998）总结分析了农村能源建设的经验，提出分阶段的能源资源节约、开发和综合利用等方面的战略重点和政策保障。翟辅东（2003）对我国农村能源发展方针的调整进行了探讨，针对中国农村能源处于结构升级和现代化的过渡时期，提出将生物质二次能源与商品能源整合的可持续能源发展理念。朱四海（2007）探讨了中国农村能源政策的演变，指出当前政策的关键是按照公共服务均等化原则，促进经济发展过程中的能源公平。在能源资源日益紧缺的背景下，充分利用可再生能源对中国实施可持续发展战略意义重大。谢治国等（2005）回顾了新中国成立以来我国可再生能源政策的发展历程，并对 20 世纪八九十年代的可再生能源政策进行了对比分析，最后提出相关的政策建议。Zhang Jingchao 等（2012）估计了北京十个郊区的农村家庭能源需求，研究结果表明，如果中国政府制定适当的关于可再生能源技术和相关能源价格的政策，煤炭的消费量在不久的将来就会减少，并且清洁能源的替代速度将会加快。在节能减排的政策方面，赵晓丽等（2010）分两个阶段研究了中国节能政策的发展变化过程，并在借鉴国外节能政策新趋势的基础上提出了中国未来节能政策的发展方向。樊杰等（2011）构建了中国未来能源消费的预测模型并进行前景分析，指出中国要在向低碳经济转型的同时，在碳减排及排放空间的谈判问题上争取最大利益。

第三节　能源转型的经验借鉴

一　国外主要国家能源转型的实践

能源变革与技术革新已成为当今能源领域变化发展的主旋律，在新一轮能源变革中，欧美日等发达国家（地区）纷纷从自身需要出发提出了能源发展转型的新战略。在应对全球气候变化成为国际主流议题的大背景下，以大力发展可再生能源替代化石能源为主要内容的能源转型已成为许多国家能源政策的重要内容。

（一）美国"全方位能源战略"

美国是能源生产和消费大国，减少对进口能源的依赖以保障能源安全对于美国的经济繁荣和国家安全具有重要意义。20 世纪 70 年代石油危机后，历届美国总统都把保证"能源安全"作为国家战略。因此，美国能源转型的核心动机是谋求能源独立，规避油价剧烈波动对经济发展的冲击。2014 年 5 月，美国政府发布了对政策研究报告《全方位能源战略——通向可持续经济发展之路》，对美国的能源转型做出了明确的阐释。美国积极推动"全方位能源战略"，就是通过构建多元化能源供给体系增强能源安全。

20 世纪 70 年代以来，美国能源发展进入重大转折期，能源转型战略的有效实施促使美国在全球气候谈判中占据主导地位，并对经济发展、就业增长、贸易平衡和能源安全等诸多领域产生了广泛而深刻的影响。美国为实现能源独立而推动的能源转型主要体现在以下方面：

第一，鼓励非常规化石能源的发展，开启"页岩气革命"。在页岩气产业上，美国经过近 30 年的技术积淀取得了关键性突破，目前形成量多价廉的页岩气生产态势。2015 年，美国页岩气产量为 4323 亿立方米，美国能源信息署预计，到 2030 年美国页岩气产量占天然气总产量的比例将上升到 46%。由于页岩气产量的快速提升，美国天然气在能源消费中的比重从 2005 年的 24.2% 上升至 2015 年的 31.3%。由此可见，天然气在美国向清洁能源的转型中起到了重要的过渡作用。同时，借力《天然气政策法案》《清洁空气法案》等，放松天然气市场价格监管，支持鼓励天然气产业发展，使天然气生产消费步入良性循环，美国逐步由油气资源进口大国向出口大国转型。

第二，大力发展可再生能源。美国联邦政府出台了包括生产税抵免在内的一系列财税支持政策，30 多个州实施强制的可再生能源配额制政策（RPS），充分利用市场机制和竞争，促进可再生能源发展和技术进步。2000 年以来，天然气比重增加了 2.38 个百分点，但所占份额仍然很低，2015 年为 3.14%。说明美国的能源转型战略中，天然气、核电和煤炭清洁化占有相当重要的地位，并没有把目标全部指向可再生能源，但美国通过法律或政策也在积极推动风能、太阳能、生物燃料等可再生能源发展。一是强化技术标准和法律规制，制定和修改《可再生燃料标准（RFS）》、《能源独立和安全法案》；二是使用价格杠杆，例如在电价领域，强化废气排放和电价间的关联机制，使得风电、太阳能发电更具竞争力；三是调整税收政策，降低风能、太阳能、地热能等可再生能源的税率；四是聚焦交通，明确可再生能源在交通领域转型中的引领作用，引导氢能、生物质能燃料作为替代性交通能源，重点发展混合动力电车、电动汽车。

第三，扩大本土油气资源开发。2010 年，美国政府宣布扩大近海油田的开发计划，以此确保美国近期能源安全。这一重大决定终结了20 余年的油气禁采令，标志着美国能源战略发生了重大转折，即从高度依赖进口转向进口和自产并重。

第四，提高能源利用效率。在交通领域，设置新的燃油经济性标准，发展以电动汽车为主的新型节能交通工具。2012 年，美国出台严格的汽车能耗标准，2025 年前轻型汽车燃油经济性将比 2010 年水平提高近 1 倍，达 54.5 英里/加仑。在建筑领域，加大提高能效方面的投资，力争 2020 年建筑能效比 2010 年提高 20%。

美国开创了以能源效率不断提升、页岩气产量剧增以及可再生能源规模不断扩大为特征的能源革命，是由技术、市场和政策环境共同推动的结果。在"全方位能源战略"指引下，美国能够保障其能源安全和布局未来全球能源的领导地位。

（二）德国可再生能源发展战略

德国是世界上最早提出从高碳能源结构向低碳能源结构转型的国家，在发展可再生能源替代化石能源方面已取得显著成效。德国在2010 年 9 月发布的《能源方案》中提出到 2050 年实现"能源转型"的发展目标，通过发展可再生能源和提高能效，建设可靠、清洁和经济的能源供应系统，确立可再生能源在能源供应中的主导地位，并逐步替代核能和传统化石能源。2012 年，德国又公布了"2050 能源转型战略"，与《能源方案》一起构成了德国能源转型的基本思路和政策框架。

为了使能源转型与能源安全、经济效率和环境可持续三大目标相契合，德国制定了能源转型的总体目标和分层目标，并把大力发展可再生能源和提高能源效率作为推进德国能源转型的两大支柱。在德国制定的可再生能源发展目标规划中，全国总发电中可再生能源发电的比重在2020年将达到35%，2030年将达到50%，2040年将达到65%，2050年将达到80%以上（见表2-1）。2015年，德国可再生能源电力占电力总消费的比重为32.6%，正处于能源转型初级阶段。

表2-1　　　　　　　　　　德国能源转型战略目标　　　　　　　　单位:%

年份	可再生能源占终端能源消费比例	可再生能源发电量占电力消费比例
2020	18	35
2030	30	50
2040	45	65
2050	60	80

资料来源：Federal Ministry for the Environment, Nature Conservation and Nuclear Safety (BMU), *Renewable Energy Sources in Figures*: *National and International Development*, 2013.

德国能源转型的特征主要表现在以下几方面：一是可再生能源份额增长迅速。一次能源消费中非水电可再生能源份额从2000年的0.84%快速增长到2015年的12.48%；二是核能份额迅速下降。从2011年德国政府宣布2022年前永久弃核之后，核能占一次能源消费份额由2000年的11.5%下降到2015年的6.5%。三是天然气的份额从上升转为下降。从2000年的21.5%增加到2005年的23.4%，之后转为趋势性下降，2015年天然气占一次能源消费比重为20.9%。从2000年以来德国能源转型进程来看，环境友好的能源供应是促使德国能源转型的核心驱动力。

20世纪90年代，德国已开始采取措施推动可再生能源发展。1991年，德国制定了《电力入网法》，从法律层面启动了可再生能源发电市场。2000年，德国颁布《可再生能源法》，奠定了发展可再生能源的法律基础，目前已形成以该法案为核心的能源转型战略措施体系。

第一，营造良好的可再生能源电力生产和交易的市场环境。德国建立了完整的可再生能源上网电价制度，实行可再生能源强制入网、优先购买以及保护性上网电价，即电网企业有义务以规定的价格和期限向可再生能源发电商支付固定电价，并由全体电力用户分担对可再生能源电价的补贴费用，从而为可再生能源投资者提供稳定预期和激励。在 1998 年《能源经济法》基础上，德国建立了开放、灵活的电力交易市场，为可再生能源电力提供了广阔的市场空间。允许任何符合条件并获得政府有关部门经营许可的公司经营供电业务，所有用户都可以自由选择供电商，电力公司必须将发电、电力传输和配电业务分开。在这种竞争性的电力市场中，可再生能源电力作为绿色产品被推向市场，得到用户的认可。《可再生能源法》规定，自 2012 年起，可再生能源设备运营商既可选择固定上网电价，也可选择直接参与电力交易，并且仍然能够得到交易以外的市场补贴。

第二，在热力、建筑和交通等多领域推广可再生能源，加速能源转型步伐。热力行业是实现能源转型目标的重点行业，通过"以电代气""以电代油"等措施，利用可再生能源发电逐步替代热力行业的油气等化石燃料。通过发展风电供热，增加用电负荷，并且对德国部分地区的热电联产电厂加装储热装置，提高可再生能源消纳能力。在建筑领域，德国复兴信贷银行以长期低息贷款支持建筑物碳减排项目和生态建筑物项目。1998 年，德国政府提出用 6 年时间投资 9 亿马克，完成"10 万太阳能屋顶计划"。2009 年，"市场加速计划"规定了可再生能源在新建建筑的供热制冷系统中所占的最低比重，并为可再生能源供热系统提供投资补贴和软贷款。为实现交通领域的能源转型，德国政府大力发展电动汽车、燃料电池汽车、天然气汽车和生物质汽车。2009 年发布的《国家电动交通工具发展规划》提出，到 2020 年将推出至少 100 万辆、2030 年至少 500 万辆电动汽车。

第三，采取多种政策措施提高能源效率，引导低碳转型。通过征收能源税和生态税影响能源价格，进而调整能源市场供求关系，推动高耗能产业的技术变革，同时也能够降低能源消费，减少环境污染。德国政府在1879年开始对进口石油征收石油税，2006年颁布的《能源税法》对能源税征收与管理进行了规范，1999年进行了生态税改革，通过提高汽油、供热燃料、天然气以及电力的税率，减少化石能源消费。金融机构采取资金支持、贴息贷款、税收优惠等方式大力支持节能项目。政府特设能效基金，用于节能宣传和节能改造。对于工业企业实行完善的能源管理体系并为节能先进企业减税，促进企业主动采取节能措施。建立专业的节能咨询机构和"节能专家库"网站，为企业和公众提供节能咨询服务。

（三）日本能源转型战略

日本能源资源匮乏，长期以来一直依赖海外能源供应。核能通过40多年的快速发展已成为日本能源战略的重要支撑。2010年6月，日本经产省制定了《能源战略计划》，将核能作为日本主要的发电能源。按照计划，在之后20年间核能在发电能源中的比例将从26%提高到45%。2011年福岛核泄漏事故后，日本三届政府不断调整核能的政策指向；2014年，日本内阁政府审核通过新修订的《能源基本计划》，其中核电被定义为"重要的基荷电源"，在2020年前日本能源将包括核能、可再生能源和化石燃料，并提出可再生能源将在很长时间范围内逐步取代其他能源。

福岛核泄漏事故后，日本能源转型发生显著变化，由于核能发电被暂停，为了弥补电力供应不足，日本寻求液化天然气、石油等能源进行替代，加大了化石燃料进口额以增加火力发电量。火力发电比例提高到90%，天然气在日本市场以第一位的速度增长，液化天然气发电占据近50%的国内发电份额。

在能源自给率严重不足的情况下，日本被迫对原有的能源战略做出修正，实施新一轮的能源战略转型政策，力求优化原有的能源结构。《能源基本计划》提出以"3E＋S"（能源安全、经济性、环境适宜性原则和安全）为能源政策基础，构筑"多层次、多样化的柔性能源供应结构"，实现从超量使用化石能源转向规模化开发利用清洁低碳能源。可再生能源的战略转型得到高度重视，日本政府计划将可再生能源的供电比例从 2010 年的 10% 提升至 2030 年的 35%。为了达成这一目标，政府出台相关的法律和政策予以配合。2011 年 8 月，日本参议院通过了《可再生能源特别措施法》，其核心内容是确定可再生能源发电的上网电价，太阳能、风能、地热发电的上网价格达到 42 日元/千瓦时、23.1 日元/千瓦时和 27.3 日元/千瓦时，是火电或核电价格的 2—4 倍，以期促进光伏发电、风电、生物质发电等可再生能源发电的发展。同时，国家鼓励民众自行安装光伏发电设备，以缓解用电的不足。

另外，日本将氢能利用作为国策，即充分利用氢燃料发热和发电，逐步实现"氢社会"，主要采取以下措施：第一，扩大固定燃料电池电站的使用，如家用住宅型燃料电池等；第二，创建引入燃料电池汽车的使用环境，如在 2020 年东京奥运会和残奥会期间推广使用；第三，在氢能发电等技术领域进一步创新，努力实现氢的全面使用；第四，继续发展氢气的稳定供应技术，助力储能和运输产业；第五，制定实现"氢社会"的具体路线图。

二 典型案例

（一）美国加州分布式发电

美国加州州政府通过提高能效和发展可再生能源来取代大型、集中式的传统发电厂。需求侧资源/分布式能源正在迅速成为电力系统规划的重要组成部分，分布式发电更为清洁、高效，将对减缓气候变化产生重大的正向影响，在加州电力系统中占重要位置。

为了加快这一转型，加州政府实施提高能效和可再生能源采购量的强制性措施，促使电力公司加入到转型中，通过监管部门与电力公司的紧密合作，将新技术和新经营模式推向市场。同时，政府通过设定清晰的发展方向和出台配套政策来推动该州实现低碳发展。第一，在能源供给方面，加州要求电力公司在 2030 年前实现 50% 电力来自可再生能源，并将能效提高一倍。由于电力公司的利润与售电量是成正比的，提高能效可能会影响其收入，因此，监管方为电力公司制定了一个公平的收益率，使售电量与公司收入脱钩，电力公司不再担心提高能效会降低收入，可以帮助用户最大限度地降低能耗。第二，在能源利用方面，加州对在州内出售的所有新电器实施了严格的能效规范，并通过了比国家标准更加严格的建筑能效规范，促使电器制造行业和建筑行业应用新的标准，支撑整体能效目标的达成。第三，开展一体化资源规划，着眼于长远发展。电力公司通过研究未来用户电力需求来决定开发哪些新资源，从而保证电力公司投资的明智性，同时确保用户电价保持在低水平。

（二）德国海德堡被动式建筑

1992 年，海德堡成为德国第一个通过并实施地方性气候保护计划方案的城市，在环境与可持续发展方面走在了前列。海德堡以"科学创造城市"为口号，确立了建筑节能与气候保护的紧密关系，以及建筑节能在能源与城市发展战略中的重要地位，通过构建被动式建筑新区，实现"供热转型"和"建筑转型"，是能源转型在建筑领域的重要体现。

在德国经济能源部的大力支持下，由海德堡市环保局主导，于2009 年兴建了新城区 Bahnstadt。该城区遵循"核心社区、能源高效、自然绿色"的理念，所有建筑全部采用被动式建筑标准建设，拥有欧洲乃至世界目前规模最大的被动式建筑群，并配合需要，扩建改建供热、供水、输电和交通网络，真正成为优雅、舒适、健康的宜居新区。热电厂以木材等可再生能源为原料，配合采用地热和生物质能，从而大大降低了碳排放。为加强智能电网建设，城区全面安装使用智能电表。

在资金支持上，也有相应措施。由于新城区建设需要高额投入，德国复兴银行、巴符州国家银行及环境银行分别针对不同对象，提供不同形式的低息贷款。在海德堡市政府的主导下，海德堡市发展公司计划投入 600 万欧元资助中等收入的市民购买或租用被动房住宅，共涉及区内住宅总面积的 20%。此外，海德堡市开发并实施"合理能源消费"激励方案，以高于联邦和巴符州政府的资助标准，大力鼓励市民投入高节能标准的改造和新建建筑。

（三）芬兰禁煤计划

煤炭是一种排放密集的传统型能源，为减缓气候变化，各国都在减少煤炭使用率，积极寻找代替燃煤发电的方法。作为欧盟成员国，芬兰极大地表现出向清洁能源转型的决心，于 2016 年 11 月宣布，计划到 2030 年前全面禁止煤炭用于能源生产。这项计划或将立法执行，由此，芬兰将成为世界上第一个依靠法律禁令限制使用煤炭的国家，为欧盟实现国际气候目标、履行《巴黎协定》承诺起到了助推作用。

一方面，芬兰的能源资源非常匮乏，煤炭消费全部依赖进口，煤炭发电仅占电力生产的 8% 左右。另一方面，芬兰大力开发以可再生能源为主的新能源，因地制宜发展生物质能。芬兰是欧盟国家中可再生能源利用率最高的国家之一，2015 年，包括水电在内的可再生能源占能源消费总量的 26.6%。芬兰政府制定的气候和能源战略提出，到 2020 年，生物质能、水力、风能、地热等可再生能源将占全国能源消耗的 38%。因此，芬兰放弃煤炭既是资源条件所限，也有其长期发展可再生能源的基础作为支撑。除了全面淘汰煤炭外，芬兰还计划减少石油、柴油等燃料的进口，提高电动汽车的数量，预计 2030 年将达到 25 万辆，并配备 5 万辆沼气能源汽车。这些举措都为芬兰在 2050 年实现全境碳中和能源生产的环保大目标起到了推动作用。

另外，英国、澳大利亚、荷兰等国家已宣布将在 10—15 年里逐步淘汰煤炭；法国宣布到 2023 年关停所有燃煤电厂；德国也宣布淘汰煤炭，鼓励使用可再生能源；加拿大宣布到 2030 年将逐步淘汰传统能源，但如果配备了碳捕获和碳储存的能力，将被允许继续使用煤炭。随着对煤电碳排放控制能力的增强，禁煤措施将不再是应对气候变化的必要途径。同时，政府需要针对能源转型带来的问题形成长效的计划和管理体制，以减少经济和环境损失。

三 对我国的启示与借鉴

（一）国外能源转型战略特点

从国外主要国家能源转型的实践来看，尽管各国的能源结构不同，制定能源转型战略的出发点、历史背景及主要内容也有所不同，但仍表现出一些共有的规律特征，主要有以下几个方面：

第一，达到保障国家能源安全的目标。两次石油危机导致的油价剧烈波动，对工业化国家的经济造成重创。美国因此从战略层面谋求

"能源独立"，打造"全方位"多元能源保障体系，加强自主能源供应能力。日本能源对外依存度很高，为改善油气资源严重依赖进口的局面，日本强调发展核能。然而，福岛核泄漏事故后，日本能源自给率显著降低，转向大力发展可再生能源，着眼点都在于保障其脆弱的能源供应能力。相比之下，德国能源安全供给保障性较好，在可再生能源发展方面已积淀了良好的基础。

第二，积极应对全球气候变化的需要。气候变化是全球共同面对的长期问题，将应对气候变化问题纳入经济社会发展的统筹考虑之中，已成为国际社会的共识。从能源转型进程来看，各国都在积极推进由高碳能源向低碳能源的转型，通过转变能源结构，降低温室气体排放，从而在减缓气候变化中承担应有的责任。德国是最为积极的倡导者，在环境保护这一核心动力的驱动下，德国可再生能源的发展速度远远超过美国和其他国家。

第三，技术革新是能源转型的重要支撑。在美国页岩气革命中，有四项关键性的技术助推了革命的爆发，分别为水平钻井技术、3D地震成像技术、微地震波压裂成像技术以及大型水力压裂（MHF）技术。将这些技术逐步导入页岩气的勘探和开发中，并在实践中优化和完善这些技术，从而让页岩气商业化具有可行性。近年来，新能源开发技术取得长足进展，使真正规模意义上的能源转型成为可能。这些国家的新能源技术水平较高，产业基础较强，应用规模也比较大，整体优势明显，成为支撑能源转型战略的重要内容。

第四，可再生能源应用是未来国家竞争力体现的重点领域。新能源的快速发展已成为这些国家经济增长的一个重要支撑点。因此，调整能源供给和消费结构，抢占新能源产业体系制高点，实践能源转型，既是自身发展的需要，也是这些国家实现经济转型和赢得世界经济领导地位的需要。在自发的市场机制外，美国政府正加大对可再生能源发展目标的宏观引领和政策调节，目的在于通过标准制定、技术领先和占据道义优势，确立其在全球能源格局中的国际领导地位。

（二）对我国能源转型的启示

当前，我国经济发展进入新常态，同时能源发展也有了新态势，处于战略转型期，正在经历一场深刻的生产消费革命。引领经济新常态，落实发展新理念，对能源发展提出了新要求。充分认识速度变化是发展的必经阶段、结构变化是产业迈向中高端水平的内在要求、动力转换是能源发展的根本出路，积极探索和找准工作着力点。为应对气候变化和实现节能减排目标，我国需要尽快促进能源发展转型，把转变能源发展方式、大力调整能源结构作为能源工作的主线，形成符合中国国情的能源转型模式。

（1）能源转型以新能源为主导方向。近年来，清洁、低碳、可再生能源发展迅速，并将取代化石能源成为主要能源。从电源结构来看，可再生能源已经成为仅次于煤炭的全球第二大电力来源，国际能源署（IEA）预计，到2030年前后，可再生能源将超越煤炭，成为全球最大电力来源；到2040年，可再生能源电力将占所有新增发电容量的一半以上。从燃料结构来看，生物燃料和电力已部分替代石油。我国新能源储量丰富，开发利用潜力巨大，发展以新能源为主的替代能源是保障我国中长期能源安全的重大战略举措。发展可再生能源、实现能源转型与能源革命，必须综合考虑可再生能源的经济性、国家能源安全的可靠性，以及环境气候承载能力，立足国情，稳扎稳打地推进。亚洲咨询机构Solidiance调查显示，自2004年起，中国对可再生能源的投资以每年80%的速度递增。中国可再生能源规模巨大，同时正在高速向前发展。尽管当前我国新能源产业还处于发展的起步阶段，尚不能完全发挥替代能源作用，但随着化石能源开发利用的局限性和全球气候变化压力的日益凸显，以新能源替代将成为必然趋势。

（2）能源转型需要政策积极引导。当前，各国政府采取积极的政策措施，除了一些能源消费大国加快能源转型的步伐外，能源资源丰富的国家也在转型。2015年，全球已有多个国家设立了可再生能源转型的目标。前两次的能源转型，分别经历了上百年和数十年，当前进行的能源转型，政府政策的引导至关重要。要把控制能源消费总量、减少资源消耗、减轻环境损害、降低碳排放强度、提高生态效益纳入经济社会发展的综合评价指标体系，加快推进碳排放权、节能量和排污权等市场化机制建设，发挥好价格、财税、金融等政策的激励作用，引导各类资金促进能源低碳转型发展。

（3）能源转型需要国际化合作形成共赢。能源转型所要解决的资源问题、气候变化问题和安全问题是全球性问题，仅依靠少数国家不能取得明显效果，需要在全球范围内形成国际合作机制，促进世界各国共同行动，实现能源转型。中国与德国在能效和可再生能源领域已形成了良好合作，2011年，中国可再生能源学会与德国能源署签署协议，成立中德可再生能源合作中心。中国第一座被动式超低能耗住宅建筑和第一座被动式超低能耗办公建筑均由德国能源署为中国提供技术咨询。在中国提出探讨构建全球能源互联网的倡议下，全球清洁能源资源将得到大规模、大范围、高效率优化配置，在解决世界能源安全、环境污染和温室气体排放等问题方面形成合作共赢的局面。

（4）能源转型需要科技进步持续推动。科技推动了经济社会发展，也决定能源变革的未来趋势。只有科技进步了，能源转型才能实现。美国对于开采页岩气技术的突破以及汽车能效标准的提升，使美国的能源革命形成了"产出更多，使用更少"的局面。德国对于建筑领域节能技术的创新和扶持，提升了可再生能源的利用水平，也促进了居民生活方式的转型。我国应紧跟国际科技发展趋势和产业变革方向，通过科技创新提高能源产业竞争力，促进能源革命的最终胜利。能源技术的进步可以为中国企业健康发展、实现"走出去"提供有力保障。能源技术和其他领域高新技术的协同发展，能源技术及其关联产业的联动发展，有助于形成带动产业升级的新的增长点。在高新技术的引领下，我国的能源发展之路必将越走越宽广。

第三章　我国能源转型发展的形势与路径

世界新一轮能源变革正在孕育，未来发达国家能源消费增长趋缓甚至负增长，能源结构加快向低碳化甚至无碳化转型，分布式能源、智慧能源体系将加快发展，终端用能电气化水平将显著提升，能源开发利用逐步向低运行成本转变。当前，我国经济发展进入新常态，能源发展也呈现新态势，表现出能源消费增长减速换挡、能源消费结构不断优化、能源发展动力加快转换、国际能源合作不断深化的阶段性特征。我国应积极顺应新一轮能源变革趋势，控制煤炭消费总量，提升非化石能源利用水平，加快油气替代煤炭、非化石能源替代化石能源的双重更替进程，同时加快分布式能源发展，积极构建智慧能源体系，从而推进能源消费种类转型和能源利用模式转型同步进行。以能源转型发展支撑社会主义现代化进程，打造中国能源升级版。

第一节　我国能源转型面临的形势

一　我国能源转型的发展环境

（一）国家能源安全存在危机

我国煤炭资源丰富，而油气资源相对贫乏。从化石能源储采比来看，我国能源供应安全仍然面临挑战。根据英国石油公司（BP）2016 年对已探明储量的统计，截至 2015 年底，中国石油探明储量为 25 亿吨，仅占世界石油探明储量的 1.1%，储采比为 11.7 年；天然气探明储量为 3.8 万亿立方米，仅占世界探明总储量的 2.1%，储采比为 27.8 年，油气资源极其有限。

目前，除了煤炭资源尚能自给自足外，石油和天然气均在不同程度上依赖进口。20世纪末以来，国内石油自给率持续下降。由于国内资源不足，我国自1993年成为石油净进口国起，对外依存度逐年上升，石油供应安全风险逐步增大。2011年，我国原油对外依存度超越美国跃居世界第一，2015年，我国原油对外依存度首次突破60%，达到60.6%（见图3-1）。由于我国资源瓶颈尚未突破，我国原油产量增长慢于需求增长，未来对外依存度将继续攀升。在高依存度下，稳定的、长期的国际石油供给保障将是影响我国能源安全的主要因素。

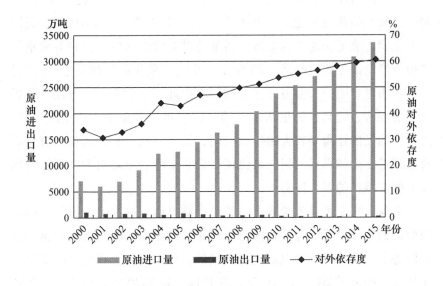

图3-1 我国原油进出口量及对外依存度变化趋势

资料来源：《中国能源统计年鉴》（2016）。

随着国内消费量的快速增长，我国从2007年开始成为天然气净进口国，此后进口量持续增加，对外依存度不断攀升。随着2013年新建进口液化天然气接收设施投入运行，以及中缅天然气管道正式通气，我国进口天然气已形成东部、南部和西部三大通道并举的局面。2015年，我国天然气对外依存度高达32.7%，不断攀升的天然气对外依存度给我国能源安全带来新的挑战。

我国当前正处于工业化快速发展时期，四化建设进程中还需要大量能源消费做支撑，而化石能源在未来很长一段时期内仍将是一次能源消费的主体。过高的油气对外依存度，以及石油战略储备数量的不足，大大削弱了我国在遇到突发事件时的应对能力。依赖程度越大，供应安全的风险越高。因此，必须构建多元化能源供应体系，加大替代能源的开发力度和利用范围，尤其是要加快非常规油气的勘探开发和利用，从而提高能源自给率，保障我国能源安全。

（二）低碳发展目标需要达成

中国作为发展中的大国，正处在快速工业化和城市化进程之中，同时二氧化碳排放量也处于增长阶段。尤其在 2000—2010 年，我国二氧化碳排放呈快速增长态势，增量超过全球的 60%，是世界温室气体排放增量的主要贡献者。2008 年，我国二氧化碳排放量超过 65 亿吨，成为世界第一大温室气体排放国。由此可以看出，一方面，我国在发展经济、提高人民生活水平的过程中不可避免地会产生碳排放，进一步的发展还需要较大的排放空间；另一方面，我国人均二氧化碳排放虽然在全球靠后，但二氧化碳排放总量已居全球前列，面临着国际上要求减排的巨大压力。

全球气候变暖对节能减排的要求日益迫切。哥本哈根国际气候谈判会议的分歧显示了经济目标与环境保护的矛盾。在发展与减排的两难情势下，我国坚持"共同但有区别的责任"原则，积极实施节能减排措施，确定了 2020 年的低碳工作目标：到 2020 年，单位国内生产总值二氧化碳排放比 2005 年下降 40%—45%，非化石能源占一次能源消费比重达到 15% 左右。这是极为艰巨的任务，也是对国际社会的庄重承诺。

2015 年 12 月，巴黎气候变化大会达成了《巴黎协定》，成为历史上首个关于气候变化的全球性协定，也说明了各国人民应对气候变化的努力和决心。2016 年 11 月 4 日，《巴黎协定》的正式生效开启了全球合作应对气候变化和绿色低碳发展的新阶段。根据协定，发展中国家应依据不同的国情继续强化减排力度，并逐渐实现减排或限排目标。在《巴黎协定》框架下，我国大力推进绿色低碳循环发展，采取有力行动应对气候变化，并提出了国家自主贡献的四大减排目标：2030年左右二氧化碳排放达到峰值并且争取尽早实现这一目标，2030年中国单位GDP的二氧化碳排放比2005年下降60%—65%，非化石能源占一次能源消费比重提升到20%左右，森林蓄积量比2005年增加45亿立方米左右。这是我国政府做出的新的庄严承诺，也表明了我国作为一个负责任的发展中大国，正在为应对全球气候变化不遗余力地注入中国力量。国际经验表明，高碳发展并非通向现代化的必由之路，低碳发展之路也可以通向现代化。为实现2020—2030年阶段性碳减排目标，我国必须加快推动能源革命，在绿色、低碳道路上稳步前行，在环境外交中取得主动。中共十八届五中全会提出了绿色发展作为五大发展理念之一，更加说明在当前我国经济发展进入新常态的背景下，仍然需要把绿色发展、循环发展、低碳发展作为根本途径。

化石能源的大量使用，尤其煤炭燃烧产生的温室气体排放不断增加。近年来，我国的煤炭比重虽有所下降，但以煤为主的能源消费结构已持续很长一段时间并且在短期内不会改变，加之低效的能源利用方式，成为我国大量排放温室气体的主要原因。因此，转变能源发展方式、调整能源消费结构是我国能源革命的关键。积极推动能源转型、制定和实施符合国情特征的低碳发展战略，既是我国自身可持续发展的需要，也是践行全球气候治理的大国责任的具体体现。

（三）资源环境约束日趋增强

随着城市化和工业化进程的加快，我国能源需求日益增长。在能源的不断开发与利用过程中，对生态环境的影响也逐渐凸显。煤炭的长期大规模开发利用带来了一系列环境问题。我国近90%的煤炭资源分布在大陆性干旱、半干旱气候带，这些地区植被覆盖率较低，生态环境脆弱[1]。随着开发力度的加大，更加剧了水土流失和生态环境的

---

① 耿海清等：《煤炭富集区开发模式解析——以锡林郭勒盟为例》，《地域研究与开发》2010年第4期。

恶化。煤炭的大量开采使部分地区地表植被遭到破坏，土地盐碱化程度严重，荒漠化趋势不断增强，诱发地表沉陷、水位下降等问题。全国采煤塌陷土地面积已达到 80 万公顷，并且以每年 4 万公顷的速度递增，西北地区 70% 的国有大型矿区地面塌陷严重[①]。另外，能源开发区域的水环境也受到污染。一些煤矿和石油生产企业对矿井废水不做处理，长期超标排放，或者只对污水进行简易处理，就地掩埋，遇到山洪暴雨，经常造成农田、河流二次污染。不仅对人民的饮水安全造成巨大威胁，也影响了农牧业的发展。当前，煤炭科学产能比重较低，满足安全、高效、绿色开采条件的科学产能仅占 1/3。矿山环境综合治理工作是一项复杂的系统工程，在未来还需要不断利用更为先进的开采方式和治理污染的技术手段最大程度地降低煤炭开采对环境的不利影响。

能源的加工与消费过程对环境也造成了严重污染。煤化工园区污染物减量化处理和废弃物资源化利用不足，导致区域环境质量严重超标，产业发展与环境承载力矛盾突出。随着煤化工企业数量的不断增长，加之部分企业卫生防护距离内居民搬迁安置滞后，保持和改善环境的压力剧增，环境风险日益加大。尤为紧迫的是，煤炭属于高碳排放能源，我国大规模的煤炭消费导致大气污染严重。统计显示，在主要污染物排放中，燃煤排放的二氧化硫占 90%，氮氧化物占 75%，总悬浮颗粒物占 60%。在治理雾霾的迫切需求下，控制以化石能源为主的能源消费成为共识。

过量能源消耗所导致的环境污染与气候变化，给人类社会的可持续发展带来了严峻挑战。我国能源消费持续攀升，并且煤炭和石油消费所占比重较高，非清洁能源比重下降缓慢，环境压力逐渐加大。党的十八届五中全会提出了创新、协调、绿色、开放、共享的发展理念，其中，绿色是永续发展的必要条件，落实五大发展理念对推动能源转型有重要意义。未来，我国需要补齐环境短板，大幅降低污染排

---

① 中国工程院项目组：《中国能源中长期（2030，2050）发展战略研究：综合卷》，科学出版社 2011 年版。

放和碳强度。在这一过程中，能源转型是基础，也是必然的方面。逐步改变以化石能源消费为主的能源开发利用模式，才能从源头上破解生态环境的制约，改善环境质量，构建资源节约型和环境友好型社会。

二　我国能源转型的政策环境

（一）《能源发展"十三五"规划》

2016 年 12 月，国家发展改革委、国家能源局联合印发《能源发展"十三五"规划》。遵循能源发展"四个革命、一个合作"的战略思想，顺应世界能源发展大势，坚持以推进供给侧结构性改革为主线，以满足经济社会发展和民生需求为立足点，以提高能源发展质量和效益为中心，着力优化能源系统，着力补齐资源环境约束、质量效益不高、基础设施薄弱、关键技术缺乏等短板，着力培育能源领域新技术、新产业、新业态、新模式，着力提升能源普遍服务水平，全面推进能源生产和消费革命，努力构建清洁低碳、安全高效的现代能源体系，为全面建成小康社会提供坚实的能源保障。

优化能源结构，实现清洁低碳发展，是推动能源革命的本质要求，也是我国经济社会转型发展的迫切需要。该规划提出，"十三五"时期非化石能源消费比重提高到 15% 以上，天然气消费比重力争达到 10%，煤炭消费比重降低到 58% 以下。按照规划相关指标推算，非化石能源和天然气消费增量是煤炭增量的 3 倍多，约占能源消费总量增量的 68% 以上。可以说，清洁低碳能源将是"十三五"期间能源供应增量的主体。

实现规划确定的结构调整目标，既有现实基础，又有一定的难度和挑战，需要从四个方面来推进：一是继续推进非化石能源规模化发展。规划建设一批水电、核电重大项目，稳步发展风电、太阳能等可再生能源，提高可再生能源发展质量和在全社会总发电量中的比重。二是夯实油气资源供应基础。加强国内常规油气资源勘探开发，加大页岩气、页岩油、煤层气等非常规油气资源的调查评价，积极扩大规模化开发利用。三是扩大天然气消费市场。创新体制机制，稳步推进天然气接收和储运设施公平开放，鼓励大用户直供，降低天然气利用成本，大力发展天然气分布式能源和天然气调峰电站，在民用、工业和交通领域积极推进以气代煤、以气代油，提高天然气消费比重。四是加强化石能源，特别是煤炭的清洁高效利用。在今后较长时期内，煤炭仍是我国的主体能源，还需要坚定不移地化解过剩产能、淘汰落后产能、发展先进产能，发展煤炭洗选加工和超低排放燃煤发电，推进煤制油气、煤制烯烃升级示范，形成符合中国国情的煤炭清洁开发利用模式。同时，加快推进成品油质量升级，推广使用生物质燃料等清洁油品，提高石油消费清洁化水平。

（二）各类能源的专项"十三五"规划

可再生能源规模化利用与常规能源的清洁低碳化将是能源发展的基本趋势，加快发展可再生能源已成为全球能源转型的主流方向。根据国情，我国在制定的煤炭、石油、天然气、可再生能源等各类能源的专项"十三五"规划中，明确提出了可再生能源和非常规油气的发展目标以及高碳化石能源的缩减目标，为我国能源转型指明了方向（见表3-1）。

表3-1　　　各类能源的专项"十三五"规划目标梳理

名称	总体目标	能源转型的具体目标
煤炭工业发展"十三五"规划	化解煤炭过剩产能，调整产业结构，优化布局，推进清洁高效低碳发展，加强科技创新，深化体制机制改革，努力建设集约、安全、高效、绿色的现代煤炭工业体系，实现煤炭工业由大到强的历史跨越	化解淘汰过剩落后产能8亿吨/年左右，通过减量置换和优化布局增加先进产能5亿吨/年左右，到2020年，煤炭产量将达39亿吨
电力发展"十三五"规划	调整电力结构，优化电源布局，升级配电网，增强系统调节能力，提高电力系统效率，构建清洁低碳、安全高效的现代电力工业体系	到2020年，非化石能源发电装机达到7.7亿千瓦左右，占比约39%，发电量占比提高到31%；气电装机增加5000万千瓦，达到1.1亿千瓦以上，占比超过5%；煤电装机力争控制在11亿千瓦以内，占比降至约55%

续表

名称	总体目标	能源转型的具体目标
石油发展"十三五"规划	加强国内勘探开发，完善优化管网布局，强化科技创新，构建安全稳定、开放竞争、绿色低碳、协调发展的现代石油产业体系，保障经济社会可持续发展	2020 年国内石油产量 2 亿吨以上，构建开放条件下的多元石油供应安全体系，保障国内 2020 年 5.9 亿吨的石油消费水平。大力推广电能、天然气等对燃油的清洁化替代
天然气发展"十三五"规划	以提高天然气在一次能源消费结构中的比重为发展目标，大力发展天然气产业，逐步把天然气培育成主体能源之一，构建结构合理、供需协调、安全可靠的现代天然气产业体系	2020 年国内天然气综合保供能力达到 3600 亿立方米以上。重点突破页岩气、煤层气等非常规天然气的开发利用
煤层气（煤矿瓦斯）开发利用"十三五"规划	坚持煤层气地面开发与煤矿瓦斯抽采并举，以煤层气产业化基地和煤矿瓦斯抽采规模化矿区建设为重点，推动煤层气产业持续、健康、快速发展	到 2020 年，新增探明地质储量 4200 亿立方米，煤层气产量 100 亿立方米，煤层气利用量 90 亿立方米，煤层气利用率 90%
页岩气发展"十三五"规划	通过技术攻关、政策扶持和市场竞争，发展完善适合我国特点的页岩气安全、环保、经济开发技术和管理模式，大幅度提高页岩气产量，把页岩气打造成我国天然气供应的重要组成部分	到 2020 年，完善成熟 3500 米以浅海相页岩气勘探开发技术，突破 3500 米以深海相页岩气、陆相和海陆过渡相页岩气勘探开发技术；在政策支持到位和市场开拓顺利的情况下，力争实现页岩气产量 300 亿立方米
可再生能源发展"十三五"规划	完善促进可再生能源产业发展的政策体系，统筹各类可再生能源协调发展，切实缓解弃水弃风弃光问题，加快推动可再生能源分布式应用，大幅增加可再生能源在能源生产和消费中的比重，加速对化石能源的替代，在规模化发展中加速技术进步和产业升级，促进可再生能源布局优化和提质增效，加快推动我国能源体系向清洁低碳模式转变	到 2020 年，全部可再生能源年利用量为 7.3 亿吨标准煤。其中，商品化可再生能源利用量为 5.8 亿吨标准煤。全部可再生能源发电装机为 6.8 亿千瓦，发电量为 1.9 万亿千瓦时，占全部发电量的 27%。各类可再生能源供热和民用燃料总计约替代化石能源 1.5 亿吨标准煤

名称	总体目标	能源转型的具体目标
太阳能发展"十三五"规划	全面实施创新驱动战略，加速技术进步和产业升级，持续降低开发利用成本，推进市场化条件下的产业化、规模化发展，使太阳能成为推动能源革命的重要力量	到2020年底，太阳能发电装机达到1.1亿千瓦以上，太阳能热利用集热面积达到8亿平方米，太阳能年利用量达到1.4亿吨标准煤以上。推进分布式光伏和"光伏+"应用
风电发展"十三五"规划	尽快建立适应风电规模化发展和高效利用的体制机制，加强对风电全额保障性收购的监管，积极推动技术进步，不断提高风电的经济性，持续增加风电在能源消费中的比重，实现风电从补充能源向替代能源的转变	到2020年底，风电累计并网装机容量确保达到2.1亿千瓦以上，风电年发电量确保达到4200亿千瓦时，约占全国总发电量的6%。有效解决弃风问题，"三北"地区全面达到最低保障性收购利用小时数的要求
生物质能发展"十三五"规划	把生物质能作为优化能源结构、改善生态环境、发展循环经济的重要内容，立足于分布式开发利用，扩大市场规模，加快技术进步，完善产业体系，加强政策支持，推进生物质能规模化、专业化、产业化和多元化发展，促进新型城镇化和生态文明建设	到2020年，生物质能基本实现商业化和规模化利用。生物质能年利用量约5800万吨标准煤，生物质发电总装机容量达到1500万千瓦，年发电量900亿千瓦时。生物天然气年利用量80亿立方米，生物液体燃料年利用量600万吨，生物质成型燃料年利用量3000万吨

（三）《能源发展战略行动计划（2014—2020）》

当前，世界政治、经济格局深度调整，能源供求关系深刻变化，我国也面临能源发展转型的重要战略机遇期。《能源发展战略行动计划（2014—2020）》（以下简称《行动计划》）明确了今后一段时期我国能源发展的总体方略和行动纲领，推动能源创新发展、安全发展、科学发展，打造中国能源升级版。

《行动计划》提出了四大战略，节约优先战略是永恒主题、立足国内战略是坚实基础，绿色低碳战略是必然选择，创新驱动战略是根本动力，形成了我国能源转型推进的主体思路。具体来看，一是增强能源自主保障能力，加强能源供应能力建设。推进煤炭清洁高效开发利用，稳步提高国内石油产量，支持低品位资源开发；大力发展天然气，重点突破页岩气和煤层气开发；积极发展能源替代，煤基替代、生物质替代和交通替代并举；加强储备应急能力建设。二是推进能源消费革命，调整优化经济结构，转变能源消费理念。严格控制能源消费过快增长，切实转变能源开发和利用方式；实施能效提升计划，形成节能型生产和消费模式；推动城乡用能方式变革。三是优化能源结构，积极发展天然气、核电、可再生能源等清洁能源，降低煤炭消费比重，推动能源结构持续优化。四是拓展能源国际合作，积极参与全球能源治理。五是推进能源科技创新，确立了创新战略方向和重点。

《行动计划》完整地呈现了我国能源国策"四个革命、一个合作"的主旨思想，并对其进行了具体细化和落实，是符合我国国情的能源转型发展行动指南。未来应把发展清洁低碳能源作为调整能源结构的主攻方向，发展非化石能源与化石能源高效清洁利用并举，大幅减少能源消费排放，促进生态文明建设。

（四）《煤炭清洁高效利用行动计划（2015—2020）》

煤炭是我国的主体能源和重要工业原料，未来一段时期，煤炭在一次能源消费中仍将占主导地位。因此，如何科学利用煤炭是有效缓解资源环境压力的必然选择。《煤炭清洁高效利用行动计划（2015—2020）》（以下简称《煤炭行动计划》）提出推动煤炭分级分质梯级利用，推进废弃物资源化综合利用，实现煤炭清洁高效利用，为我国煤炭利用转型升级提供了实施路径和政策支撑。

尽管未来我国煤炭的主导地位会进一步削弱，但煤炭仍然是我国最重要的能源资源，所以清洁化利用是关键。在煤炭生产方面，《煤炭行动计划》提出，要大力发展高精度煤炭洗选加工，实现煤炭深度提质和分质分级，提高、优化煤炭质量，形成分区域优质化清洁化供应煤炭产品的格局。在煤炭利用方面，《煤炭行动计划》提出，要逐步实现"分质分级、能化结合、集成联产"的新型煤炭利用方式，鼓励煤—化—电—热一体化发展，实现物质的循环利用和能量的梯级利用，降低生产成本、资源消耗和污染排放。可以看到，加快煤炭分级分质利用，是提高煤炭清洁高效利用水平的重要途径，从源头改变煤炭利用方式，可促进传统产业升级改造，提高整体利用效率，减少污染物排放。

（五）《新兴能源产业发展规划（2011—2020）》

新兴能源产业是衡量一个国家和地区高新技术发展水平的重要依据。推动新兴能源产业快速发展，政策扶持和技术进步是主要驱动力。《新兴能源产业发展规划（2011—2020）》不仅包含了先进核电、风能、太阳能和生物质能等新的能源资源的开发利用，同时也涵盖了传统能源的升级变革，包括洁净煤、智能电网、分布式能源、车用新能源等技术的产业化应用的具体实施路径、发展规模和重大政策举措。计划在2011—2020年国家对新兴能源产业累计直接增加投资额达5万亿元，每年增加产值1.5万亿元。

大力发展新兴能源产业是未来国家能源发展的主导方向，也是顺应时代发展的趋势，通过重大政策支持，使新能源产业规模不断壮大，新技术不断突破和革新，逐步替代传统能源市场，实现能源转型。

（六）《能源生产和消费革命战略（2016—2030）》

为顺应世界能源发展大势，把推进能源革命作为能源发展的国策，国家发改委和国家能源局发布了《能源生产和消费革命战略（2016—2030）》（以下简称《战略》），为我国未来能源生产和消费革命勾画了路线图，对能源革命战略目标、能源体制、能源技术、重大战略行动方面的内容作出规划。

《战略》指出，我国能源发展正进入从总量扩张向提质增效转变的全新阶段。这是我国供给侧结构性改革、提升经济发展质量的需要，是破解资源环境约束、治理大气和水污染、推进生态文明建设的需要，是积极应对气候变化、实现长期可持续发展的需要，更是增加能源公共服务、惠及全体人民、加快国家现代化建设的需要。在《能源发展"十三五"规划》的基础上，《战略》进一步提出了能源革命目标：2030年，可再生能源、天然气和核能利用持续增长，高碳化石能源利用大幅减少。非化石能源占能源消费总量比重达到20%左右，天然气占比达到15%以上，即低碳能源联合占比达到35%，新增能源需求主要依靠清洁低碳能源满足；推动化石能源清洁高效利用，使二氧化碳排放量在2030年左右达到峰值并争取尽早实现这一目标；单位GDP能耗达到世界目前平均水平；能源科技水平位居世界前列。

在"创新、协调、绿色、开放、共享"新发展理念的引领下，中国经济将加速向绿色低碳的经济模式转型升级，绿色、低碳、高效也将成为中国能源转型的必然选择。尽管能源转型具有长期性、复杂性和艰巨性，但在清晰路径的指引和政府的努力推动下，能源转型将逐步实现。

第二节　我国能源转型的阶段性特征

当前，世界能源格局面临深刻变革，新一轮能源革命蓬勃兴起，供需再平衡动力加大，清洁低碳化趋势加速。随着我国经济发展进入新常态，能源消费增速趋缓，增长动力持续转换，结构优化需求迫切。未来，能源生产消费新模式、新业态、新技术将快速发展，能源供需结构性矛盾有待进一步调整，着力提高能源发展质量和效益将成为新的发展需求和目标。

一　能源消费增长减速换挡

进入21世纪以来，随着我国工业化和城市化进程的加快，能源消费呈现快速增长的态势。从2000年的14.7亿吨标准煤增长到2010的36.1亿吨标准煤，年均增长率达到9.6%，一次能源消费量占世界的比重由10.7%上升到20.4%。2009年，我国一次能源消费量已超过美国，成为世界第一耗能大国。在经济结构转型背景下，我国能源消费增速逐渐趋缓。"十二五"时期，全国能源消费增速年均增长3.6%，其中前三年年均增速为5%，后两年分别为2.1%和0.9%，一次能源消费量占世界的比重在五年间也只增加了1.4个百分点，减速换挡趋势明显（见图3-2）。一方面，我国经济进入新常态，处于增速换挡期、结构调整阵痛期和前期刺激政策消化期"三期叠加"的特殊阶段，在经济增速趋缓、结构转型升级加快、供给侧结构性改革深入推进等因素共同作用下，全社会能源消费增速逐步放缓，过去依赖大规模煤炭开发来快速满足需求增长的状况将一去不复返。随着钢铁、有色、建材等主要耗能产品需求在未来五年内预计达到峰值，能源消费将稳中有降。另一方面，我国继续保持节能政策取向，积极利用市场机制推动企业自主节能，通过财政、税收、技术支持等措施进一步强化节能力度，能源消费总量将得到控制。

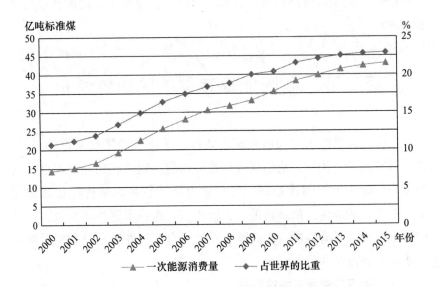

图 3 – 2   我国一次能源消费量及占世界的比重

资料来源：《BP 世界能源统计年鉴》（2016）。

二　能源消费结构不断优化

我国"富煤、缺油、少气"的资源禀赋状况以及经济社会发展水平决定了我国的能源消费结构一直以煤为主导。20 世纪前半叶，煤炭比重超过 95%，占有绝对地位，而油气比例很低。50 年代后，随着大庆油田等油田的发现，石油产业得到迅速发展，比重逐步上升到 20% 左右。改革开放以来，国内油田进入稳产期，同时由于经济发展对能源的巨大需求，煤炭仍然肩负重任，比重一直保持在70%左右。直到进入"十二五"时期，能源消费结构出现大幅度变动，煤炭消费比重呈逐年下降趋势，下降了5.2个百分点，而天然气和非化石能源消费比重分别提高1.9个百分点和2.6个百分点，石油比重也有略微提升（见图3-3）。可以看出，能源消费结构呈加速优化态势，逐渐向清洁化、低碳化和可持续方向发展。在我国经济转型升级、能源结构调整、环境治理的大背景下，新能源行业呈现出强劲发展势头。水电、风电、光伏发电装机规模和核电在建规模均居世界第一。非化石能源发电装机比重达到35%，新增非化石能源发电装机规模占世界的40%左右。当可再生能源稳步、加速增长的态势一直持续，使得新增可再生能源量能够满足新增经济量对能源的需求时，将为中国加快能源结构调整和优化升级带来重要机遇。

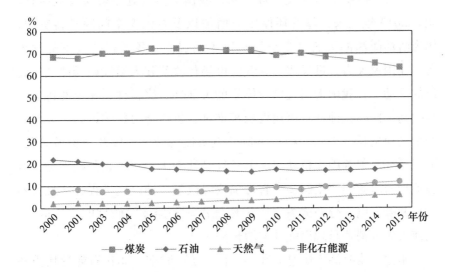

图3-3　我国一次能源消费结构

资料来源：《中国能源统计年鉴》（2016）。

分能源种类来看，煤炭仍将持续负增长态势。我国煤炭消费增长是世界煤炭消费增长的主要来源，2000—2013年，我国煤炭消费量年均递增8.8%，2013年煤炭消费达到最大值，2014年出现首次下降，同比下降了2.9%，2015年同比下降3.7%。随着我国经济增速放缓、环保压力增强、非化石能源发展速度加快、高耗能产品产量下降，煤炭需求也受到了抑制。受全国去产能和全球煤炭产量缩减的影响，我国煤炭市场供需失衡的局面有所缓解，但由于电力、钢铁、建材和化工等行业对煤炭的拉动能力不强，我国煤炭消费总量持续回落，市场总量供大于求的态势还将持续。

石油消费低速增长。在经济下行压力下，我国原油需求仍保持相对稳健。一方面，油价低迷大大降低了用油成本，汽车消费的快速增长推动了汽油使用；另一方面，我国原油消费并未受到经济增长放缓及许多其他大宗商品需求下降的影响。随着低碳经济、清洁能源的发展，同时为适应节能降耗的要求，我国原油消费规模难有明显下降，但增速有所放缓。

天然气保持稳定增长。近年来，我国天然气处于较快发展时期。尤其2013年以来，随着环保压力增加以及石油安全问题日益突出，作为清洁能源的天然气受重视程度不断提高，各项扶持政策陆续出台。在国家大力推进煤改气、气价市场化改革和天然气调峰储气库建设的推动下，我国天然气供应体系的灵活性、完备性、安全性将进一步提高。同时，油气管道建设稳步推进，供应能力持续提高，天然气产量平稳增长。天然气稳定供应长效机制的建立，以及新型城镇化、大气环境改善等因素拉动我国天然气刚性需求快速增长。特别是受雾霾治理需求影响，全国多个省份加快煤改气、油改气进程，并且天然气在调峰发电、分布式发电、天然气汽车和船舶等领域的推广应用，也使天然气消费呈现出强劲的增长势头。

非化石能源消费快速上升。"十二五"时期，非化石能源比重逐年提升，由2011年的8.4%提高到2015年的11.9%。根据《能源发展战略行动计划（2014—2020）》，到2020年，我国非化石能源占一次能源消费比重达到15%。新能源产业作为国家加快培育和发展的战略性新兴产业之一，当前正处于成长阶段，未来发展空间巨大。风电方面，产业规模将继续上升。按照"集中开发与分散开发并举、就近消纳为主"的原则优化风电布局，2020年我国风电累计并网装机容量至少达到2.1亿千瓦。光伏发电方面，将继续维持2013年以来的回暖态势。在"一带一路"倡议引导及国际贸易保护倒逼下，国内光伏企业"走出去"步伐不断加快。核电方面，2014年以来，我国能源改革深入推进，政府层面多次释放出核电重启的信号。随着核电审批的加快，核电发展将重新步入快车道。

三　能源发展动力加快转换

全球气候变化引发的低碳发展模式和新能源革命正塑造着全球能源体系的未来。我国也需要积极适应新形势，参与到能源变革与环境问题的全球治理中。在此背景下，我国能源发展正在由主要依靠资源投入向创新驱动转变，科技、体制和发展模式创新将进一步推动能源向清洁化、低碳化、智能化发展，培育形成新产业和新业态。技术创新是推动能源发展动力转换的关键因素。一方面，通过新能源技术的不断升级使得新能源作为化石燃料的替代能源的使用比例大幅上升。近年来，我国能源科技创新进入高度活跃期，在发展新型能源汽车、推动照明节能、开发新能源等方面做出了积极探索。一大批节能和新能源技术得到应用，太阳能、风能、新能源汽车和半导体照明都得到规模化推广示范。另一方面，利用绿色能源技术手段能够助推深度和高效开发利用化石能源。发展高效、洁净发电技术，实现煤炭资源的清洁高效利用，探索非常规天然气勘探开发的关键技术突破，推动非常规天然气的规模化、集约化和工业化的开发利用，使非常规天然气成为我国能源结构中的绿色支柱，实现能源资源转型的平稳过渡。

四　国际能源合作不断深化

"一带一路"倡议的提出，为国际能源合作提供了契机，对于我国能源安全具有重要的能源地缘政治意义。"一带一路"倡议所覆盖的区域，涵盖了中东、非洲、中亚、俄罗斯和东南亚等油气较为富集的国家和地区。在"一带一路"建设过程中，通过加强与中亚、俄罗斯、东南亚等地区的能源合作，建设多线并行的陆路油气管道和海上运输通道，可以打通我国"南下"东南亚的海上能源运输通道，构筑"北上"俄罗斯和"西进"中亚的陆路能源进口通道，实现我国能源进口途径的多元化。另外，在"一带一路"倡议的推动下，企业

"走出去"加速推进，到国外进行油田勘探开发，建立海外石油生产基地，以更加灵活的形式增加非常规及常规油气资源的收购，在全球油气资源再分配中获取更大的份额，可有效充实我国战略储备和商业储备。同时，随着我国更深入地融入正在发生的全球能源生产消费变革，我国加强新能源产业技术的国际合作，包括页岩气、可燃冰、电动汽车、节能等关键技术的突破。我国与美国、欧洲、日本和俄罗斯建立了一系列合作机制，与印度、南非、以色列等国家也开展了广泛的合作，通过各种方式的合作，全面掌握关键技术，支撑新能源战略性新兴产业的发展。

第三节　我国能源转型发展的方向和难点

一　能源转型发展的方向

工业革命以来，从世界能源消费结构的变动历程及未来发展趋势来看，能源消费将经历从高碳能源（煤炭、石油）向低碳能源（天然气、可燃冰）和无碳能源（风能、太阳能、氢能等新能源）转变的过程。从中长期来看，化石能源在世界能源结构中仍将居于主导地位。但处于核心位置的石油供需持续紧张，同时作为世界上最大宗的国际贸易商品被赋予了地缘政治属性以及金融属性，存在供给不稳定风险，能源安全保障程度低。另外，过度依赖化石能源还将面临日趋严峻的气候变化和生态环境恶化的挑战。当前，世界主要国家都在经历能源变革，我国能源结构调整也将逐步进入油气替代煤炭、非化石能源替代化石能源的双重更替期。推动能源转型是大势所趋，刻不容缓。从资源要素和技术要素两个视角来看，能源转型发展可以从能源消费种类转型和能源利用模式转型两个方面同时推进。

（一）能源消费种类转型

1. 煤炭消费总量控制

煤炭消费在我国一次能源结构中占有较高比重，且长时期保持增长势头。煤炭作为高耗能行业发展的重要能源支撑，其大规模的开发利用和"敞口式"发展模式不仅对生态环境造成影响，而且排放了大量的温室气体，这种能源结构也难以实现促进经济发展方式转变的目标。因此，煤炭应是我国实施合理控制能源消费的主要控制对象和品种，控制煤炭消费在近期可起到有效控制能源消费的作用。

从 2011 年至今，我国煤炭消费总量控制经历了总量控制试点、煤炭等量替代、煤炭减量替代三个阶段[①]。第一，总量控制试点阶段。2011 年，环境保护部《关于印发〈2011 年全国污染防治工作要点〉的通知》首次从部门层面提出"开展重点区域煤炭消费总量控制试点"，2013 年出台的《大气污染防治行动计划》，标志着我国煤炭消费总量控制试点阶段政策体系基本完成。这一阶段，煤炭消费总量控制宏观目标初步确定，但未形成配套的技术方案或办法。第二，煤炭等量替代阶段。2014 年，国家发展改革委员会、环境保护部联合印发《关于严格控制重点区域燃煤发电项目规划建设有关要求的通知》，从具体操作层面首次提出了相关要求。这一阶段，试点范围虽没有进一步扩大，但通过政策措施的出台，逐步从概念层面落实到项目层面。等量替代以火电行业为主，其余行业尚不是重点。第三，煤炭减量替代阶段。2015 年 1 月发布的《重点地区煤炭消费减量替代管理暂行办法》中首次明确了煤炭减量替代管理办法，但是由于没有落实具体的操作办法，所以在项目管理和核准过程中仍是按照等量替代执行的。2016 年 7 月，国家发改委发布《关于做好 2016 年度煤炭消费减量替代有关工作的通知》，我国从行业层面正式开始煤炭减量工作。这一阶段，试点范围进一步扩大，由京津冀、长三角、珠三角中重点区域逐步扩展到三大重点区域全覆盖，再加上辽宁、山东、河南，在项目层面逐步由电力项目扩展到非电项目。当前，煤炭减量替代方案仍处于探索阶段，还需要进一步强化。

在政策引导下，我国煤炭消费总量控制已初显成效。2016 年，我国煤炭消费量下降了 4.7%，这是继 2014 年首次下降 2.9%、2015 年继续下降 3.7% 之后连续第三年下降。但要保持煤炭消费下降的态势

---

① 王圣：《积极推进煤炭消费总量控制》，《中国环境报》2017 年 4 月 27 日第 3 版。

并最终改变其主导地位，还需要做很多工作。

一是全面实施散煤综合治理，推进煤炭减量替代。我国在工业小锅炉、家庭取暖、炊事等方面的煤炭分散燃烧利用约占煤炭消费总量的20%，远远高于西方发达国家，如美国散烧煤占比仅有1%左右，德国只有2%左右。相比而言，我国散煤直燃直排、量大面广，治理难度较大。尤其在广大农村地区、城乡接合部，散煤燃烧的治理问题尤为严峻。因此，要强化实施热电联产和集中供暖，同时以电采暖作为整个供热体系中的重要补充。推进清洁能源替代散煤、高效低排炉具替代传统炉具，建立洁净煤示范点，安装先进民用炉具，配送无烟型煤、洁净型煤等清洁型煤，并给予相应补贴。

二是提升煤炭消费终端电气化，着力实施电能替代。未来我国电力需求会持续增加，短期内以煤为主的电力生产方式将继续作为主力，煤炭用于大规模电力生产比其他直接燃烧方式效率高、集约化程度高，应提高电煤消费占比。促进煤炭消费向电力部门集中，进一步提高燃煤发电效率，鼓励使用先进的开采工艺和设备，积极发展大容量、高参数燃煤机组，因地制宜发展热电联产，在全国范围内大力优化煤电产业布局。在能源终端消费领域实施电能替代，对于冶金、化工等耗煤工业的煤炭消费，需要加强终端电气化。强化配套电网的建设，国家电网与农网改造相互配合。

三是实施分区域煤炭消费控制制度，逐步减少对煤炭的过度依赖。各地发展阶段、资源环境承载力乃至大气质量改善目标均有差异，因此控制目标也各不相同，要求省市区差异化与区域内协同控煤要相协调。在京津冀、长三角、珠三角三大重点区域以及辽宁、山东、河南的实践基础上，进一步推动全国煤炭减量替代工作。重点区域需要制定标准更严的淘汰落后产能和压缩过剩产能政策，实施燃煤发电机组绿色调度、环保电价、财税支持、差别化排污收费等经济政策，鼓励燃煤机组实施超低排放改造。西部地区合理控制煤炭消费的新增量，控制现代煤化工产业规模。

四是调整产业结构，大幅降低工业和工艺用煤。对科技含量高、工艺先进、产品附加值高的工艺用煤，应予以保障，对落后工艺和落后产能工业的用煤应进行控制。通过淘汰效率低、煤耗高、污染重的用煤设施，实施节能技改等方式推进煤炭减量化。提高技术与环保标准，限制钢铁、建材、化工等高能耗产业的盲目扩张。减少高耗能工业，淘汰落后生产工艺，符合国家优化经济发展模式的战略导向。通过设置煤炭消费总量的政策约束，可以调节煤炭供应成本，促进企业进行技术创新、产业升级，达到抑制高耗能行业发展的目的。

2. 天然气扩大生产和消费规模

天然气是高效清洁的优质化石能源，可作为能源由高碳化向低碳和零碳化转变的过渡能源。与世界平均水平相比，天然气在我国一次能源消费中的比重还很低。因此，扩大天然气利用规模是我国能源结构调整的必由之路。天然气将成为我国开拓清洁能源新时代的重点突破领域，也是未来能源结构向绿色低碳化发展的中坚力量。

第一，扩产能。加大常规气、页岩气和煤层气的勘探力度，积极扩大生产能力。目前，我国天然气产量无法完全满足国内市场需求，天然气进口快速增长，因而开发利用非常规天然气对提高我国天然气自给率发挥着关键作用。美国的页岩气革命具有划时代的意义，不仅改变了美国的能源供应格局，保障了美国的能源安全，同时提升了能源应用企业的竞争力，也就是说供应侧、消费侧和国家都是受益者。我国页岩气资源较为丰富，基本具备大规模商业性开发的条件。国土资源部发布报告表明，我国页岩气勘探有利区面积为 150 万平方千米，页岩气地质资源潜力为 134.42 万亿立方米，技术可采资源潜力为 25.08 万亿立方米。[①] 2013 年国家能源局将页岩气开发纳入国家战略性新兴产业。2014 年重庆涪陵页岩气项目的成功开发，使中国成为继美国、加拿大之后世界第三个实现页岩气商业开发的国家。但我国页岩气发展仍处于起步阶段，开采难度大，成本高，缺乏核心技术支撑。页岩气作为一种非常规天然气资源，需要研究制定资源勘探开发准入资质，紧跟页岩气技术革命新趋势，突破技术瓶颈，加速现有工

---

① 国土资源部油气资源战略研究中心：《全国页岩气资源潜力调查评价及有利区优选》，科学出版社 2016 年版。

程技术的升级换代，以加快其规模化、科学化发展。在非常规天然气中，天然气水合物（可燃冰）储量巨大，据估计，可燃冰中所含有机碳的总资源量相当于全球已知煤、石油和天然气总量的两倍，作为重要的战略资源，对我国能源安全和经济发展意义重大。2017 年 5 月，我国海域天然气水合物试采成功，这是我国，也是世界首次成功实现天然气水合物安全可控开采，为以后的商业性开发提供了技术储备，后续还需促进天然气水合物勘查开采的产业化进程，扩大产量。另外，引导煤制气产业科学、有序、适度发展，由于煤制油气增加了能源转化环节，会带来更多能量损失以及环境影响，因此煤制天然气应定位为"阶段性""备用性"技术。天然气国际合作是"一带一路"建设的先行和引领，随着中俄、中亚、中缅等一系列天然气长期进口协议的陆续签订，我国天然气四大进口通道战略格局初步形成，包括西北中亚、东北中俄、西南中缅管道气进口通道和海上 LNG 进口通道。由此，我国在天然气资源供应方面逐渐形成常规气、非常规气、煤制气、进口气多项并举的方式，从多方渠道扩大天然气生产规模。

第二，增库容。加快我国储气库建设，发挥调峰能力。在世界天然气储存设施总容量中，地下储气库的容量占 90% 以上。地下储气库不仅是调节天然气供需和优化管网运行的重要手段，也是降低天然气供应短缺风险的最佳战略储备手段。要完善各级天然气储备设施，国家负责战略储备，上游企业承担季节调峰储备，下游燃气企业负责日常调峰储备。通过强化调峰能力建设，提高天然气需求侧响应能力，加快能源系统优化步伐。

第三，促消费。2015 年，我国天然气消费量为 1932 亿立方米，同比增长 5.7%，占一次能源消费总量的 5.9%，远低于《天然气发展"十二五"规划》中提出的 2300 亿立方米的目标。同时，天然气消费增速在 2014 年和 2015 年连续两年下降，以这种增速，很难完成 2020 年天然气占一次能源消费比重 10% 的规划目标。由此可见，我国天然气暂时处于低消费水平状态，还需要加大力度扩大天然气消费，促进天然气消费领域多元化发展。在节能减排政策推进下，发电和工业燃料气代煤将加速，成为消费主体。世界平均 40% 的天然气用于发电，在美国、日本和韩国发电用气占比都在50%—60%，发电将成为世界天然气消费增长的主要驱动力。我国要提升天然气发电水平，需要推进天然气和电力双市场改革，理顺能源价格体系，从而使天然气发电的清洁属性价值得到体现。随着城镇化的持续推进，城市燃气消费量将稳定增长，交通用气也具有一定的发展潜力，天然气利用领域中最易推广的就是交通用气，环境友好且经济性相对突出。国家应制定并实施天然气汽车购置补贴、燃料补贴等补贴政策，加快天然气在交通领域的利用。

第四，补短板。一是补长输管道的短板。我国部分省份缺少天然气主干道，配气管网建设滞后。特别是长江经济带和华南地区，地市配气管网建设力度不够，天然气支线和配送到用户的供气网络缺失。因此，需要打通天然气利用"最后一公里"，加强天然气管网的规划与监管，增强天然气管道的公共服务功能。引入社会资本，加大管网建设投入力度，实现全国主干管网及区域管网的互联互通，从而提升天然气供应能力，满足潜在用户需求。二是补价格竞争的短板。天然气价格市场体系尚未建立，相对于煤炭来说成本过高，因此以气代煤受到经济性的严重制约。中国要加快发展天然气，就必须加快天然气价格的改革。尽快推行碳税和碳交易，使高碳能源的外部成本内部化，实行完全定价，体现天然气的环境价值；实行能源系统性定价，制订合理的天然气与可替代能源的比价关系，形成市场决定天然气价格形成机制；建立分季节、分时段的峰谷价格机制，用价格调整供需关系，削峰填谷；协调居民和工业用气的关系，减少不同用户的交叉补贴；启动管道运输企业定价成本监审工作，降低地方管网管输费用，提高天然气的经济性。

3. 可再生能源实现可持续发展

新能源和可再生能源代表能源发展方向，人类社会实现能源的永续利用最终要依靠非化石能源的开发利用。作为能源绿色化发展的主体，可再生能源持续健康发展是实现能源生产和消费革命不可或缺的重要途径。可再生能源产业规模逐年扩大，对于我国保障能源供给、推进节能减排、减缓气候变化、促进经济转型升级和增加就业等多方面将发挥积极的作用。

第一，加快推动可再生能源规模化发展。合理把握可再生能源发展节奏，更加关注发展质量，全面协调推进风电开发，推动太阳能多元化利用，因地制宜发展生物质能、地热能、海洋能等新能源。加强规划引导，更新和细化可再生能源发展目标，提高规划的指导性、科学性和可操作性。开展完整统一的跨区域输电网规划，扩大可再生能源的市场空间。做好资源、环境、通道和市场条件的统筹，对于能源体系和基础设施提前谋划、超前布局，以满足规模化可再生能源应用的需要，积极稳妥推进建设周期长、配套要求高的新能源发电项目，实现接续滚动发展。另外，尽快形成完整的规划开发、运行消纳、监测评价的可再生能源发展考核机制，从而促进政策落实。建立可再生能源优先调度和全额收购的机制，实现可再生能源电力规模化开发和保障消纳。积极开展储能示范工程建设，加快电力市场建设和价格机制改革，多措并举改善能源系统调峰性能，减少冗余投资建设和运行成本，提高可再生能源消纳能力。

第二，构建以可再生能源为主的低碳能源系统。可再生能源具有绿色无污染的环保优势，大规模开发利用并提高可再生能源比重，可促进能源结构转型，降低污染排放，实现经济的绿色、低碳和可持续发展。可再生能源担负着电力革命和绿色革命的双重使命，核能、水能、风能、太阳能等这些新能源的主要利用形式是将其转化为电力，约占利用总量的94%。从发达国家能源结构变化的历程来看，电力在终端能源消费中的比重不断增加。可以说，经济越发展，社会越进步，工业化、城镇化、信息化程度越高，电气化水平就越高。电能替代各种化石能源将成为终端能源消费变革的主旋律，通过"以电代煤""以电代油"，全面提升终端用能效率，大幅减少排放，而其中新能源电力将扮演更为重要的角色。因此，加快发展新能源，也是电力绿色化的必然需求，同时能够进一步扩大电力占终端能源消费的比重。据测算，光伏每发一度电，可以减少使用标准煤炭0.33千克，减少二氧化碳排放量1千克，减少二氧化硫排放量0.009千克。要实现温室气体减排目标，关键还要依靠"以核代煤""以水代煤"、以清洁可再生能源代替煤炭和石油。

第三，积极推进可再生能源新技术产业化发展。能源转型升级是一个长期过程，将呈现动态优化的趋势，体现各时代的技术经济特征和可持续发展要求。可再生能源持续健康发展的重要保障是科学技术的进步，通过建立多维度的可再生能源技术创新体系，开拓新兴市场。近年来，我国光伏、风电等成本显著下降。目前，我国自主三代核电技术基本成熟，平均发电成本低于煤电、气电；风电技术发展迅猛，2020年具备平价上网的条件；太阳能光伏发电和光热发电技术在材料、电池、联合优化运行等方面取得重大突破。在可再生能源上网电价要求尽快降低、实行退坡机制分年度逐步下降的政策导向下，通过市场机制倒逼可再生能源产业加快技术进步、降低成本。国家还应加强政策的配套支持，从国家层面更好地统一协调各环节的科研政策，进一步加大对系统集成、装备、关键零部件等技术攻关的支持。以技术进步提升可再生能源经济性和竞争力，尽快建立并完善以市场为导向、政府为引导、企业为主体、科研单位为支撑、国际合作为助推、用户广泛参与的产学研用技术创新体系。优化科研资源配置，加强重点实验室、工程技术研究中心和实证测试平台建设，构建开放共享互动的创新网络，提高资源利用效率。加大对示范工程建设的支持力度，依托重大工程和示范项目，加强技术攻关和综合配套建设，推动拥有自主知识产权的技术实现商业化。

（二）能源利用模式转型

我国传统能源供应体系是自上而下的模式，也就是能源大生产、大传输，必须通过电网再分配。新一轮能源革命将以一种全新的"科学用能"模式，彻底改变粗放的、传统的能源利用模式，把人类社会推向更为清洁、高效、低碳、智能、可持续的能源时代。在新能源技术、信息技术和全球碳减排压力的推动下，未来世界的主体能源应当是绿色低碳的，能源的供应和利用方式也将发生变革，自下而上的供需模式应运而生。随着共享经济时代的到来，能源领域呈现出供给侧和需求侧的互通，生产与消费的互动，逐步向分布式、智能化、扁平式、个性化的用能方式转变。因此，发展低碳技术、推进多能互补集成优化、打造"互联网＋"智慧能源是能源利用模式转型的主要途径。但是，我国目前的发展速度还是相对缓慢，与发达国家还有差距，需要通过改革创新，培育壮大新业态。

1. 发展低碳技术，建立能源清洁化生产方式

低碳技术具体是指寻找新能源和更合理有效地利用能源、改变常规能源利用方式、处理温室气体的技术。低碳技术的广泛应用导致了社会发展模式的转变，使传统的能源利用方式转变为低碳经济范式下的能源利用方式。目前，低碳技术主要包括煤炭清洁利用技术、节能减排技术、可再生能源技术、新型发电技术、碳捕获与封存技术等。

实现能源转型，根本上需要低碳技术的突破。从技术发展的角度看，技术突破是长期积累的结果，具有一定的偶然性，而且从技术突破到产业化，再到消费，也需要很长时间。在技术成熟的情况下，推动大规模的商业化，才能收到良好的效果，反之会付出巨大代价。因此，在政策制定方面，政府补贴应多向技术研发倾斜，而不是体现在产量或产能上，使产业过于追求规模的扩大而忽视了技术研发。未来的竞争是技术的竞争，政策目标应指向低碳技术创新。

中国到2050年的能源消费结构中，煤炭依然是主力，这就需要解决煤炭消费的污染问题。因此，煤炭清洁利用技术是低碳技术中的重点。要在煤炭的高效清洁利用中探索多联产模式，通过碳氢的合理优化利用，实现更高的物质利用效率和更低的碳排放。从供给端着力，推进煤化工行业向高端制造、绿色制造、智能制造的方向发展。

2. 推进多能互补集成优化，实现能源高效集约利用

在传统的能源供应过程中，各类能源品种的单一供应既难以满足新时代用户多样化的个性化需求，也不利于降本增效。多能互补集成优化能够将需求侧与供给侧深度融合、统筹优化，因地制宜地将传统能源与新能源结合起来，通过天然气热电冷三联供、分布式可再生能源和能源智能微网等方式，向用户提供多样化的高效智能的能源供应和相关增值服务，包括供电、供热、制冷和燃气供应等。多能互补集成优化有两种模式：一是终端利用的集成，面向终端用户的电、热、冷、气等多种用能需求，优化布局，建设一体化集成供能基础设施，

实现多能协同供应和能源综合梯级利用；二是能源供应基地的集成，利用大型综合能源基地风能、太阳能、水能、煤炭、天然气等资源组合优势，推进风、光、水、火、储等多能互补系统建设运行。2016年7月，国家发改委和国家能源局联合发布了《推进多能互补集成优化示范工程建设的实施意见》，并于2017年2月公布了首批多能互补集成优化示范工程项目23个，极大地促进了这种新业态的推广应用和能源体制的改革。

多能互补集成优化将是未来能源革命的发展方向。一方面，能够显著提高能源系统转化效率，实现清洁高效的多能协同供应和综合利用，同时降低供能的成本和价格；另一方面，可以根据用户需求定制能源供应服务，改善用户体验。多能互补形态是一个基本可以实现能源供需平衡、以自我消纳为主的能源微小系统，与大电网、大油气管网互济互补、相互备用，因此，解决好弃风弃光问题是一种有效举措。促进可再生能源的分布式发展，通过调整风光开发模式，将风电、光伏发电与火电、水电协同运行，并辅以储能电池、蓄热装置，形成与用户负荷相匹配的能源供应，促进可再生能源就地消纳和平衡，减小系统调峰压力。多能互补集成优化是能源产业发展由"做大"转向"做优"的有效路径，能够带动投资，培育新业态，将成为能源领域的新经济增长点。

在风、光、水、火、储等多能互补系统中，除了统筹风能、太阳能、水能、煤炭、天然气等资源的优化组合，还需要加强储能系统的建立。从德国可再生能源发展的经验来看，由于缺乏储能系统的提前规划，并且在技术上和管理上存在巨大挑战，导致了大量的能源浪费。储能技术作为未来推动新能源产业发展的前瞻性技术，在新能源并网、电动汽车、智能电网、微电网、分布式能源系统、家庭储能系统等方面都将发挥巨大作用。随着我国电力体制改革的不断深化和能源互联网的兴起、"三北"地区调峰调频需求的增加以及弃风弃光问题的凸显，储能技术发展的需求日益迫切。储能已经成为支撑我国能源革命、建设低碳绿色生态系统的新生力量，具有重要的战略意义。

3. 打造"互联网 +"智慧能源，重塑能源系统新模式

在当前复杂的国际能源供需新变化和新趋势下，我国面临着能源需求日趋增加、生态环境破坏严重、能源技术水平总体落后等压力。以往高耗能低效率的能源生产与消费方式难以为继，需要从传统的粗放式发展向可持续发展转变，重塑能源生产、运输、消费、存储的链条，实现生产者与消费者的有机融合。以能源互联互通、信息化、智能化为特点的"互联网 +"智慧能源顺应了能源发展的趋势，将成为推动我国能源革命的重要战略支撑。

2016 年 2 月，国家发展与改革委员会、国家能源局以及工业和信息化部联合下发《关于推进"互联网 +"智慧能源发展的指导意见》（以下简称《指导意见》），提出要发挥互联网在能源产业变革中的基础作用，推动能源基础设施合理开放，促进能源生产与消费融合，提升大众参与程度，加快形成以开放、共享为主要特征的能源产业发展新技术、新模式和新形态。能源互联网是能源产业发展的新形态，相关技术、模式及业态均处于探索发展阶段。根据《指导意见》的规划，能源互联网近中期将分为两个阶段推进：第一阶段为2016—2018年，着力推进能源互联网试点示范工作；第二阶段为 2019—2025 年，着力推进能源互联网多元化、规模化发展。智慧能源体系将多种能源融合，同时激活能源信息，通过信息系统与能源系统的深度耦合，自上而下实现市场信息的管理与合理匹配，自下而上实现信息快速响应和资源有效匹配，促进能源从生产到消费再到回收利用各个环节的系统管理和优化运行，推动构建清洁低碳、安全高效的现代能源产业体系。

"互联网 +"智慧能源的推进实施，将引领我国能源革命。一是引领能源生产革命。打造能源生产新平台，实现能源高效智能生产。通过建立基于互联网的能源生产调度信息公共平台，促进电厂之间、电厂与电网信息对接，有效支撑电厂生产和电网规划决策，实现能源高效资源配置和供应多元化，减少弃水、弃风、弃光和窝电现象，提高能源生产和利用效率。二是引领能源消费革命。探索智慧用能新模式，发展能源交易与需求侧管理。以智能电网作为配送平台、电子商

务作为交易平台，使能源供应方和需求方在能源交易服务平台进行交易，实现能源供给侧与需求侧数据对接，满足消费者多样化的用能需求，大幅提高能源配置效率。三是引领能源技术革命。加强技术集成与创新，推动能源系统信息化与智能化。能源互联网将提升集成化信息处理技术，实现横向集成、纵向集成与多样化能源端口集成，衍生出的能源数据综合服务平台将集成能源供给、消费、相关技术的各类数据，为政府、企业、学校、居民等不同类型需求方提供能源增值服务。在"一带一路"倡议下，我国与发达国家能够进行同层次的技术合作，拓展智能网和智慧能源的技术设备、软件开发、大数据与云计算服务。

分布式能源是能源互联网的重要组成部分，在国家大力推动能源互联网发展的形势下，必然会倒逼分布式能源的发展。《指导意见》提出，要鼓励建设智能风电场、智能光伏电站等设施及基于互联网的智慧运行云平台，实现可再生能源的智能化生产。鼓励用户侧建设冷热电三联供、热泵、工业余热余压利用等综合能源利用基础设施，推动分布式可再生能源与天然气分布式能源协同发展，提高分布式可再生能源综合利用水平。当前，风能、太阳能等可再生能源接入电网的比例不足3%，存在严重的弃风、弃光现象，传统电网集中统一的管理方式难以适应可再生能源大规模利用的要求，对于可再生能源的有效利用方式倾向于"就地收集、就地存储、就地使用"。因此，建设以太阳能、风能等可再生能源为主体的、多能源协调互补的分布式能源新网络，提高可再生能源入网比例，对优化我国能源结构具有极大的促进作用。近两年来，我国天然气分布式能源建设已逐步进入实质性开发应用阶段，主要以天然气冷热电联供为建设形式，能够同时满足多重用能需求并实现多重功能目标，实现制冷、供热及发电过程一体化，充分提高能源综合利用效率。未来应加强天然气多联供项目的规划设计，统筹规划区域内各类型分布式能源布局，协调负荷与资源，优化系统配置；加强相关技术研究与成果推广，提高天然气多联供项目的运行控制水平，积极推进成果的实用化、商业化。

二 能源转型发展的难点

我国正面临经济发展模式和能源过度依赖煤炭的双重转型。相比世界其他主要经济体和能源消费大国，我国能源转型的难度和复杂性要更胜一等。无论从能源消费的量级、能源需求的增长、能源结构的转换还是碳减排目标来看，我国的能源转型都将面临前所未有的挑战和困难。

（一）能源消费体量大，能源系统的深刻变革需要长期推进

我国已经成为世界第一大能源消费国，根据 BP 世界能源统计数据，2015 年，我国一次能源消费量为 30.14 亿吨油当量，占世界一次能源消费总量的 22.9%。目前能源消费总量还处于递增阶段，我国工业化和城市化均未完成，能源消费总量在一段时期内依然有继续增长的内在动力。相比之下，德国、日本、英国和其他后工业化国家已经进入能源消费总量下降阶段。在这样的能源消费规模下，能源转型任务艰巨，现有能源格局所负载的基础设施、技术、产业、市场也需要一定的时间进行重建或重构。能源品种的更替并不是新能源品种使用数量的简单"累积"，必须同时构建与这种能源特性相匹配的能源生产、消费和输送体系，否则能源转型难以顺利和有效推进。另外，实现能源转型，从根本上讲需要能源开发和利用技术的突破，而这也是长期积累的结果，并且从技术突破到产业化和大规模的商业化也需要时间。能源系统本身具有市场惯性，已经占有市场的主要能源品种和能源技术，往往形成了适应现有技术的管理制度、运行体制和系统标准等体系，特别是有利于现有技术和利益的分配格局，这就大大抬高了新兴技术的进入门槛。

纵观人类能源利用的历史，共有三次能源转型，即薪柴向煤炭转型、煤炭向石油转型、石油向天然气转型，目前正处于第三次能源转型阶段。石油在全球的能源占比从 1% 上升到 10% 花费了 40 年时间，天然气则更久，从 1% 到 10% 的占比花费了 40 多年的时间。能源结构的重大调整需要较长的周期，任何一种能源，即便它有诸多优点，也需要一个系统性的支持。

（二）能源利用效率较低，能源转型的科技支撑有待加强

我国能源利用效率和加工转换效率较低也是制约能源可持续发展

的瓶颈。根据国际能源署的数据，2015 年，中国 GDP 占世界的12.1%，但却消耗了世界 25% 的能源；单位 GDP 能耗是世界平均水平的 2 倍，是美国的 3.5 倍，是日本的 5 倍。这表明，一方面，中国的产业仍处于中低端水平，结构调整迫在眉睫；另一方面，能源利用效率还有很大的改革和升级空间。节能降耗、提质增效是今后一段时期艰巨且具有潜力的任务，能源利用效率应作为工业化、城市化发展模式选择的重要衡量指标。

目前，我国能源加工转换、储运和终端利用的综合效率仅为36%，比发达国家约低 10%，尤其是煤炭、石油利用和加工转化环节效率较低。由于高效清洁煤炭发电、高效煤化工转换、石油加工等技术水平较为落后，导致化石能源资源浪费严重，给我国能源结构转型带来严峻挑战。我国在非常规油气资源开采方面，与国际先进水平相比仍有较大差距。页岩气、油页岩开发尚处于初级阶段，还不具备大规模开发的能力。另外，清洁能源开发利用还处于较低水平，可再生能源消纳困难，部分地区弃水、弃风、弃光问题突出，2015 年平均弃风率达到 15%，弃光率达到 11%。因此，需要推进以发电技术为支撑的能源供应体系变革，鼓励和支持分布式能源体系、微电网、局域网、储能电站建设。

（三）资源环境倒逼压力加大，能源转型时间紧任务重

环境外部性已成为我国能源发展的制约条件，随着生态环境约束日渐凸显，雾霾治理、碳排放压力日益加大，将倒逼能源结构向清洁化转型。2014 年，全球二氧化碳排放量为 355 亿吨，其中我国高达97.6 亿吨，占全球的 1/4 以上，燃煤贡献了主要的二氧化碳排放量。在共同应对气候变化的大背景下，我国承诺的"国家自主贡献"提出到 2030 年使碳排放达到峰值。尽管 2015 年我国实现了 17 年来首次二氧化碳排放量的下降，但未来我国要完成工业化和城镇化建设，能源消费总量还要增加，而非化石能源和天然气加速发展也不能完全满足增量需求，煤炭消费总量仍会增长。因此，必须加快能源转型的进度。要达到减排目标，需要控制煤炭消费总量，加强煤炭清洁化利用，提升重大工业部门的能源技术效率，逐步引领世界低碳发展的

方向。

我国富煤、贫油、少气的能源资源禀赋特征形成了以煤为主的能源消费模式，大大增加了能源转型的难度。石油和天然气储量远远低于煤炭储量，且天然气开采难度大、成本高，技术经济因素使得非常规天然气资源面临诸多不确定因素。我国非化石能源资源较为丰富，但开发利用规模有限，现有能源体系和基础设施不足以接纳规模化可再生能源应用。通常情况下，能源转型的进程要与社会和经济的发展相适应。然而在目标期限的限定下，为了加快推进能源转型，需要付出一定的经济成本。

（四）适应我国能源转型的体制机制尚不完善

促进能源转型，体制机制的构建与完善至关重要。由于我国能源消费基数大、速度快，为了实现减排承诺，控制能源消费总量，需要加强能源宏观管控。当前，我国正处于"三期叠加"态势中，经济发展进入新常态，能源产业发展不断面临新形势和新问题，应逐步构建适应我国能源发展规律的体制机制，而不能完全照搬他国的政策工具与措施。从德国能源转型经验来看，经过近 20 年的发展，德国清洁能源产业依旧是非市场化的，依赖于政府在财政上的大力补贴才得以维系。在目前欧洲整体经济不景气的背景下，政府压力显得尤为明显。我国的经济发展水平对能源价格承受能力明显低于发达国家，因此，我国能源补贴政策的制定、实行和监管还需要进一步明晰，以达到良好的实施效果。另外，还需构建更为合理的监督评估机制，使能源转型的路径更明确，实施更有效。例如，德国设立了独立的专家委员会对每年的能源转型情况进行检测，提供完整的检测报告，评估是否与既定的转型目标和路径发生偏离。

第四节　我国能源转型的实施路径

在能源发展"四个革命，一个合作"战略思想指导下，系统构建贯彻落实能源革命的框架体系，推动能源生产的利用方式变革，优化供给结构，提高能源利用效率，建设清洁低碳、安全高效的现代能源体系，将是未来一个时期能源发展的主线。要准确把握当前能源发展形势，积极应对能源发展新情况、新问题、新挑战，深刻认识、主动适应和引领新常态，为推动能源生产消费革命迈出坚实步伐。

一　优化能源系统，提高能源发展质量和效率

当前我国能源系统存在发展不平衡、不协调、效率低等问题，能源发展要更加重视能源系统的优化提升，要通过处理好以下几个关系，加强能源发展的统筹协调：

一是调整存量与优化增量的关系。调整存量就是优化产能，包括运用市场化、法治化手段以及安全、环保、技术、质量等标准，大力推进煤炭升级改造和淘汰落后产能；重点发展煤炭洁净生产和利用技术以及煤气化多联产和碳捕集、利用或封存（CCUS）等新型系统，走上安全、高效、环保的煤炭发展道路。优化增量就是优化能源开发布局，按照提前落实市场空间的原则新建大型基地或项目，创新开发利用模式，采取"就近利用、就近使用，就地生产、就地消纳"的优化措施，根据目标市场落实情况推进外送通道建设。在西部地区，风电、光伏等新能源发电较为发达，可以考虑引入相关产业，实现直接的电力交易；在东部各项产业发达的地区，则可以考虑建立分布式电站或其他形式的新能源电站。

二是传统能源与新能源的关系。促进二者协调发展，逐步调整结构比例，使之符合能源发展规律。传统能源发展应以"调结构、重环保"为主，在绿色开采、清洁使用、提高效率上下功夫。煤炭在较长一段时间内仍将是我国的主体能源，这是我们最基本的国情。应适当控制煤炭生产，大力开展煤炭清洁高效利用。保持国内石油稳产，加快推进成品油质量升级，推广使用生物质燃料等清洁油品，提高石油消费清洁化水平。天然气具有一定潜力，而对页岩气、非常规气可相对慎重乐观。新能源应以"扩市场、降成本"为方针，有序开发，高效利用，提升可再生能源消纳能力。当前，全球能源转型的基本趋势是实现化石能源体系向低碳能源体系的转变，最终进入以可再生能源为主的可持续能源时代。我国可再生能源产业已开始全面规模化发展，并进入大范围增量替代和区域性存量替代的发展阶段。随着开发利用规模逐步扩大，我国已逐步从可再生能源利用大国向可再生能源技术产业强国迈进。因地制宜发展分布式能源系统，与集中式供能协同推进。按照技术成熟度适度超前发展，以市场扩大带动成本降低，逐步提高可再生能源在能源总量中的比重。

三是供应与需求的关系。当前，我国能源供应出现阶段性宽松，突出表现在煤炭产能过剩、煤电利用小时数下降、系统调节能力与可再生能源发展不相适应等方面。因此，应促进供需双向互动，推动能源发展迈向高水平供需平衡。在能源生产领域，要进行深度供给侧调整，加大煤炭去产能力度，坚持节约优先，实施能源消费总量和强度双控，抑制不合理能源消费，创新生产生活用能模式。在能源消费领域，要通过能源体系的智能化管理，满足消费端多元化的需求。发展智能电网，深入推进电能替代，广泛开展需求侧响应及电力市场服务，促进分布式能源发展，提高终端能源利用效率，助力能源消费革命。

二 培育能源新技术和新业态，增强能源转型发展活力

随着全球新一轮能源变革的兴起，信息、传感、智能控制等技术与能源产业互动融合，分布式能源、微网、智慧能源等新业态快速发展。许多国家都将可再生能源作为新一代能源技术的战略制高点和经济发展的重要新领域，支持可再生能源技术研发和产业发展。越来越多的用能主体参与能源生产和市场交易，能源生产消费新模式加快变革。新的形势下，既要加快改造传统能源生产利用模式，也要通过能源新技术、新产业、新业态、新模式的培育壮大，倒逼能源生产和消费方式变革。

一是加快发展能源利用新技术，适应清洁发展时代的需求。积极推广应用清洁煤技术，大力发展煤炭深加工，推进低阶煤中低温热解等煤炭分质梯级利用，拓展煤炭清洁利用的方式和途径。电力系统向可再生能源的适应性变革，是能源体系低碳转型的重点。在这一过程中，要与信息技术、数字技术深度融合，同时把横向的多能互补和纵向的源、网、储等结合起来，发展智慧能源互联网。加快推动智能电

网、智能微网、电动汽车以及大规模储能等新技术的发展。建设国家级的能源科技研发机构和平台，加快能源重大科技攻关，促进我国低碳能源技术实现重大突破，紧跟全球能源技术革命的步伐。鼓励多方社会力量参与到低碳能源技术的研发中，逐步建立起一种科研机构、大型企业与社会资本优势互补、利益共享的能源低碳化、清洁化的技术研发和创新制度体系。

二是推广应用供能用能新模式，拓展能源发展空间。围绕供能多元化和消费低碳化的能源体系，加快建设有利于可再生能源和清洁能源发展新业态的能源基础设施。实施终端一体化集成供能工程，推进电力、热力、燃气等不同供能系统统筹发展，因地制宜推广天然气热电冷三联供、分布式再生能源发电、地热能供暖制冷等多能互补、集成优化的供能模式，促进能源梯级综合利用，提高能源综合利用效率。推进能源与信息、材料、生物等领域新技术深度融合，构建能源生产、输送、利用和储能体系协调发展、集成互补的能源互联网。

三是创新能源管理模式，实现能源需求侧响应。为能源新技术、新产业、新业态、新模式的发展拓展市场空间，创造良好政策环境。完善能源市场体系和价格机制，推动形成新技术、新产业的商业化运作机制，实行售电业务和增量配电业务改革。加强能源需求侧管理，积极推行合同能源管理、综合节能服务等市场化机制和新型商业模式。提高公众参与度，增强能源生产、输送、消费各环节以及各方市场主体的互动响应能力。建立健全能源行业综合管理和专业监管体系，让市场发挥决定性作用，政府则在能效标准、环保标准等方面发挥有效的监管作用。

三 改善政策环境，推进现代能源体系的体制机制改革

能源转型变革需要制度做支撑，需要体制改革来配套，创造友好灵活的能源发展环境。未来要深入推进电力、石油、天然气领域的体制改革，放开两头，即生产和销售环节，严格监管管网建设，形成公平开放、充分竞争的态势，吸引多样化主体参与，提高市场效率。其核心是价格改革，要形成市场化、灵活调节的价格机制，激励各类主体各尽其能，促进能源转型变革迈上新台阶。

一是强化有利于能源转型的电力市场建设。新能源利用的主要形式是发电，因此，电力市场体制建设至关重要。要以能源转型为重要目标，建立适应新能源发电的电力系统，发展智能电网和电动汽车，促进跨区域电力交易，开展新能源发电的辅助服务，在条件许可的地区，推动可再生电力与其他能源的综合供应。打破能源价格管制，逐步理顺能源定价机制，建立和完善与基本国情相适应，反映市场供求状况、资源稀缺程度、环境损害成本以及社会承受能力的能源价格形成机制。结合电力体制改革，完善可再生能源电价政策，根据可再生能源发电成本情况和趋势，建立可再生能源电价逐年调整机制。

二是完善清洁能源补贴政策。设立天然气调峰专项补贴，对冬季保供的天然气企业给予一定的财政补贴，保证"煤改气"项目能够顺利推进。虽然2020年以后，一些地区的可再生能源发电可能不再需要补贴，但是从总体来看，可再生能源与常规能源相比在较长时间内仍不具有市场竞争力。目前，中国可再生能源补贴存在一定的缺口。随着我国可再生能源发展及其内外环境的变化，对可再生能源的补贴要发挥导向作用，尤其需要加强对分布式能源的补贴，创新补贴方式，提高补贴资金的使用效率，扩展补贴资金来源渠道和规模，保持补贴政策的稳定性。

三是建立健全能源转型的投资机制。可再生能源发展和化石能源的清洁利用，需要巨大的投入，资金投入不足会严重影响能源转型。要强化新能源产业的投融资机制建设，完善金融服务，扩大银行业对新能源产业的信贷支持，鼓励金融创新，推进与新能源相关的金融产品开发。完善资本市场，实现新能源产业金融支持的多元化，加快设立新能源产业投资基金，大力发展风险投资和创业投资。拓宽资金来源渠道，促进新能源投资主体多元化，允许非公有资本以参股等方式进入电力、石油等能源行业。

四 加强全方位能源国际合作，重塑全球能源战略布局

全球能源需求重心逐渐从发达国家转移到发展中国家，特别是以中国为代表的新兴国家。中国既是规模庞大、潜力巨大的能源市场，又是世界第一大能源生产国，在世界能源格局中占有举足轻重的地

位。积极开展能源国际合作，是中国实施全球能源战略、推动能源革命的使命。通过提供能源治理的国际公共产品，中国能够履行负责任大国的承诺，逐步由能源大国向能源强国转变。在"一带一路"倡议推动下，将会带动形成新的能源供应与需求格局，大幅推进沿线国家和地区的能源贸易、勘探开采、基础设施建设、技术合作、金融合作及优化能源资源配置，开创沿线乃至全球能源合作的新模式。

一是以开放的思路制定新时期的中国能源发展战略。从主要依据国内资源的"自我平衡"逐步转变为积极的能源"走出去"策略，充分利用好国内外两种资源和两个市场。中国要长期保持能源需求和能源安全，就必须加强同世界上其他国家的能源合作，做到能源进口来源多元化。树立"互利合作、多元发展、协同保障"的新能源安全观，推动中国在全球能源合作领域的实践不断拓展，内容更加丰富。

二是深入拓展以保障油气供应为目标的国际合作。推进中亚—俄罗斯、中东、非洲、美洲和亚太五大油气合作区开发建设，强化与俄罗斯和中亚地区石油、天然气输出国的贸易合作，完善西北、东北、西南和海上四大油气运输通道，加强安全风险防控，提升通道安全可靠运输能力。在"一带一路"倡议战略框架下，深化能源领域的合作。随着中国在"可燃冰"的理论基础和相关技术方面取得全球首次成功，中国在未来的油气供应保障以及能源外交中将占据主动。

三是大力开展新能源和可再生能源的技术合作。引进先进节能和环保技术，通过积极的外交战略消除发达国家的核心技术和知识产权保护壁垒，推动建立全球先进技术共享交流平台。以中国国家电网公司发起成立的全球能源互联网发展合作组织为契机，凝聚发展合力，拓展理念传播的广度和深度，深化各方交流，开展务实合作。全球能源互联网将推动形成各国乃至各大洲电网互联互通、全球电力优化配置的能源发展新格局。推动核电"走出去"，开展项目建设，同时加强与俄罗斯、美国等国的核电技术合作。

四是不断谋求建立长久的双边和多边能源合作机制。积极参与全球能源治理，提高中国在世界能源市场上的话语权，构建国际能源新秩序。促进能源合作由单边扩展为多边，加强"一带一路"沿线国家

的能源基础设施投资，使生产国、运输国、消费国形成一个整体，在
"一带一路"沿线形成产业链完整的地区能源市场，体现中国在能源
合作中的影响力。

第四章　我国生活能源消费转型研究

能源和食物、淡水一样，是人类生存必需的物质资源，能源的利用影响到人类生活的方方面面。从长期来看，我国能源供应将面临潜在的总量短缺，能源有可能再次成为制约经济发展的瓶颈。随着能源消费量的增大，二氧化碳、氮氧化物、灰尘颗粒物等污染物的排放量也逐年增大，对环境的污染和全球气候的影响日趋严重。因此，面对人口、资源、环境问题的挑战，世界各国都在寻找一条社会、经济与资源环境协调发展的道路。家庭作为社会最基本的消费单元，其能源消费对于中国能源消费的快速增长有着举足轻重的贡献。由于城乡居民生活水平的提高，对能源消费的拉动作用也在不断增强。城镇居民和农村居民的生活方式和生活水平存在差异，因而能源消费的数量和结构也存在差异。随着我国城市化进程的加快，越来越多的农村居民变为城市居民，这将会改变他们的能源消费行为，并且增加电力、油品和天然气的需求。也就是说，城乡人口结构的改变导致了能源消费结构的转变。因此，研究居民生活能源消费对于实现可持续发展和节能减排具有重要意义。

第一节　我国城乡居民生活能源 消费的变动规律

一　生活能源消费分类

中国正处于工业化和城市化的中期阶段，居民消费水平不断提高，消费结构日益升级，对能源消费的拉动作用不断增强。这不仅体现在直接能源消费上，也体现在满足生活需求的经济活动中产生的间接能源消费上。居民生活中除了照明、炊事、取暖、家电等直接的能源消耗，对其他商品（如食品、衣着、家庭设备等）或服务（如医疗、教育、文化娱乐等）的需求也会间接地影响能源消费量。因此，能源消费和相应的二氧化碳排放是与人们的生活方式和生活水平密切相关的。对家庭能源消费的研究不仅只停留在直接能源消费的计量和预测上，还需要通过人们的消费行为来计量分析间接的能源消耗。

（一）直接能源消费

直接能源消费是指居民在生活中满足用能需求所直接消耗的能源，主要包括照明、炊事热水、房屋采暖、家用电器等方面的能源消费。城镇居民家庭消费的能源种类主要有煤炭、液化石油气、天然气、煤气、汽油、电力和热力等，农村居民家庭消费的能源种类主要有煤炭、电力、煤油、汽油等商品能源以及传统生物质能（作物秸秆、薪柴、薪草、畜粪）、沼气、太阳能等，城镇和农村家庭消费的能源种类和利用方式具有很大差别（见图 4 - 1 和图 4 - 2）。

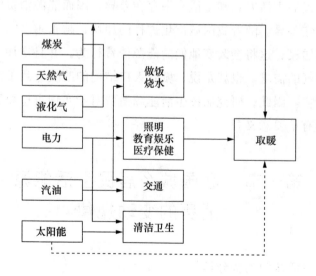

图 4 - 1　城镇居民家庭能源消费

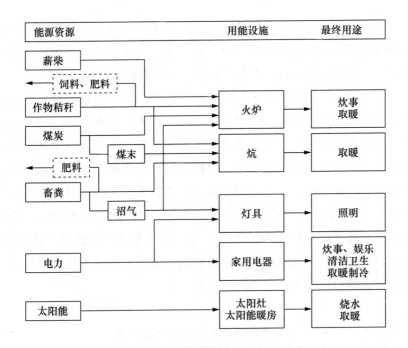

图 4 - 2　农村居民家庭能源消费

中国具有复杂的自然地理和社会经济特征，家庭能源消费在不同时期和不同地区存在异质性。城市和农村作为两种不同的承载人类生产和生活活动的空间载体，存在地域环境、经济状况、生活习惯、教育程度、基础设施建设等方面的差异，使得人们消耗的能源数量、种类和结构都有较大差别。

（二）间接能源消费

1. 理论基础

间接能源消费是指居民消费各种商品和服务，也就间接消费了生产商品和提供服务过程中所要消耗的能源。家庭能耗影响的研究焦点集中于间接能源消费的测算，20 世纪 90 年代建立了较为系统的理论和模型。目前，家庭能耗中间接能源消费的测算方法主要有三种：混合能源分析法、家庭代谢法、消费者生活方式分析法，这些方法共同的模型基础都是投入产出模型。该模型的基本表达式为：

$$E = F(I - A)^{-1}Y \tag{4-1}$$

式中，E 为家庭消费的间接能耗；F 为与 $n \times n$ 维投入产出表中各产业所对应的产业能源强度，$(I-A)^{-1}$ 为列昂惕夫矩阵，表示各个产业单位产出所需的所有产业的完全投入，Y 为最终需求。

本文采用生活方式分析法来计量家庭活动中的间接能耗。该方法建立在投入产出—生命周期评价（EID - LCA）分析法的基础上，以居民生活消费品为基础分析单位，分析消费品在生产过程中各个产品部分对其能源投入的综合影响，根据家庭消费支出数据计算出每类消费活动的能源强度，并将之与生活方式相联系。居民的日常生活行为如表 4 - 1 所示，这些行为方式直接或间接地影响着能源消费。由于农村地区几乎没有热力和燃气的供应，并且在《中国能源统计年鉴》的能源建设中没有农村建设的能源利用，因此，我们不考虑农村居民居住方面的消费行为产生的间接能耗。

表 4 - 1　　　　　产生能源消费的居民生活行为分类

居民生活行为	城市居民生活行为分类	农村居民生活行为分类
直接消费能源的行为	照明、炊事、娱乐、取暖制冷、清洁卫生、交通	照明、炊事、娱乐、取暖、交通
间接消费能源的行为	食品、衣着、家庭设备用品及服务、教育文化娱乐、医疗保健、交通通信、居住、杂项商品与服务	食品、衣着、家庭设备用品及服务、教育文化娱乐、医疗保健、交通通信、杂项商品与服务

2. 核算方法

居民家庭间接能源消费是在人们为满足日常活动需求而进行的消费行为过程中产生的，包括衣食住行各个方面。本文选取与人类生活相关的八大消费类别的产业（见表 4 - 2），分别计算城镇和农村居民家庭在对这些产业的消费中产生的间接能源消费。根据生活方式分析法，计算公式如下：

$$E_{ind} = \sum_i (EI_i \times X_i) \times P \qquad (4-2)$$

式中，E_{ind} 为城镇/农村居民家庭间接能源消费总量；X_i 为城镇/农村居民在对 i 产业消费中的人均支出；P 为城镇/农村人口数；EI_i

为 i 类消费项目部门的能源强度，$EI_i = E_i/G_i$，E_i 为 i 类消费项目中相关行业各种能源消耗量之和，G_i 为 i 类消费项目的相关行业增加值之和。

表 4 - 2 家庭消费行为相关的行业部门[1]

消费项目	相关行业
食品	农副食品加工业，食品制造业，饮料制造业
衣着	纺织业，纺织服装、鞋、帽制造业，皮革、毛皮、羽毛（绒）及其制品业
家庭设备用品及服务	木材加工及木、竹、藤、棕、草制品业，家具制造业，电气机械及器材制造业
教育文化娱乐服务	造纸及纸制品业，印刷业和记录媒介的复制，文教体育用品制造业
医疗保健	医药制造业
交通通信	交通运输设备制造业，通信设备、计算机及其他电子设备制造业
居住	电力、热力生产和供应业，燃气生产和供应业，水的生产和供应业，非金属矿物制品业，金属制品业
杂项商品与服务	批发、零售业，住宿、餐饮业，烟草制品业

二 我国居民生活能源消费的变动规律分析

（一）城乡居民家庭直接能源消费

由于城镇和农村居民生活水平、生活环境和生活习惯的差异以及国家"城乡分割"的能源政策，使得城乡家庭在直接能源消费中用能的种类、数量和结构的演进过程都有较大差别。

从总量上来看，城乡家庭能源消费都在持续增长，变化趋势呈现一致性，但又存在着显著的差距，并且这种差距不断扩大。按照电热当量计算，1985—2015 年，城镇家庭能源消费从 6853 万吨标准煤上升到 21167 万吨标准煤，年均增长率为 3.83%；农村家庭能源消费从 5225 万吨标准煤增长到 15105 万吨标准煤，年均增长率为 3.6%（见

---

[1] Yi - Ming Wei, et al., "The Impact of Lifestyle on Energy use and CO_2 Emission: An Empirical Analysis of China's Residents", *Energy Policy*, 2007 (35).

图4-3）。1985年，城镇家庭能源消费是农村地区的1.31倍，此后，这一差额在波动中呈不断扩大趋势，2015年，二者差距扩大到1.4倍，说明城镇生活能源消费增长速度要快于农村。

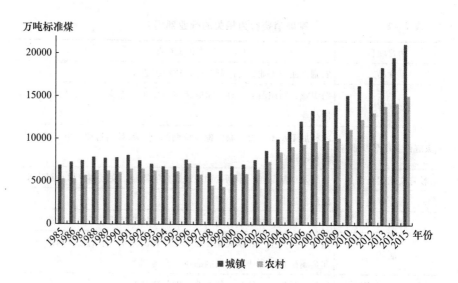

图4-3　城乡居民家庭直接能源消费总量

资料来源：《中国能源统计年鉴》（1986—2016）。

从结构上来看，城镇居民家庭的能源消费结构的演进过程在不同的阶段表现出不同的特征，主要体现为主导燃料的更迭，即电力、燃油、燃气等高品质能源取代煤炭等低品质能源的过程（见图4-4）。1985—1997年，家庭用能以煤炭为主导，比重在50%以上，但呈快速下降趋势。随着国家能源政策明确提出以电力建设为中心，各地加大了电网建设和燃气管道设施投资的力度，使得燃气和电力部分取代了煤炭。1998—2005年，家庭能源消费逐步由单一能源主导向多元化转型。尽管煤炭消费所占比重仍然是最高的，但仍保持下降趋势，至2005年已减少到21.8%。与此同时，电力和液化石油气大规模进入家庭生活。这个时期，拉动能源利用方式变化的主要动力是电力、燃气、热力和成品油的使用，表现出从煤炭向清洁燃料转换的过程。

2005 年以后，家庭用能趋向清洁化，呈现出多元化的能源利用格局。电力消费所占比重开始超过煤炭占据第一位，天然气、热力、成品油的比重也都在快速上升，而煤炭消费比重持续下降，2015 年仅占到 4.7%，成为占比最低的主要能源。这反映出在社会进步的大背景下，人们更趋向于选择清洁、便利的能源，我国生活能源消费结构正在向高级化、合理化的方向发展。随着人们购买电器的种类和数量不断增加，更新速度持续加快，电能使用范围的拓宽拉动了电力需求快速增长。西气东输工程从 2004 年 10 月全线贯通并投产开始，天然气的消费量持续上升，有力地促进了我国能源结构和产业结构的调整。另外，私人汽车、摩托车等机动车的大幅增长正在改变着城市居民的出行方式，也使汽油、柴油等成品油的使用快速增加。

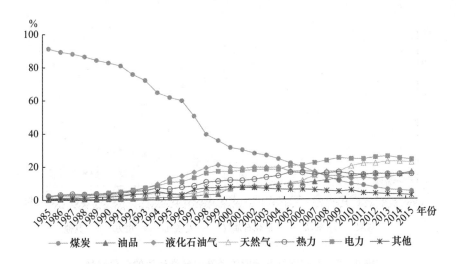

图 4-4 城镇家庭直接能源消费中各类能源比重的变化趋势

资料来源：《中国能源统计年鉴》（1986—2016）。

　　农村居民家庭消费的能源可分为商品能源和生物质能两部分，商品能源消费结构一直以煤炭为主导（见图 4-5）。从能源结构的演进过程来看，煤炭消费所占比重呈波动下降趋势，由 1985 年的 94.3% 下降到 2015 年的 39.7%。农村居民家庭的炊事和取暖用能主要依靠煤炭，而由于其直接燃烧的效率很低，导致了煤炭的大量消耗。电力消费逐年增大，由 1985 年的 2.3% 上升到 2015 年的 28.2%，液化石油气消费的比重也在缓慢增长，说明现代商品能源开始进入农村。并且随着农村居民收入水平的提高以及农村电网建设的加快，电力的可进入性不断增强。人们的消费观念也在发生转变，对能源的选择和需求逐渐趋向清洁、高效的能源类型。但煤炭的消费量还是保持在较高的消费水平上，主要是因为农村大多以生物质能消费为主的居民家庭逐渐向煤炭消费过度。电力和液化石油气对煤炭和生物质能的替代势头日趋明显。由于农村环境的特殊性，沼气、太阳能等可再生能源将成为农村能源利用的新趋向，在优化能源结构的同时，也减少了农民的商品能源消费支出。

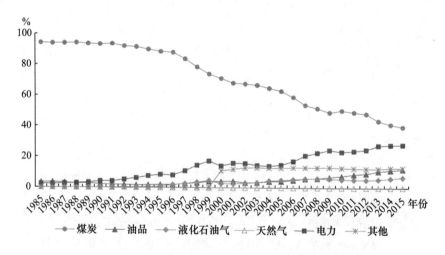

图 4-5　农村家庭直接能源消费中各类能源的变化趋势

资料来源：《中国能源统计年鉴》（1986—2016）。

可以看出，虽然城乡家庭能源结构在演变趋势上表现一致，但是农村地区仍滞后于城市地区。目前，城市已经形成各种能源相对均衡、多样化的能源消费模式；而受到发展水平及能源公共基础设施的限制，农村生活用能结构相对单一，呈现出以煤炭为主，电力、燃油为辅的用能模式。城镇用能结构中，消费比重最高的电力和天然气都属于清洁燃料；而农村生活能源的主导类型是生物质和煤炭，燃烧效率低、污染严重。可见，相比农村而言，我国城镇家庭用能结构更为合理，在今后的发展中需要将秸秆集中气化、秸秆固体成型、太阳能等新能源作为农村能源新的增长点。

（二）城乡居民家庭间接能源消费

居民家庭通过消费行为产生的间接能源消费可以通过与人类生活相关的八个行业部门来计量，表4－3给出了以2000年为不变价的分行业能源强度，通过公式（4－2）计算可以得出2000—2010年居民家庭间接能源消费量。城镇居民家庭间接能源消费量总体是一个增长过程，从54033.9万吨标准煤上升到96743.1万吨标准煤，而农村的变化趋势与城镇恰好相反，呈波动下降，从14019.9万吨标准煤下降到11982.2万吨标煤准。

表4－3　　　　　　　　我国2000—2010年分行业能源强度

单位：吨标准煤/万元

行业	2000	2001	2002	2003	2004	2005	2006	2007	2008	2009	2010
食品	1.30	1.26	1.07	0.90	0.77	0.62	0.54	0.47	0.53	0.47	0.46
衣着	0.87	0.83	0.75	0.69	0.80	0.66	0.63	0.58	0.59	0.52	0.53
家庭设备用品及服务	0.40	0.37	0.34	0.33	0.32	0.27	0.24	0.21	0.23	0.23	0.22
教育文化娱乐	2.33	2.08	1.85	1.72	1.97	1.74	1.65	1.45	1.56	1.45	1.44
医疗保健	0.79	0.74	0.63	0.61	0.57	0.49	0.45	0.39	0.43	0.37	0.37
交通通信	0.40	0.37	0.31	0.25	0.27	0.24	0.21	0.21	0.23	0.22	0.24
居住	13.36	12.53	11.96	12.38	11.85	10.96	10.23	9.15	8.06	7.03	6.06
杂项商品与服务	0.18	0.17	0.17	0.17	0.18	0.18	0.17	0.16	0.13	0.13	0.13

人们在八类行业中的消费支出和各行业能源强度的差异，使得消耗的间接能源所占份额差异明显。城镇居民的消费行为对间接能源消费影响最大的是居住，平均占到60.8%；其次是食品消费产生的间接能耗，平均占间接能源消费总量的15.9%；最小的是杂项商品与服

务，约占间接能源消费总量的0.36%。在城镇中，居住包含的水、电、热和燃气的生产和供应所需要消耗的各类能源都是最多的，如煤炭、焦炭、原油、汽油、柴油、燃料油、天然气和电力等，通过表4-3也能看出，该行业的能源强度远远高于其他行业，尽管能源强度在下降，但人们在该行业的支出增长较快，从而导致人们在居住行业消费产生的间接能耗增加；之后因能源强度下降较快，该行业的间接能耗才开始下降。杂项商品与服务行业增加值是各行业中最大的，其能源强度却是最小的，说明第三产业是产值高、耗能少的行业。家庭设备用品及服务、交通通信和医疗保健产生的间接能耗所占比例也很小，分别为1.1%、1.8%和2.1%（见图4-6）。

农村居民家庭的间接能源消费计量中不包括居住消费行为产生的能耗，因而在间接能耗比例结构中，食品所占的比例最大，约为52.1%；最小的是杂项商品与服务，约占0.64%。教育文化娱乐的间接能耗占间接能源消费总量的比例仅次于食品，约为29.4%。其余消费行为产生的间接能耗占比分别为：衣着6.4%，家庭设备用品2.1%，医疗保健5.4%，交通通信3.9%（见图4-7）。

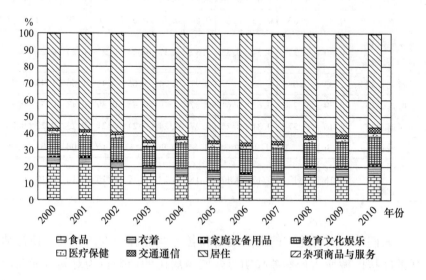

图4-6　2000—2010年城镇居民家庭的间接能源消费

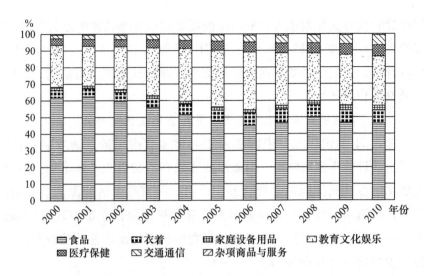

图 4 - 7　2000—2010 年农村居民家庭的间接能源消费

　　如果除去居住,在城镇和农村居民家庭中,食品和教育文化娱乐的间接能耗占间接能源消费总量的比例都是相对最高的。一是因为这两个行业的能源强度都是最高的(除居住外);二是因为不论城镇居民还是农村居民,在这两个行业的消费支出也是最高的。说明人们在满足生存必需的物质需求的同时,也开始注重精神生活的构建。从时间序列来看,2000—2010 年,居民家庭中八类消费项目产生的间接能耗所占比例基本没有太大变化,主要原因是能源强度降低的同时,人们的消费支出也在升高。也就是说,能源技术进步的同时,人们对能源的需求和各类商品及服务的消费都有所增加,这其中有经济快速增长的拉动作用,也有人们对生活质量提升的愿望使然。

　　在总体间接能耗的结构保持不变的情况下,一些消费项目的间接能耗又表现出较明显的变动趋势。食品消费行为影响的间接能源消费所占比重呈波动下降趋势,城镇和农村皆如此,这与我国恩格尔系数的变动趋势相吻合。说明随着生活水平的提高,人们在食品方面的消费支出比例逐渐减小。城镇居民在交通通信和教育文化娱乐方面的消费行为产生的间接能耗有少量增加,其比例分别由 2000 年的 1.3% 和 12.4% 上升到 2010 年的 3.3% 和 16.2%。农村居民在交通通信、医疗保健和教育文化娱乐方面的间接能耗都在增加，其比例分别由 2000 年的 2.1%、4% 和 25.1% 升高到 2010 年的 6.2%、6.8% 和 29.5%。可以看出，人们的消费倾向由生存型消费逐步转向发展型消费，反映了消费结构的转型。

（三）中国居民家庭生活能源消费的总体变化趋势

进入 21 世纪以来，中国步入工业化和城市化的快速发展阶段。人民生活日益丰富的同时，对能源的需求和消费也在不断增加。将直接能源消费和间接能源消费合并，得到居民家庭生活能源消费总量。其中，城镇增长较快，直接能源消费和间接能源消费都有较大增幅；农村基本保持平稳态势，直接能源消费增长而间接能源消费减少，总体有少量增长（见图 4 - 8）。

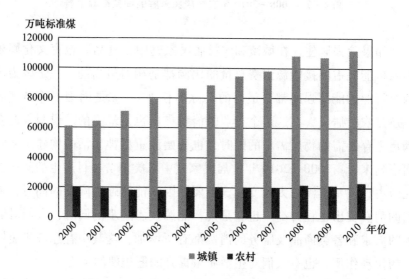

图 4 - 8 2000—2010 年城乡居民家庭能源消费总量

影响城乡居民家庭能源消费总量的主要因素有城市化水平、能源效率和人均收入。一方面，在技术进步推动下，能源效率的提高会导致城乡居民的人均能源消费量下降。另一方面，居民可支配收入逐年提高，人民生活水平的提高和对生活质量的追求导致了人们对商品和服务的消费增加，从而对能源消费量的增加产生促进作用。两种因素相互作用，其中能源强度起决定性作用，促使能源消费下降。随着城乡人口结构的改变，越来越多的农村人口进入到城镇，城镇人口的增加使得城镇居民家庭的能源消费总量增加，相应地，农村居民家庭的能源消费总量将会下降。

第二节　我国和印度农村生活
能源消费对比研究

中国和印度同属发展中大国，两国农村地区的生活能源消费存在很大相似性。能源消费种类基本相同，主要为作物秸秆、木柴、煤炭、电力、液化石油气等。其中传统生物质能占主导地位，是农村生活能源的主要类型，随着经济发展和社会进步，其占总能耗的比例在下降。两国商品能源的消费种类稍有差别，中国以煤的消费为主，而印度则消耗煤油较多。由于地理环境的特点和生活习惯的差异，两国的能源利用方式也有所不同。随着可再生能源的开发和逐步推广，两国农村地区的能源消费结构也在转变，较为明显的是沼气使用量快速增长。未来需要改善能源生产和消费结构，提高能源利用效率，提升传统生物质能清洁化利用水平，扩大可再生能源开发利用，以促进能源的可持续发展。

一　农村生活能源利用状况的比较分析

（一）能源消费种类

当前，中国和印度两国农村生活用能的总固体燃料（生物质能和煤炭）占生活能源消费的比例约为80%。由于一直依赖低效的固体燃料，农村家庭的生活能源消费要高于城镇家庭。在中国，生物质能和煤炭持续成为农村家庭能源的主要来源。在印度，农村居民的能源消费主要通过生物质能来满足。商品能源消费的数量和比重在两国农村家庭仍然很低。

中国农村生活能源消费总量呈波动上升趋势，进入21世纪以来，随着城镇化的快速推进，农村人口有所下降，能源消费增长缓慢。

1980 年，农村生活能源消费总量是 2.61 亿吨标准煤；到 2010 年，总量达到 3.9 亿吨标准煤（见图 4 - 9）。生活用能结构呈现出生物质能占比下降而商品能源占比上升的态势。生物质能占总生活用能的比例由 1980 年的 84% 下降到 2010 年的 76%，相应地，商品能源占比总量增加（见图 4 - 10）。可以看出，生物质能的消费尽管有所下降，但仍然是农村地区的主导能源。也就是说，以生物质能为主导的能源消费结构没有得到根本性改变。

根据《中国能源统计年鉴》，中国农村生物质能消费统计分为秸秆、薪柴和沼气，其中以秸秆和薪柴为主。20 世纪 80 年代初期，由于家庭联产承包责任制的推行，促进了农业生产的快速发展，生产出较多的作物秸秆，增加了作物秸秆的供应，基本解决了广大农村燃料短缺的问题。薪柴的消费波动变化，为了促进林木生长，国家实施了天然林保护工程和退耕还林工程，封山育林，限制放牧，薪柴消费从 1985 年的 11000 万吨标准煤下降到 2000 年的 8000 万吨标准煤，但之后消费量又有所回升。随着商品能源在农村地区的广泛使用以及人们对空气质量的重视，作物秸秆和木柴的消耗将会逐渐下降，不过，随着秸秆气化技术的成熟，秸秆利用将会转化为更加清洁、高效的方式，秸秆这种农村自产能源还会有更广阔的市场。沼气消费量占生物质能消费总量的比重较低，但增长较快，利用规模不断扩大，尤其 2000 年以后有了大幅增长，由 1991 年的 82 万吨标准煤上升到 2010 年的将近 1000 万吨标准煤，增长了 11 倍。2003 年，农业部发布《农村沼气建设国债项目管理办法》，确定了对农村沼气项目建设每年 10 亿元国债的补助标准，大力推动了农村沼气的发展利用。

农村能源的商品化进程开始于 20 世纪 80 年代初，表现为煤、燃油和其他能源进入市场，农村电力供应网延伸。从 20 世纪 60 年代起，中国在农村地区逐步建立起农村电力的供应系统，一些家庭开始用电照明。但由于电力供应的不稳定和农民的低收入，电能在生产方面所用甚少，使用范围非常有限。改革开放以来，中国农村经济发生了前所未有的变革，传统的农业生产转向多种经营，工业和商业在农村中迅速发展起来，农民的收入不断增长，使得农村能源消费结构发生了改变。越来越多的高收入家庭购买商品能源,其中电能是所有能源消费中增长最快的品种,从1991年到2010年平均增长率为12.5%。这一阶段,电视、冰箱等家用电器的消费量迅速增加,对电能的需求不断增长。农村家庭的煤炭消费在1990年之后的20多年间较为平稳,有小幅下降,这其中有能源利用效率提高和新能源广泛使用的原因。

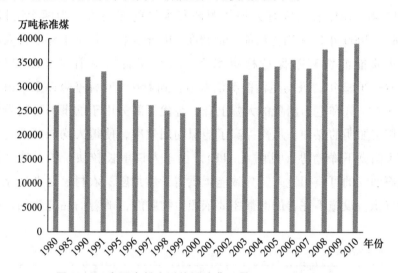

图4-9 中国农村生活能源消费总量(1980—2010年)

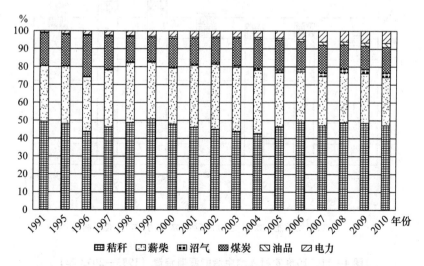

图4-10 中国农村生活能源消费中各类能源比重(1991—2010年)

资料来源:历年《中国能源统计年鉴》。

　　印度城镇和农村家庭能源消费的数据统计只能通过印度国家抽样调查组织（NSSO）进行的全国家庭消费调查中获得，并且是间隔几年才有一次关于能源消费的统计，影响了数据的连续性，但总体变动趋势是显而易见的。在印度农村家庭中，以木柴、作物秸秆、畜粪为主的生物质燃料是能源消费的主要类型，占总量的 80% 以上。1983—2012 年，印度农村家庭人均能源消费水平的变动可分为两个阶段：1983—2000 年，人均生活能源消费在 140 千克标准煤上下浮动，人均生物质能消费基本保持稳定水平，同时商品能源消费逐渐增长；2004—2012 年，人均生活能源消费增长到 160 千克标准煤以上，由于液化石油气和电力消费的大幅上升，替代了部分用于炊事的生物质能和用于照明的煤油，从而提高了能源利用效率，使得人均能源消费量呈现略微下降趋势（见图 4 - 11）。由于人口增长较快，农村地区液化石油气的可获得性差，导致能源供需矛盾加剧。农村家庭在液化石油气供应设施不完善的时候主要依赖生物质能，随着商品能源的供应

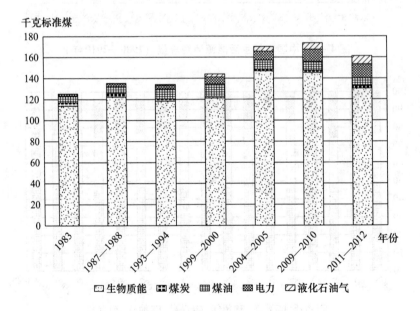

图 4 - 11　印度农村人均生活能源消费量（1983—2012 年）

资料来源：Government of India Ministry of Statistics and Programme Implementation.

增加，用于炊事的生物质燃料逐步减少，也就是说，液化石油气替代了部分生物质能，尤其在 2000 年后有了明显增长。在严格限制森林砍伐的地区，液化石油气的引入速度大大超出了预期。

在这 30 年间，印度农村家庭生物质能占比下降了 10%，2011—2012 年为 80.9%；商品能源中电力消费占比增幅最大，由 1.3% 上升到 8.2%，煤炭消费占比较少且变动不大，2000 年后一直保持在 1% 左右。电力供应范围的扩大为农村地区使用家电提供了可能，包括电视机和电扇等。印度农村家庭能源消费结构正在发生变化，但传统燃料仍然占据支配性地位。

中国和印度农村家庭生物质能消费都占到很大比例，通过对比 1980 年、1990 年、2000 年和 2010 年这四年的数据（见图 4−12）可以看出，中国农村的生物质能所占比重一直比印度要低很多，充分反映出两国社会经济发展的差距，中国农村地区能源消费的商品化进程要更快一些。随着社会进步和经济发展，两国的生物质能消费占比都有所下降，2010 年中国为 76.7%，而印度为 83.7%，比中国高了 7 个百分点。

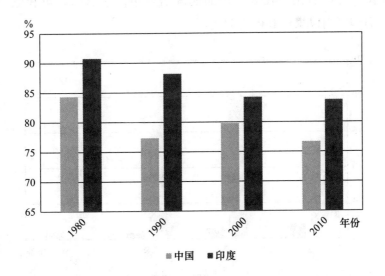

图 4−12　中印两国农村家庭生物质能消费占生活能源消费的比重

　　从商品能源消费对比来看，中国农村地区煤炭的消费量要远远高于印度，中国煤炭消费占比平均达到15%以上，而印度煤炭消费量很低，占比由2%下降到1.2%（见图4－13）。中国农村家庭炊事和取暖都会用煤，印度在室内空气加热方面的能源需求较少，且炊事偏向于使用生物质能以及后来逐步增加的液化石油气，因而煤炭消费占比小且不断下降。电力是在两国农村家庭能源消费中占比均持续上升的商品能源。1980年，中国农村电力消费略高于印度，之后印度占比略高，到2010年，两国电力消费占比基本持平（见图4－14）。然而从消费数量来看，中国农村家庭人均电力消费量达到39.13千克标准煤，而印度为11.69千克标准煤，也就是说，中国农村家庭用电水平要高于印度。中国农村的煤油消费量较印度而言显得非常之低，从20世纪80年代起，中国逐渐以电力替代煤油用于照明，在1980—1990年，煤油消费占生活用能总量的比例几乎为印度的1/10，在能源消费中的占比几乎可以忽略不计。而印度不但用煤油照明而且还用于炊事，煤油消费占生活用能总量的比例在2005年之前是各类商品能源中最高的，之后随着电力和液化石油气消费的增加，煤油消费占比逐渐下降。可以看出，在农村商品能源消费中，中国以煤炭和电力为主，而印度则以煤油和电力为主。

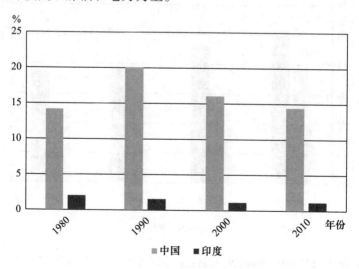

图4－13　中印两国农村家庭煤炭消费占生活能源消费的比重

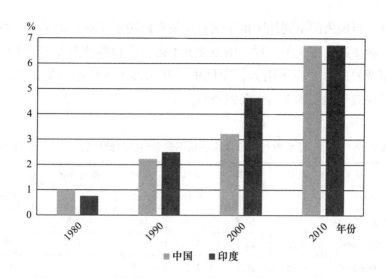

图4-14　中印两国农村家庭电力消费占生活能源消费的比重

（二）能源利用方式

农村生活能源的利用方式主要有炊事、烧水、照明、取暖、电器设备等。其中，炊事用能占很大比例，且农村家庭主要以生物质能作为主要燃料。在印度，90%的生活能源消费用于做饭，而在中国，农村生活能源消费中40%—60%用于做饭，且占比呈逐年下降趋势。由于地理纬度的原因，中国北方的农村会消耗大量取暖用能。

农村家庭炊事用能主要为生物质燃料、煤炭、煤油、液化石油气、沼气等。在中国，农村家庭依赖的生物质燃料主要包括作物秸秆和薪柴，在印度主要包括薪柴和畜粪（以牛粪为主）。中国农村有60%以上的农村家庭炊事活动依赖生物质能，而印度农村家庭使用生物质燃料的用户比例由1983年的91.2%开始下降，但2012年仍有76.9%的家庭以生物质燃料为主（见表4-4），可见中国农村家庭炊事用能的商品化程度要高于印度。2000年，中国和印度农村使用的薪柴分别占生物质能消费总量的40%和68%，由此可见，两国对木柴都有大量的需求，导致对森林和乡村植被的巨大破坏，农村居民较多使用低质量的燃料，如作物秸秆和畜粪。印度农村家庭中，中等收入群体消费了薪柴总量的50%以上，低收入群体主要消费作物秸秆、牛

粪等。两国内的不同地区由于气候环境和能源可获得性的影响，主导
消费的能源类型也不一样。中国北方地区的作物秸秆消费占总生活能
源消费的比重要高于南方，印度中部和北部地区依赖牛粪的程度较
高，而其他地区木柴是主要的燃料。

表4-4　　　　　　印度农村家庭炊事使用不同燃料的户数比例　　　　单位:%

年份	薪柴	畜粪	煤炭	煤油	液化石油气	其他
1983	76.7	14.47	2.39	0.82	0.24	5.38
1987—1988	79	13.8	1.9	1.5	0.8	3
1993—1994	78.2	11.5	1.4	2	1.9	5
1999—2000	75.5	10.6	1.5	2.7	5.4	4.3
2004—2005	75	9.1	0.8	1.3	8.6	5.2
2009—2010	76.3	6.3	0.8	0.8	11.5	4.3
2011—2012	67.3	9.6	1.1	0.9	15	6.1

资料来源: Government of India Ministry of Statistics and Programme Implementation.

　　在炊事用能方面，中国农村家庭无论是商品能源消费量还是使用
商品能源的用户比例都要高于印度。中国主要使用的能源类型为煤
炭，而印度以煤油为主，同时都以液化石油气作为辅助（见图4-15
和图4-16）。2000年以后，印度农村家庭用煤油进行炊事的户数占
比明显下降，伴随而来的是液化石油气用户数量的快速上升，由
5.4%上升到15%。可以看出，中国和印度使用的商品能源类型有很
大差别，主要是受到两国不同类型能源储量、消费偏好以及经济发展
水平的影响。另外，在炊事用能中，中国农村积极推广新能源，从20
世纪90年代起，沼气建设迅猛发展，农村地区使用沼气的家庭从
1996年的4891.2万户增长到2003年的12286万户，年增长率为
14.06%。沼气占生活能源消费总量的比重由1991年的0.25%增长到
2010年的2.6%。总体而言，中印两国越来越多的农村家庭生活能源
从传统的生物质能转向商品能源。

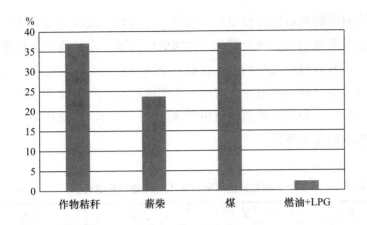

图 4 - 15   2000 年中国农村炊事用能结构

注：LPG 为液化石油气，下同。

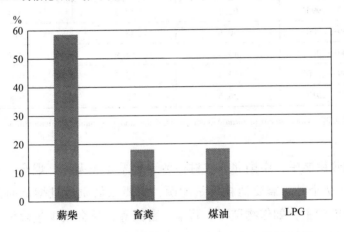

图 4 - 16   2000 年印度农村炊事用能结构

农村家庭的照明用能主要为电力和煤油，在中国自给自足的农业经济时代，几乎没有外来输入的能源，唯一输入的能源就是用于照明的煤油。1960—1970 年，随着经济的发展和农村地区逐渐建立起来的电力系统，一些家庭开始用电照明，目前电力照明已经基本普及。印度农村地区在 1983 年有 83% 的家庭使用煤油照明，到 2000 年时还有831.2 万户农村家庭使用煤油照明，大约占 50.6%，有 48.4% 的家庭使用电能（见表 4 - 5）。由于电力设施的不完善和电力供应的不稳定性，农村家庭更倾向于使用煤油照明，尤其对于低收入家庭来说，煤油仍然具有吸引力，因为避免了高额的电力服务安装成本和灯泡更换费用。随着农村电气化的迅速发展，使用煤油照明的家庭用户比例大幅下降，相应地，电力照明的用户比例快速提升。2012 年，印度农村照明用能中，26.5% 的家庭使用煤油，72.7% 的家庭使用电力，形成了对煤油的逐步替代。

表 4 - 5　　　　　印度农村家庭照明使用不同能源的户数比例　　　　单位:%

年份	煤油	电能	其他
1983	83	15	2
1987—1988	74	24	2
1993—1994	62.1	37.1	0.8
1999—2000	50.6	48.4	1
2004—2005	44.4	54.9	0.7
2009—2010	33.4	65.7	0.9
2011—2012	26.5	72.7	0.8

资料来源：Government of India Ministry of Statistics and Programme Implementation.

取暖用能中，中国北方农村在冬天时需要烧火炉、煨炕，并且要持续 6—7 个月，需要消耗大量能源，主要以低质量且燃烧时间长的生物质能为主，如作物秸秆、薪柴、畜粪等，还会用少量煤渣。在印度，由于地理纬度的原因，全国基本没有取暖设施，只有背靠喜马拉雅山麓的北部地区位于高山区，在寒冷的天气里农村家庭需要用薪柴取暖，但消费量很小。

（三）能源利用中存在的问题

中国和印度的农村能源利用主要都以作物秸秆、薪柴和畜粪的直接燃烧为主，这种燃烧方式的热能利用效率很低，仅 10% 左右[1]，且使植物营养元素和有机质无效流失，是一种落后的能源利用方式。由

---

① 杨君锐、杨松甫：《西北地区农村能源发展战略与对策初探》，《干旱区农业研究》1996 年第 3 期。

于长期以来，以薪柴和木炭作为主要能源，使许多地区木柴消耗超过了林木生长的速度，形成恶性循环。在树木被大量砍伐的情况下，农村居民必须付出更多的时间和劳动力，走到离家更远的地方收集薪柴，致使大片地区的表层土壤失去植被防护，受到风雨的侵蚀。由于秸秆不足，木柴稀少，人们又转而以畜粪作为燃料，这就使土壤失去了植物生长所需的养料和保持丰产所必需的有机质，从而破坏了土壤的结构，改变了土壤的性质，这种情况的发展，将会导致农业生态危机。因此，选择生物质燃料存在一个农业生态平衡问题：森林砍伐导致土壤侵蚀和生物物种的消失，可以作为有机肥料的作物秸秆被转移导致土壤退化，并且作物秸秆的减少导致畜牧业的发展受阻。

目前中国农村地区商品能源消费量显著增加，但仍供应不足，影响了农业的生产、农村经济的发展以及农民生活水平的提高。中国能源平均利用率只有 30% 左右，而广大农村的能源利用率更低，省柴、节煤、节能的新技术还没有普及和推广，农村能源建设管理也较落后，致使农村能源利用不尽科学、合理，仍存在能源浪费现象。由于终端利用的低效率，过度的能源消耗建立在破坏自然资源的成本之上。事实上，农民会花费很多的时间和精力去获得生物质燃料，而不会去改进炉子的效率。在中国经济持续增长的推动下，将会改变能源的传统开发模式和消费方式，尤其是作物秸秆这种农村自产能源，生产量大，易于获得，未来通过高效清洁的方式，如秸秆气化进行开发利用的潜力巨大。

在印度，农村居民对生物质燃料的需求大量增长会对森林保育产生不利影响，导致更多的树木被砍伐。薪柴的供给与需求之间的矛盾，迫切需要造林项目的实施。同时，对于印度这样的石油进口国家来说，能源消费转向煤油和液化石油气又会导致有限资源的过量消耗和巨大的贸易平衡压力。另外，也存在利益的权衡，即对由生物质燃料燃烧引起的室内空气污染而导致的疾病负担和由生物质能转向商品能源的补贴负担之间的权衡。在大多数农村家庭中，利用现有的用能设施尤其是火炉，燃料使用的效率是非常低的，在 10%—14%。而在 2000 年以前的印度农村及市场上几乎没有家用煤炉，基本全是柴灶，其结构简单，没有烟囱，加之厨房大都为草木结构，矮小黑暗，通风条件差，造成了室内空气的污染，对农村妇女及儿童的健康造成了极大危害。

二 影响能源类型选择的因素

(一) 收入水平

决定农村家庭能源选择的主要因素是家庭的可支配收入。人均收入的增长与家庭对商品能源的需求之间存在很强的正相关性。随着收入的增长，商品能源将逐渐取代非商品能源。当人均收入越高时，清洁能源的人均消费量也就越高。在高收入群体中，清洁能源的消费量要远远高于其他收入群体。也就是说，能源价格和能源利用设施的价格影响着不同收入的消费者对于能源的选择。而当收入增长到一定程度时，能源价格的限制性将减少。高收入消费者不会因能源价格的上涨而减少商品能源消费，而低收入消费者主要依赖非商品能源，如作物秸秆和薪柴。但当本地的某种能源成本很低时，就不可避免地会对这种能源造成过度利用，并且使消费超出可持续供应的水平。尽管能源的价格在农村家庭进行能源转换时具有重要影响，但在印度，不需要过多考虑能源价格，农村地区主要的能源是传统生物质燃料，通过非正规的收集而得，花费的成本主要是时间，也就是机会成本。另外，商品能源，如煤油的价格是被政府管控的，因而不能反映出真实的成本。

随着社会的发展，人均收入水平也在逐渐提高，人们为了追求更高的生活水平，对于能源消费的支出也在增加，尤其是对清洁能源的消费支出。一些家庭希望通过使用高质量能源来显示社会地位，同时也可以享受更为舒适、便捷和卫生的高质量生活。如照明用能中，高收入家庭使用大量电能，而低收入家庭使用大量煤油。在印度农村地区，高收入群体中有 77.8% 的家庭使用电能，低收入群体中有 68% 的家庭使用煤油。在中国 20 世纪六七十年代的计划经济体制下，农村地区的家庭只能买到几公斤的煤油和用于照明的少量电能，从而使农村家庭无法更多地选择商品能源。由于电力供应的不稳定和农民的低收入，电能的使用非常有限。近 20 年来，电能已基本能满足不同收入群体照明的需要，并且有经济能力的家庭添置了更多的家用电器，如电扇、电视机、洗衣机等。

（二）社会

国家能源政策对于人们的能源选择具有导向作用，通过商品能源的分配系统调整和相关的优惠政策可以鼓励农村家庭进行能源的替代。随着时间的推移，社会变得更加平等，基于经济状况的能源选择决策也会慢慢淡化，政府干预将起直接作用。如 2004 年印度政府对用于照明的煤油消费的年补贴金为 3.84 亿美元，从而使低收入家庭在自己的经济能力范围内消费商品能源。中国政府鼓励农村进行沼气的建设，一口沼气池补贴 1000 元，并给予技术指导，每年每户沼气量平均达到 400 立方米，使更多的农村家庭使用这种可再生能源，同时也减少了能源消费支出。

商品能源的可进入性，也就是可获得清洁能源的机会，会限制农村地区各种收入水平的家庭对商品能源的选择和使用。由于运输的成本、时间、通达度等因素，导致商品能源在农村地区尤其是偏远地区的供应很匮乏，农户无从选择，只能是以消费生物质能为主。改革开放以来，随着城市化进程的加快，也加快了能源商品化的进程，为农民提供了购买煤炭和燃油的市场；电力系统的重建极大地减少了电能的散失并且发电量高速增长，这也增加了农村家庭对清洁高效能源的需求。

受教育程度对于能源选择的影响是正向的和有意义的。随着人们受教育水平的提高，家庭将更倾向于液化石油气或煤油，而不是薪柴。这意味着家庭成员的受教育状况对燃料的选择产生了积极的影响。换句话说，当家庭成员在学校学习的年数增长时，选择便利清洁能源的可能性也会增加，人们在接受新观念之后，生活方式会有所改变。

家庭规模和家中劳动力数量也会影响能源的选择。家庭规模和燃料选择之间呈非线性关系，家庭成员越多，就越倾向选择薪柴而选择液化石油气的可能性就越小。劳动力越多，使用无购买成本的燃料可能性就越大，因为可以收集到足够满足生活用能需求的生物质燃料。

（三）环境

由于各地区所生产的能源资源种类不同，能源的可获得性也不同，使得人们在能源的选择中受到制约，都以当地的主产资源作为燃料。虽然燃料具有多样性，但却很难改变农户对于燃料的固有选择，受特定地理环境限制，一些区域的农户大多选择使用某一种燃料。印度农村炊事用能以薪柴为主，由于过度消耗，导致了薪柴的稀缺，逐渐成为商品化能源。某些地方由于薪柴的缺乏而导致价格上升，使人们转而使用畜粪和作物秸秆。低收入家庭由于可种植的农作物面积小，因而可获得的作物秸秆就少，必然会从事薪柴的收集以满足炊事用能的需求。区域大环境的影响促使易于获得的能源更容易成为首要选择。印度普遍收入较高的旁遮普邦，畜粪而非薪柴是最重要的传统燃料，其原因主要是，该地区的牛是围栏圈养，易于收集粪便。该地区的作物秸秆也被广泛使用，即便高收入的农民家庭也是如此。随着许多地区生物资源的减少，依靠生物燃料的农村家庭必须花费更多的时间和精力获得最低限度的燃料必需品，从而产生机会成本对能源选择的影响。

另外，受季节因素影响，能源的选择也不同。在印度，作物秸秆和其他的植物残余物在收获的季节可以收集到，而在季风期时需要购买。各地区文化或习俗上的差异，使人们会根据自己的喜好来选择能源。如在用于炊事的生物质燃料的选择方面，中国偏向于作物秸秆，印度偏向于薪柴和牛粪。

三　农村能源开发利用的前景

世界人口增长带来了能源需求的快速增长，未来可再生能源能够满足人类大部分能源需求。同时，提高能源利用效率也是提升生活质量、减缓能源需求压力的重要途径。随着世界人民环保意识加强，对于燃料燃烧产生的大气环境污染的关注程度也在上升，因而各国积极寻求和大力推广可再生能源替代化石燃料。

（一）提高能源利用效率

提高炉灶的转换效率对于提高生活质量和改善环境是一项有意义的措施，因此应当努力引导和促进高效的炉灶设计。通过改进炉灶的

利用效率，不仅减少了能源消费量和污染气体排放量，而且也增加了
效益/成本的比率。例如，传统的柴灶和煤灶的热效率都为21%，而
改进的柴灶和煤灶的热效率分别为29%和32%。传统的厨灶使用年
限为半年，而改进后的厨灶能使用两年，购买成本比传统炉灶节约了
1.89美元/灶·年。改进的柴灶每年减少的气体排放量相当于1.98吨
CO_2，减少的成本为0.95美元/吨 CO_2 当量·年，对于煤灶来说，改
进后可减少的气体排放量相当于5.32吨 CO_2，减少的成本为0.35美
元/吨 CO_2 当量·年（见表4-6）。中国为控制秸秆消费的增加，农
村地区已有70%以上的农户使用热效率在25%以上的节柴型炉灶。
印度农村也在大力推广改良型生物质厨灶，或者是在发达地区运用
"厨灶组合"策略，将传统与现代的用火方式结合在一起。另外，从
不同能源燃烧的热效率来看，稻草和木柴为19%，煤炭为25%，液
化石油气和沼气为60%[1]，可以看出，气态燃料的能量转化程度最
高，其次是固体化石燃料，最后是生物质燃料。因此将一些直接燃烧
低效率的能源转化为其他形式的能源，也是提高能源利用效率的方
式，如将木柴转化为木炭、畜粪转化为沼气、作物秸秆气化利用。

表4-6　　　　　　改进厨灶的效益和成本分析[2]

项目	柴灶	煤灶
节约燃料（美元/炉灶·年）	5.39	31.15
节约成本（美元/炉灶·年）	1.89	1.89
投资成本（美元/炉灶·年）	1.88	1.88
效益/成本	3.87	17.58
排放减少量（吨 CO_2 当量/炉灶·年）	1.98	5.32
排放减少成本（美元/吨 CO_2 当量·年）	0.95	0.35

[1]　Wang Xiaohua & Feng Zhenmin, "Study on Affecting Factors and Standard of Rural Household Energy Consumption in China", *Renewable and Sustainable Energy Reviews*, 2005（9）.

[2]　Bundit Limmeechokchai & Saichit Chawana, "Sustainable Energy Development Strategies in the Rural Thailand, The Case of the Improved Cooking Stove and the Small Biogas Digester", *Renewable and Sustainable Energy Reviews*, 2007, 11（5）.

（二）更多地利用可再生能源

目前，农村地区的可再生能源利用还处于初级阶段，农户普遍能接受的利用方式是成本低且用能设施易于建设或购买。受自然地理环境和资源产量差异的影响，农村各地区利用可再生能源的种类和规模也有所不同，目前主要以风能、太阳能和沼气为主。由于可再生能源的经济性、清洁性，使用范围逐步扩大，消费量增长迅速，但由于基数较小，占总能源消费量的份额仍然很小。

中国的风能资源比较丰富，内蒙古、西北地区、东北部分地区以及东南沿海是风能最为丰富的地带，全年风速达 3 米/秒以上的时间均在 5000 小时以上。风力发电机和风力提水机在内蒙古、西北、沿海等地投入使用，对解决边远地区和牧区农村生活用能起了很大作用。

太阳能是一种资源量大、清洁的可再生能源。中国疆域辽阔，气候多样，太阳能资源分布也不均匀，2/3 的地区年辐射总量大于 5020 兆焦/平方米，呈西高东低分布。全年日照时数也不同，西北和青藏高原可达 3300—3800 小时，而在四川、贵州只有 1000—1400 小时。因此，农村地区尤其是西北农村利用太阳能较多，主要热利用方式有太阳能热水器、太阳灶、太阳房等。太阳灶烧水在西北农村地区较为普遍，每年的实际使用时间大约在 400—600 小时，一般每台太阳灶每年可以节省秸秆 500—800 公斤，具有十分显著的经济效益和生态效益。高海拔寒冷地区基本处于太阳能资源丰富与较丰富地区，适宜建设太阳房，尽管投资增加了 1/10，但节能效率高达 33%。印度是一个阳光充足的国家，大部分地区每天接收太阳能辐射量为 5—7 千瓦时/平方米，一年中至少有 275 天为晴天。因此，太阳能做饭在全国的推广具有很大潜力，并且为农村家庭提供了可行的多元化能源选择。印度大力发展和推广的太阳能炊具包括盒式、蒸汽式、热量存储式，以电池支持的太阳能炊具可以使得在没有阳光的时间里也能使用电能来做饭。2002 年已有 53 万个家庭使用了太阳能炊具，需求一直持续增加。

发展农村沼气是促进农村资源循环利用、改善人居环境的重要举措。中国农村每年可获得 9000 万吨标准煤的畜粪作为燃料和沼气生产的原材料，至 2001 年，全国推广沼气池 984.3 万户，占农村总户数不到 40%。经过多年的发展，农村沼气实现规模化、体系化建设。2017 年，国家发展改革委和农业部联合印发了《全国农村沼气发展"十三五"规划》，着力推进农村沼气转型升级发展，形成基本完善的产业体系和多元协调发展格局，促进以沼气工程为纽带的种养循环发展模式更加普及。印度每年大约有 18500 万吨畜粪，40% 被收集作为燃料，22% 用于沼气池。1990 年，印度已经建起 123 万座沼气池，到 2012 年，沼气池的数量增长至 454 万座，与中国农村沼气池的发展速度相比还较为落后。由于印度牛粪资源充裕，沼气发展的潜力巨大。

第三节　城乡居民生活能源消费的案例研究

　　城乡居民家庭的生活能源消费问题涉及经济、社会、生态环境等诸多领域，具有较强的学科综合性。不同区域的自然地理背景、社会经济状况、能源资源禀赋以及人们的生活习惯和文化传统都存在着巨大差异，生活能源消费特征以及环境经济影响也有所差别。因此，选取典型区域进行实证研究，能够揭示系统变化的特征和趋势，进而探索推动事物发展的驱动因素，以及这些因素之间的耦合关系。黄土高原西部地区是典型的生态脆弱区，经济发展水平较低，城乡居民的生活水平差异明显，其中能源消费水平的差异就是一个重要方面。基于对该区域的实地调查，获取第一手数据资料，进而分析不同收入阶层的家庭能源消费数量、结构、模式及相应社会、经济和环境影响，通过农村到大城市的能源消费阶梯变化规律反映能源消费转型的过程。

一　研究区域概况

　　黄土高原是世界最大的黄土沉积区。在空间范围上，包括太行山以西、日月山以东、秦岭以北、阴山以南的广大地区，大致介于北纬 33°43′—41°16′，东经 100°54′—114°33′。在行政区划上，地跨青海、甘肃、宁夏、内蒙古、陕西、山西、河南七省区，共 285 县（旗、市），全区总面积为 62.38 万平方公里，约占全国土地面积的 6.5%，其中水土流失面积达 45.4 万平方公里。

黄土高原地区地域辽阔，地形复杂，自然景观独特，是我国黄土分布最典型的地区。区内气候温和，土地资源丰富，农业开发历史悠久，过去这里发达的农业和繁荣的畜牧业曾创造出灿烂的文化，在我国政治、经济、文化发展史上发挥过重要的作用。随着历史的发展，黄土高原地区经历了漫长的自然侵蚀和人为的加速侵蚀，致使水土流失日益加剧，成为世界上水土流失最严重的地区之一，生态环境十分脆弱。由此也造成了土壤贫瘠，土地生产力低下，社会生产落后，人民生活贫困。黄土高原以其独特复杂的地貌形态、连续而深厚的黄土分布、严重的水土流失，令国内外学者瞩目。

本研究以黄土高原西部地区为研究区域（见图 4-17），主要涵盖了陇中黄土高原和陇东黄土高原。这一区域主要处于暖温带，光热

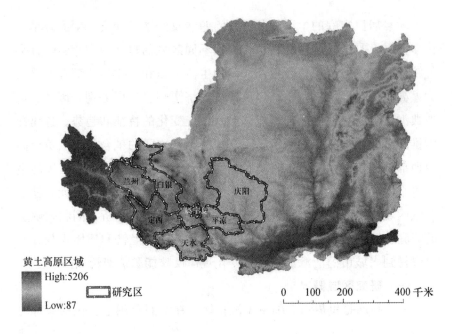

图 4-17　研究区域在黄土高原所处的位置

充足，雨量少而蒸发量大，属典型的半干旱气候。长期以来，大量的土地垦殖和人类对燃料的需求，导致了植被覆盖量不断减少，加剧了土壤侵蚀，形成了地表破碎、沟壑密布的地形特点。由于黄土疏松，再加上降水集中，水土流失极为严重。土壤疏松易于耕作，因此这里农耕历史悠久，成为华夏文明的发源地之一。秦安大地湾的考古发现，火在人居环境中处于中心位置。近百年来，研究区域人口迅速增长，对资源环境造成了巨大压力。特别是在20世纪60—80年代，陇中农村地区饲料、肥料、燃料俱缺，一些农户"不愁锅上愁锅下"，砍伐林木、铲草皮、烧畜粪等行为严重破坏了脆弱的生态环境。

在这一区域的农村地区，生活贫困与能源贫困现象较为普遍。人口密度较大，而资源匮乏，造成了对资源环境的巨大压力。由于耕作条件差，开垦土地成为增加食物供给的有效手段，使得土地垦殖率高达60%。长期以来，人们生活来源贫乏，收入水平低下，饱受粮食短缺的困扰，对能源需求没有足够的重视，燃料、肥料和饲料之间的矛盾日渐突出。与已有文献中"农村生活能源消费在很大程度上取决于当地能源资源的可获得性"的研究结论相同，该区域的农户由于无力支付商品能源的大量使用，不得不"就地取材"，利用家庭剩余劳动力收集作物秸秆、林木、杂草和畜粪等生物质燃料用于炊事和取暖，由此也造成了机会成本上升。然而，对燃料的需求和对自产性能源的过度消耗引起了林草植被的破坏以及以灌木草原为主的地带性植被完全退化。另外，这些生物质燃料的燃烧使得有机质还田减少，土壤肥力下降，农业生态进一步恶化，不仅造成了土地贫瘠，也带来了室内空气污染和对居民健康的威胁。因此，农村家庭的生活能源短缺成为影响该区域可持续发展的主要问题，生活能源消费在复杂的生态、经济和环境互相作用过程中处于关键位置。

改革开放以来，农田产出水平提高，作物秸秆产量增加。同时，农民种植经济作物、外出打工，增加了经济收入，农户支付商品能源的能力增强，煤炭、电、液化气的利用增多，农村能源消费结构发生了明显转变。在生存环境的改善方面也有所进展，1999年起国家实施西部大开发战略，鼓励退耕还林还草、加大梯田建设、小流域治理、天然林保护、限制在荒草地上放牧等措施，取得了一定成效。但相对于提高农民生活质量和改善生态环境的要求来说，这种变化远远不够。为了最大限度地减少农户在能源使用上的经济负担，需要开发当地丰富的可再生能源资源并加大对其投资的力度。从2003年起，国家大力支持农村能源建设，例如2003—2005年在秦安、通渭二县安排试点农户6450家，推广太阳灶和沼气利用，推动了当地生活能源结构的转换。农户生物质能利用的比重下降到总能耗的50%左右，"就地取材"的局面逐步得以扭转。目前，炊事用能得到了较好满足，但取暖用能仍存在着较大的缺口。

与农村居民相比较，城镇居民的用能状况明显更优裕。炊事主要使用电、液化气和煤炭，兰州、白银、天水三市的居民还用上了天然气。2012年，兰州市已通天然气的家庭有54万余户，同时全市壁挂炉用户达46872户。天水市已签订天然气供气合同的居民小区共有60多家2万多户，已通气的居民用户有1.4万余户。平凉市也有1/10的住户也用上了天然气。冬季取暖大部分由公共设施集中供热，国家还给予取暖费的补助。只有城市的个别低收入家庭和县城的部分家庭以直接烧煤的方式取暖。另外，太阳能热水器的利用日趋普遍。中国经济欠发达的西部地区，居民收入较低，与全面实现小康生活水平的距离较大。居民仍有较大的能源需求增加潜力。

二 资料来源和数据处理

一般情况下，研究一个国家或地区的大范围尺度内居民能源消费问题，可以基于能源统计年鉴和相关部门的统计资料，运用数学计量方法进行宏观分析。然而，对于本研究中特定范围内家庭能源消费的具体问题，由于相关统计资料较少，且涉及的指标和信息有限，需要通过入户实地考察、问卷调查等形式，获取家庭能源消费的数量、质量、价格、利用方式等方面的第一手数据资料，由此建立家庭用能账户。在研究过程中，首先需要对获得的调查数据进行处理，将能耗数据折算为统一标准来统计计量，以便后续研究的进一步开展。

（一）样本选择

我们分五类地区（大城市、中等城市、小城市、县城和农村地区）开展随机入户调查。在研究区域，仅有一个大城市（兰州市）和两个中等城市（天水市和白银市），三个城市都作为抽样对象。小城市分别选取陇中的定西市和陇东的平凉市。县城选择邻近农村样本点的秦安、泾川和隆德三个县以及邻近兰州和白银的永登县。城镇样本随机地从每个城镇的不同街区选择，每个街区选择3—5户，样本从市中心到城郊都有分布。农村样本分布在5个县（秦安、通渭、宁县、镇原和庄浪）的24个村（见图4-18），都是黄土高原水土流失最为严重的地区。选择的村包括了山地、丘陵和河谷多种地貌类型。按每村总户数1/5的比例，每村选择15—20户作为样本。

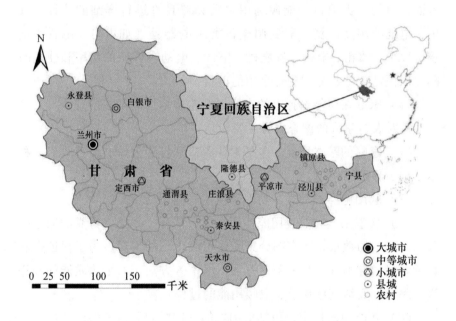

图4-18　研究区域样本点的分布

（二）资料获取

2009年3月至2011年9月，笔者和项目组成员在选定的样本区域进行问卷和实地调查。调查方法采用问卷调查法、深层访谈法和实地观察法相结合的方式，即根据问卷设计好的内容，调查者直接与用户交流，逐项填写调查项目，并对个别问题进行目测和考证，以确保被调查者回答的真实性。通过对研究区域的背景了解并结合研究内容的需要，分城镇和农村两种区域类型设计符合当地实际的调查问卷，内容涉及居民清楚掌握的客观情况和主观意向，并且能够直接或间接地反映能源消费状况及相关研究所需的项目。

针对城镇家庭的调查内容主要包括：

（1）家庭的基本情况，包括常住人口、经济状况、从业人员的职业、住房面积、冬季室内温度等。

（2）家庭用能种类、具体用途和用能器具及其价格。将用能项目归纳为照明、炊事、取暖制冷、清洁卫生、教育娱乐、交通通信六个方面，对每一类项目的能源利用种类和器具都进行详细的统计。其中，电能的用途广泛，需要调查各类用电器具（如电灯、电视、电脑、VCD、冰箱、电炊、洗衣机、空调、电动车等）的功率和使用时间，以便把耗电量分解到各个用能项目中。

（3）家庭在用能选择上的意愿以及希望增加的用能器具。

针对农村家庭的调查内容主要包括：

（1）家庭的基本情况，包括常住人口和打工人口、经济收入、种植结构、养殖结构。

（2）家用电器的种类、功率和使用时间。

（3）炊事用能和取暖用能使用的煤、秸秆、薪柴、畜粪的数量以及火炉和炕的数量，还有部分家庭使用液化气的情况。为了保证燃料数量计量的准确性，我们采用称重、烘干等方法，对生物质能的利用进行测试，实地观察炊事、取暖用能的过程。

（4）新能源的使用，包括太阳灶的利用时间和沼气的产气量。

基于以上内容的设计，共调查1281户，取得有效调查样本1166户。调查样本的组成如表4-7所示。我们在调查中发现，由于同一街区城镇居民拥有相同的电力、天然气、暖气等公共能源服务设施，这些家庭的用能种类、方式十分相近，只是使用数量上有差异。同样，由于获得能源资源的条件相同，这一区域农村居民的生活习惯和方式大致相同，使用的燃料差异不大。这就增强了样本在整个区域中的代表性。

表 4 -7　　　　　　　　　　　　调查样本的分布

	大城市	中等城市		小城市		县城				农村	合计
	兰州市	天水市	白银市	定西市	平凉市	永登县	秦安县	泾川县	隆德县		
实际调查户数（户）	341	122	115	50	51	24	29	39	30	480	1281
有效户数（户）	309	115	110	46	50	23	26	36	28	423	1166
有效调查人数（户）	931	350	333	144	154	76	100	125	96	1915	4224

（三）数据处理

根据问卷调查，城镇家庭用能种类有电能、煤炭、管道燃气（天然气、管道煤气）、液化石油气、汽油和太阳能，农村家庭用能种类有电能、煤炭、作物秸秆、薪柴、薪草、畜粪、太阳能、沼气等。为便于比较，需要将各类能源消费实物量换算成统一单位标准煤，下面分述每种能源消费的计量方法。各类能源的折合标准煤系数如表 4 -8 所示。

表 4 -8　　　　　　　　　　　　能源折合标准煤系数

燃料名称	折合标准煤系数	系数单位
原煤	0.7143	千克标准煤/千克
电能	0.1229	千克标准煤/千瓦时
天然气	1.33	千克标准煤/立方米
液化气	1.7143	千克标准煤/千克
汽油	1.4714	千克标准煤/千克
管道煤气	0.3571	千克标准煤/立方米
太阳能	0.034	千克标准煤/兆焦
秸秆	0.429	千克标准煤/千克
薪柴	0.571	千克标准煤/千克
薪草	0.471	千克标准煤/千克
畜粪	0.5	千克标准煤/千克
沼气	0.714	千克标准煤/立方米

资料来源：《中国能源统计年鉴》。

（1）电能。

电能是居民家庭使用最普遍的能源，可用于生活中的各种用途，替代性最强。城镇和农村家庭耗电量的核算方法一样，根据家庭每月电费支出和各种电器的使用情况，可分解各类用途的耗电量。考虑到季节性因素，在夏季和冬季居民家庭使用的电器有所不同，电费支出也有差异。因此，分别调查家庭夏季和冬季的电费支出，与影响电费支出变化的取暖制冷项目的家用电器（电扇、空调、电暖气、电褥子）耗电量进行关联，可较为准确地获得居民家庭在不同用能项目上各种用电器的耗电量。电能消费的计算公式如下：

$$E_1 = c_1 EC/0.51 = c_1 \sum_{i=1}^{n} p_i h_i \qquad (4-3)$$

式中，E_1 代表每户每月用电总量（kW·h）折合标准煤的数量（kgce）；EC 为每月电费（元），每度电单价 0.51 元；p_i 为第 i 种电器的功率，h_i 为第 i 种电器每月使用时间；c_1 为电能的折合标准煤系数 0.1229kgce/kW·h。

（2）天然气（NG）/管道煤气（PG）。

2001 年，涩北—西宁—兰州天然气工程竣工，年输气 30 亿 m³ 以上。兰州市居民开始用天然气做饭、烧水和取暖，天水、平凉等地区的部分家庭也陆续使用。而农村地区没有完善的配套基础设施，因此没有使用的家庭。根据每月用气总量和各用气器具的使用时间，分解各类用途的用气量。其计算公式如下：

$$E_2 = c_2 NG = c_2 \sum_{j=1}^{n} S_j h_j \qquad (4-4)$$

式中，E_2 代表 NG 折合标准煤的数量（kgce）；NG 为每户月消耗天然气的数量（m³）；S_j 为第 j 种器具在单位时间内的用气量（m³），h_j 为第 j 种器具每月使用时间；c_2 为天然气的折合标准煤系数 1.33kgce/m³。

白银市通的是管道煤气，居民家庭用于炊事。其计算公式如下：

$$E_3 = c_3 PG \qquad (4-5)$$

式中，E_3 为管道煤气的折合标准煤数量（kgce）；PG 为每户年均使用管道煤气的数量（m³）；c_3 为管道煤气的折合标准煤系数

$0.3571 \mathrm{kgce/m^3}$。

（3）液化石油气（LPG）。

在城镇家庭，液化气主要用于炊事和加热洗澡水。然而，由于液化气和天然气在这些用途上具有替代性，居民家庭对这两种能源的选择通常是二者取其一。比如，2001年以前兰州市居民炊事以液化气为主，还有一些家庭用于加热洗澡水，之后由于天然气管道的贯通，使用液化气的家庭减少，转为使用天然气。在农村地区，不但使用的家庭少，使用量也少，一般只有少数收入水平较高的家庭用于炊事，当然也有部分地区是由于缺乏液化气的供应设施。其计算公式如下：

$$E_4 = c_4 LPG \tag{4-6}$$

式中，E_4 为液化气折合标准煤的数量（kgce）；LPG 为每户月消耗的液化石油气数量（kg）；c_4 为液化气的折合标准煤系数 $1.7143 \mathrm{kgce/m^3}$。

（4）煤。

在城镇地区，煤的消费分为直接利用与间接利用两部分。直接利用是平房住户和极少部分的楼房住户用煤取暖和炊事，间接利用是通过集中供热的取暖用煤，也就是说，居民家庭在享受暖气的同时也间接消耗了煤。由此，煤的总消费量为这两部分之和，计算公式如下：

$$E_5 = c_5 (C_1 + C_2 + C_3) \tag{4-7}$$

式中，E_5 代表年耗煤总量折合标准煤的数量（kgce）；C_1 为间接用煤，C_2 和 C_3 为直接用煤，其中 C_2 为家庭火炉用煤炭数量（kg），C_3 为家庭火炉蜂窝煤用量（kg）；c_5 为原煤的折合标准煤系数 $0.7143 \mathrm{kgce/kg}$。其中：

$$C_1 = R \cdot P \cdot r_1 / cp \tag{4-8}$$

$$C_3 = S \cdot W \cdot r_2 \tag{4-9}$$

式（4-8）中，R 为户均供暖的面积（$\mathrm{m^2}$）；P 为单位供暖面积在供热期的收费（元），2008—2009年取暖收费 4.2 元/$\mathrm{m^2}$；r_1 为供热成本中燃煤价所占比例，实际调查为 0.7—0.8，这里取 0.75；cp 为单位煤价，800元/吨。

式（4-9）中，S 为蜂窝煤的块数；W 为每块蜂窝煤的重量

（1.25kg）；r_2 为蜂窝煤的含煤比重，实际调查为 0.7。

则式（4-7）可变为：

$$E_5 = c_5(C_1 + C_2 + C_3) = c_5(R \cdot P \cdot r_1/cp + C_2 + S \cdot W \cdot r_2) \quad (4-10)$$

在农村地区，不存在集中供暖问题，也没有家庭使用蜂窝煤，只需根据直接利用的煤炭量（C_2）来计算，调查中分为炊事、取暖（火炉和煨炕）用煤分别予以统计。

（5）太阳能。

在城镇地区，居民利用太阳能主要是在房顶安装太阳能热水器，用来加热洗澡、洗衣等生活用水。在农村地区，太阳灶的使用较为普遍，由于其成本低，使用方便，受到家庭的欢迎，并且一户一台即可满足需要，但用途单一，只能用于烧水。利用太阳能得到的热量可用下式估算：

$$E_6 = c_6 Q = c_6 [r \cdot m \cdot (t_2 - t_1) \cdot d] \quad (4-11)$$

式中，E_6 为每户年利用太阳能得到的热量折合标准煤的数量（kgce）；Q 为每户年利用太阳能热水器所得到的热量（MJ）；r 为水的比热 4200J/kg·℃；m 为人均一次洗澡用热水量（kg）；t_1 为水的自然温度，取各地区年平均气温；t_2 为水的加热温度，取 45℃；d 为户均一年利用太阳能热水器洗澡的次数；c_6 为热量折合标准煤的系数 0.034kgce/MJ。关于用水量的计算，本研究设计如下公式：

$$m = \pi r^2 \cdot v \cdot t \quad (4-12)$$

式中，r 为水管半径，取 0.75cm；v 为水的流速，取 1.5m/s；t 为一次洗澡时间，根据各个家庭的调查结果而定。

（6）汽油。

对于城镇一些高收入阶层的家庭，人们在满足基本需求之外，为了追求更高层次的舒适性，选择购买家用汽车作为出行工具，也有少数家庭使用摩托车。汽油的消费量可由下式计算：

$$E_7 = c_7 \cdot \rho \cdot L \quad (4-13)$$

式中，E_7 为每户月消耗汽油的数量（kgce）；ρ 为家庭所用汽油密度 0.75kg/L；L 为每户月用汽油的升数（升）；c_7 为汽油的折合标准煤系数 1.4714kgce/kg。

（7）一次生物质能。

一次生物质能包括作物秸秆、薪柴、薪草和畜粪，都来源于农村地区。作物秸秆除用于还田造肥和畜牧饲料外，剩余部分可作为燃料使用。薪柴主要是指对林木进行抚育改造、修枝、自然更新及薪炭林提供的烧柴，以及砍伐的林木等。研究区域的农户可以获取的薪柴资源主要是经济林（苹果树、桃树和花椒）修剪过程产生的枝条和小径木。在生活能源短缺的情况下，不少农户上山铲取草皮用于做饭或取暖，部分农户使用畜粪煨炕。由于资源的可获得性，只有农村家庭使用并且在很大程度上依赖于这些自产能源。其使用量需要根据农户每天用于做饭、烧火炉、煨炕的次数和每次使用量来计算，为掌握使用量的大致范围，对使用的能源进行测量记录。这四种能源的通用计算公式如下：

$$E_{8a} = c_8 B_{炊事} \qquad\qquad\qquad (4-14)$$

$$E_{8b} = c_8 B_{取暖} \qquad\qquad\qquad (4-15)$$

式中，E_{8a} 和 E_{8b} 表示作物秸秆（薪柴/薪草/畜粪）折合标准煤的数量（kgce）；$B_{炊事}$ 表示每户每月炊事消耗的各类生物质燃料；$B_{取暖}$ 表示每户每年火炉和煨炕消耗的各类生物质燃料；c_8 为四种能源的折合标准煤系数，分别为秸秆 0.429 千克标准煤/千克、薪柴 0.571 千克标准煤/千克、薪草 0.471 千克标准煤/千克、畜粪 0.5 千克标准煤/千克。

（8）沼气。

作为生物质二次能源，沼气很好地解决了农村能源短缺和生态环境保护问题。在调查区域，沼气主要用于炊事，而用于照明和取暖的样本还未见到。其计算公式如下：

$$E_9 = c_9 (v \cdot d \cdot \lambda \cdot \eta) \qquad\qquad\qquad (4-16)$$

式中，c_9 为沼气折合标准煤的系数 $0.714 \mathrm{kgce/m^3}$；v 为户均每天沼气使用量；d 为一年内沼气的可用天数；λ 为沼气的热值 $20920 \mathrm{KJ/m^3}$；η 为沼气燃气灶的热效率，大约为 50%。

（9）家庭用能合计。

由于每个家庭使用的能源种类不同，而每种能源的消费量也千差万别，为了对每个家庭的用能状况做出综合评判，需要衡量能源消费总量，因此将上述各类用能进行合计。假设有 p 个调查样本（用户），一个家庭在一年中消耗 n 种能源，则全年能源消费总量可用下式表示：

$$E_q = \sum_{i=1}^n c_i e_{qi} \quad (q = 1,2,\cdots,p; i = 1,2,\cdots,n) \qquad (4-17)$$

式中，E_q 为第 q 个样本的用能总量（kgce）；e_{qi} 为第 q 个样本第 i 种能源的年使用量，c_i 为第 i 种能源折合标准煤系数。

由于每种燃料在使用时产生的热效率不同，E_q 只能反映用户能源消费的实物量，不能反映实际获得的热量。可根据各种能源在实际使用时用能器具的热效率 η_i（见表 4-9）对 E_q 加以修正，计量出用户实际得到的热服务（有效热值），表达式如下：

$$E_{\eta q} = \sum_{i=1}^n \eta_i c_i e_{qi} \qquad (4-18)$$

表 4-9　　　　　　　　　　　　能源热效率（η_i）　　　　　　　　　单位：%

能源种类	生物质能	煤炭（直接）	煤炭（锅炉）	液化气	沼气	电	天然气	汽油
热效率	20	28	65	60	50	80	75	30

如果用 η_t 表示家庭使用能源的综合热效率，即家庭用能总量中有效热能所占的比重可由如下公式计算：

$$\eta_t = \frac{E_{\eta q}}{E_q} \qquad (4-19)$$

三　城乡居民家庭能源消费的统计分析

衡量居民家庭能源消费情况的标准包括两个方面：一是消费水平，即每个家庭能源消费的绝对量和平均量；二是消费结构，即每个家庭所消费的能源种类构成和用能项目构成。数量分析是对样本特征进行总体把握，而结构分析是建立在数量分析的基础上，对各组分之间相互关系的研究进行深化和补充。为全面反映居民家庭的用能信息，需要将总量分析法和结构分析法结合起来使用。

根据调查统计资料，利用数学统计方法计算出各类能源和用能项目消费的数量和比例，以此来研究居民直接生活能源消费结构。一般从能源种类结构和能源用途结构两方面来分析城乡居民家庭能源消费的总体特征、内部结构差异以及影响因素。追踪能源消费的种类和用途，在一定程度上可以反映居民的生活方式、经济条件和能源供给状况。

（一）样本特征

对 743 户的城镇问卷资料和 423 户的农村问卷资料分别进行统计处理，结果见表 4－10 和表 4－11。不论城镇还是农村，每户都使用电能，说明电能的应用具有普遍性。在城镇中，主要用于炊事的液化气较天然气使用的家庭更多，主要是由于天然气受制于城市燃气管道的建设。通过集中供暖间接用煤的户数比例为 95.5%，占绝大部分。太阳能有 1/3 的用户在使用，说明太阳能的利用已经在一定程度上得到了普及。除直接用煤的最大户和最小户有巨大差异外，其他几种能源的差异在 6—25 倍。原因有两个方面：一是家庭用能结构的差异，即某种能源用于单一用途还是多种用途；二是使用量的差异，由于收入水平和用能方式引起的差异。在农村中，除电力外，使用户数比例

表 4－10　　　　城镇家庭年均能源实物消费量的一般统计量

	电能 （kW·h）	天然气 （m³）	液化气 （kg）	直煤 （kg）	间煤 （kg）	汽油 （l）	太阳能 （MJ）	管道煤气 （m³）
样本频数	743	238	330	76	700	102	231	26
户数比例（%）	100	32.03	44.41	10.37	95.50	13.92	31.51	3.50
最大值	3868.84	600.00	250.00	3050.01	3242.53	834.88	16824.71	260.01
最小值	255.57	40.00	10.00	11.38	405.00	33.03	1252.94	38.00
均值	1504.64	196.47	70.21	1031.65	1413.96	264.98	6021.47	97.06
标准差	517.66	113.29	43.54	405.85	537.24	121.18	3260.59	45.76
变异系数	0.344	0.577	0.620	0.393	0.380	0.457	0.541	0.471

最高的是煤炭和秸秆,薪草、薪柴、畜粪和太阳能的使用户数比例都在40%以上。沼气和液化气的利用率较低,需要进一步推广。各类能源使用的最大值和最小值的变化幅度有很大差异,以薪柴为例,最大值与最小值之间相差880倍,说明农户间在薪柴消费的选择上差距最大,这与人们的消费偏好有关。总的来看,城镇地区用户间能源消费量差距相对较小,农户间的差距要远高于城镇家庭,说明在农村由于用于同一用途上的能源种类多,家庭在能源消费的选择上范围更广,使得同种能源之间的消费量差异悬殊。

表4-11　　　　农村家庭年均能源实物消费量的一般统计量

	秸秆 (kg)	薪草 (kg)	薪柴 (kg)	畜粪 (kg)	煤炭 (kg)	电 (kW·h)	沼气 (m³)	液化气 (kg)	太阳能 (MJ)
样本频数	381	179	209	181	399	423	46	31	185
户数比例(%)	90.07	42.32	49.41	42.79	94.33	100.00	10.87	7.33	43.74
最大值	6494.20	4512.17	2628.00	2623.00	3612.50	822.86	2555.00	135.00	5835.59
最小值	57.32	18.30	2.99	136.88	50.01	13.67	296.92	10.00	1167.06
均值	1661.56	1125.31	203.33	611.96	1263.13	249.23	757.82	36.21	4583.24
标准差	1231.42	763.29	283.98	442.06	716.27	114.32	292.35	15.46	2397.35
变异系数	0.741	0.678	1.397	0.722	0.567	0.459	0.386	0.427	0.523

（二）能源消费数量和结构

在能源种类上,城镇居民家庭主要以商品能源为主,包括电能、管道燃气(天然气、煤气)、液化气、直接用煤、间接用煤(热力)、汽油和太阳能,而农村居民家庭主要以生物质能和煤为主,包括秸秆、薪草、薪柴、畜粪、电能、煤炭、液化气、沼气和太阳能。在用能项目上,根据人们日常生活中消费的类别主要分为照明、炊事、取暖制冷、教育娱乐、清洁卫生、交通和其他(医疗保健、通信)。按照公式(4-1)—公式(4-14),将每一类能源消费的实物量折算为统一的标准煤量,为清晰地表达每一类用途上的每一种能源消费的数量,将居民家庭能源消费量同时分解到能源种类和用能项目上,形成种类结构和用途结构相嵌合的矩阵。下面分大城市、中等城市、小城市、县城和农村五类地区分别进行能源消费数量和结构的分析。

1. 大城市

兰州市作为研究区域唯一的大城市，相比其他地区具有很多优势资源，比如能源供给服务设施较为完备，人们因此选择能源的范围更加广泛。居民家庭在各个用能项目上消费的各类能源数量如表4-12所示。

表4-12　　　　　　　　　兰州市居民家庭能源
消费数量和结构　　　　单位：千克标准煤，%

	照明	炊事	取暖制冷	教育娱乐	清洁卫生	交通	其他	合计	百分比
电能	19.88	88.96	11.11	49.46	18.07	0.00	5.59	193.07	12.12
天然气	0.00	163.53	1.59	0.00	24.56	0.00	0.00	189.69	11.91
液化气	0.00	50.26	0.00	0.00	0.00	0.00	0.00	50.26	3.16
直接用煤	0.00	19.43	26.72	0.00	0.00	0.00	0.00	46.15	2.90
间接用煤	0.00	0.00	985.91	0.00	0.00	0.00	0.00	985.91	61.90
太阳能	0.00	0.00	0.00	0.00	57.26	0.00	0.00	57.26	3.60
汽油	0.00	0.00	0.00	0.00	0.00	70.37	0.00	70.37	4.42
合计	19.88	322.19	1025.34	49.46	99.90	70.37	5.59	1592.72	
百分比	1.25	20.23	64.38	3.11	6.27	4.42	0.35		100

根据调查结果可知，309个被调查户年平均能源消费总量为1592.72千克标准煤。其中，煤的比重最大，占64.8%，大部分为间接用煤，用于冬季锅炉燃烧集中供热，有个别经济水平较低的家庭和位于郊区的家庭使用煤块或蜂窝煤做饭、烧水和在冬季取暖。电次之，占12.12%，电的用途最为广泛，首先，在炊事方面，各类电炊器具方便了人们饮食饮水，比如电饭煲、电磁炉、微波炉、电水壶、饮水机等；其次，电视、电脑的普及以及使用时间的增加使得教育娱乐耗电量增长；清洁卫生和取暖制冷的耗电量相比之下较少，主要是这类用电器具使用的频率低、时间短、用户少，由于兰州市气候的特点，夏季使用空调的家庭仅为7.8%，冬季只有少数家庭在供暖前后

半个月左右使用电暖气和电褥子。天然气第三，占 11.91%，户均年消费量为 142.62m³。由于其清洁、优质、便利，应用前景十分广阔，天然气已经成为兰州市居民家庭用于炊事的主要燃料之一，在清洁卫生、取暖（调查样本中为天然气壁挂炉）等方面也有使用。汽油第四，占 4.42%，收入较高的家庭购买小汽车或摩托车作为出行的交通工具，产生汽油消费。太阳能和液化气消费量最小，分别占 3.6% 和 3.16%。这表明目前城市居民生活能源消费虽然多元化了，但以煤为主导的能源结构特征仍十分明显（见图 4 - 19）。

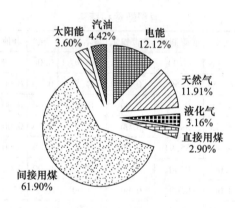

图 4 - 19　兰州市居民家庭用能种类结构

从用途结构上看，取暖制冷比重最大，占 64.38%，主要用煤，还有少量的电能；炊事次之，占 20.23%，主要使用天然气、电能和液化气，所占比例分别为 50.76%、27.61% 和 15.6%；清洁卫生居第三，占 6.27%，居民家庭根据个人喜好选择使用电、天然气或太阳能；交通用能居第四，占 4.42%；教育娱乐排第五，占 3.11%，主要是观看电视和使用电脑；照明用能最小，占 1.25%（见图 4 - 20）。取暖制冷、炊事和照明三项基本生活用能占有很大比重（85.86%），清洁卫生、交通和教育娱乐和其他用能需求占有一定比例（14.15%）。与同一地区农村居民的用能相比较（陇中黄土丘陵地区农村居民三项基本生活用能占 99%），这已可算是一种小康型生活用能结构。

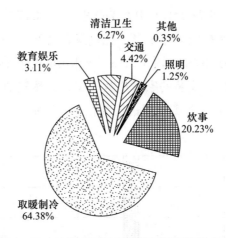

图 4-20 兰州市居民家庭能源消费用途结构

2. 中等城市

中等城市为天水市和白银市。这两个城市家庭各类用能项目上的耗能占总生活能源消费量的比例基本与兰州市相一致,各类能源的占比也有类似的格局,但由于城市的能源供给设施建设不同以及人们的消费倾向不同,个别种类的能源使用有略微变化。天水市居民家庭户均能源消费量为 1404.28 千克标准煤,能源消费明细见表 4-13。

表 4-13　　　　　　　　天水市居民家庭能源

消费数量和结构　　　单位:千克标准煤,%

	照明	炊事	取暖制冷	教育娱乐	清洁卫生	交通	其他	合计	百分比
电能	15.25	111.23	7.44	37.31	13.63	0.00	3.34	188.20	13.40
天然气	0.00	20.07	0.00	0.00	3.02	0.00	0.00	23.08	1.64
液化气	0.00	55.23	0.00	0.00	0.00	0.00	0.00	55.23	3.93
直接用煤	0.00	11.10	39.12	0.00	0.00	0.00	0.00	50.23	3.58
间接用煤	0.00	0.00	966.65	0.00	0.00	0.00	0.00	966.65	68.84
太阳能	0.00	0.00	0.00	0.00	73.32	0.00	0.00	73.32	5.22
汽油	0.00	0.00	0.00	0.00	0.00	47.57	0.00	47.57	3.39
合计	15.25	197.63	1013.21	37.31	89.97	47.57	3.34	1404.28	
百分比	1.09	14.07	72.15	2.66	6.41	3.39	0.24		100

从图 4－21 可以看出，天水市家庭中取暖制冷用能占总能源消费量的
比重仍为最大，占到 72.15％；其次为炊事，占 14.07％。在用能种类上，
除间接用煤的消费量占到 68.84％、比例最高之外，电能的比重也较高，
占 13.4％，再次为太阳能，占 5.22％。天水市的天然气管道正在建设中，
主要集中在麦积区，安装的家庭户数较少，天然气消费量所占比重最
小，为 1.64％。其余各类能源占比都在 3％ 左右。

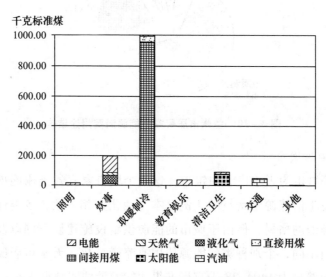

图 4－21　天水市各类用能项目的能源消费量

在调查时段内，白银市还未通上天然气，取而代之的是管道煤
气，其余能源种类都有使用。白银市居民家庭户均能源消费量为
1379.03 千克标准煤，能源消费明细见表 4－14。

表 4－14　　　　　　　　　白银市居民家庭能源

消费数量和结构　　　单位：千克标准煤,%

	照明	炊事	取暖制冷	教育娱乐	清洁卫生	交通	其他	合计	百分比
电能	15.58	102.57	5.43	42.84	14.44	0.00	4.15	185.01	13.42
管道煤气	0.00	8.19	0.00	0.00	0.00	0.00	0.00	8.19	0.59
液化气	0.00	52.86	0.00	0.00	0.00	0.00	0.00	52.86	3.83
直接用煤	0.00	13.80	32.79	0.00	0.00	0.00	0.00	46.59	3.38

续表

	照明	炊事	取暖制冷	教育娱乐	清洁卫生	交通	其他	合计	百分比
间接用煤	0.00	0.00	972.49	0.00	0.00	0.00	0.00	972.49	70.52
太阳能	0.00	0.00	0.00	0.00	70.80	0.00	0.00	70.80	5.13
汽油	0.00	0.00	0.00	0.00	0.00	43.09	0.00	43.09	3.12
合计	15.58	177.42	1010.71	42.84	85.23	43.09	4.15	1379.03	
百分比	1.13	12.87	73.29	3.11	6.18	3.12	0.30		100

白银市各类用能项目的能源消费情况和天水市相似，如图 4 – 22 所示，取暖制冷、炊事和清洁卫生占据家庭用能的前三位，分别为 73.29%、12.87% 和 6.18%。能源种类结构和天水市类似，略有不同的是天然气被替换为管道煤气。

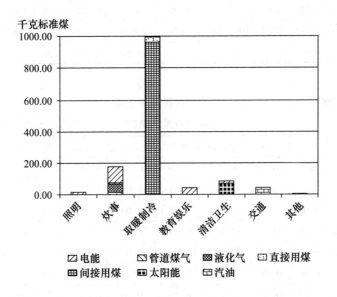

图 4 – 22 白银市各类用能项目的能源消费量

3. 小城市

小城市为定西市和平凉市，其户均能源消费量分别为 1376.78 千克标准煤和 1373.06 千克标准煤。值得注意的是，定西市的燃气种类仅限于液化气。平凉市部分居民小区已通天然气管道，但由于人们的消费观念差异并且一些家庭考虑初装费用过高，很多家庭没有选择安装，调查样本中只有1.34%的家庭使用天然气。定西市和平凉市居民家庭能源消费明细分别见表4-15和表4-16。

表4-15　　　　　　　　定西市居民家庭能源

消费数量和结构　　　　单位：千克标准煤,%

	照明	炊事	取暖制冷	教育娱乐	清洁卫生	交通	其他	合计	百分比
电能	12.52	117.54	3.61	30.60	10.78	0.00	4.18	179.22	13.02
液化气	0.00	57.58	0.00	0.00	0.00	0.00	0.00	57.58	4.18
直接用煤	0.00	62.11	49.69	0.00	0.00	0.00	0.00	111.80	8.12
间接用煤	0.00	0.00	938.05	0.00	0.00	0.00	0.00	938.05	68.13
太阳能	0.00	0.00	0.00	0.00	70.55	0.00	0.00	70.55	5.12
汽油	0.00	0.00	0.00	0.00	0.00	19.58	0.00	19.58	1.42
合计	12.52	237.23	991.35	30.60	81.33	19.58	4.18	1376.78	
百分比	0.91	17.25	72.08	2.22	5.91	1.42	0.30		100.00

表4-16　　　　　　　　平凉市居民家庭能源

消费数量和结构　　　　单位：千克标准煤,%

	照明	炊事	取暖制冷	教育娱乐	清洁卫生	交通	其他	合计	百分比
电能	12.03	101.74	4.24	47.24	10.23	0.00	3.76	179.24	13.05
天然气	0.00	17.53	0.00	0.00	0.93	0.00	0.00	18.46	1.34
液化气	0.00	42.26	0.00	0.00	0.00	0.00	0.00	42.26	3.08
直接用煤	0.00	50.41	41.43	0.00	0.00	0.00	0.00	91.84	6.69
间接用煤	0.00	0.00	930.40	0.00	0.00	0.00	0.00	930.40	67.76
太阳能	0.00	0.00	0.00	0.00	67.41	0.00	0.00	67.41	4.91
汽油	0.00	0.00	0.00	0.00	0.00	43.45	0.00	43.45	3.16
合计	12.03	211.94	976.07	47.24	78.57	43.45	3.76	1373.06	
百分比	0.88	15.44	71.09	3.44	5.72	3.16	0.27		100.00

4. 县城

四个县城为甘肃省的永登县、秦安县、泾川县以及宁夏的隆德县，其户均能源消费量分别为1352.12.千克标准煤、1375.67千克标准煤、1327.26千克标准煤和1368.33千克标准煤。这四个县城都未通管道燃气，因此炊事用能为电能、液化气和煤炭三种能源。永登县居民家庭能源消费数量和结构见表4-17，从中可以看出，各类能源所占的比重和以上城市的结构相比没有太大的变动，比较突出的特点是该县使用太阳能热水器的家庭较多，因而太阳能消费量较大，所占比重较高。

表4-17　　　　　　　　　　永登县居民家庭能源

消费数量和结构　　　单位：千克标准煤,%

	照明	炊事	取暖制冷	教育娱乐	清洁卫生	交通	其他	合计	百分比
电能	16.37	101.61	4.04	36.61	4.50	0.00	3.52	166.66	12.44
液化气	0.00	58.83	0.00	0.00	0.00	0.00	0.00	58.83	4.39
直接用煤	0.00	20.96	46.58	0.00	0.00	0.00	0.00	67.55	5.04
间接用煤	0.00	0.00	945.97	0.00	0.00	0.00	0.00	945.97	70.60
太阳能	0.00	0.00	0.00	0.00	100.95	0.00	0.00	100.95	7.53
汽油	0.00	0.00	0.00	0.00	0.00	12.16	0.00	12.16	0.90
合计	16.37	181.40	996.60	36.61	105.45	12.16	3.52	1352.12	
百分比	1.22	13.54	74.38	2.73	7.87	0.90	0.26		100.00

秦安县居民家庭中，间接用煤比重也最大，但数值较其他县市低，为55.59%；其次为直接用煤，占19.47%；再次为电能，占12.82%（见表4-18）。这表明秦安县的能源消费虽以煤为主导，但利用方式不同。

表4-18　　　　　　　　　　秦安县居民家庭能源

消费数量和结构　　　单位：千克标准煤,%

	照明	炊事	取暖制冷	教育娱乐	清洁卫生	交通	其他	合计	百分比
电能	14.47	95.34	9.36	41.88	11.48	0.00	3.81	176.34	12.82
液化气	0.00	64.62	0.00	0.00	0.00	0.00	0.00	64.62	4.70
直接用煤	0.00	71.43	196.43	0.00	0.00	0.00	0.00	267.86	19.47

续表

	照明	炊事	取暖制冷	教育娱乐	清洁卫生	交通	其他	合计	百分比
间接用煤	0.00	0.00	764.73	0.00	0.00	0.00	0.00	764.73	55.59
太阳能	0.00	0.00	0.00	0.00	78.39	0.00	0.00	78.39	5.70
汽油	0.00	0.00	0.00	0.00	0.00	23.73	0.00	23.73	1.72
合计	14.47	231.39	970.52	41.88	89.87	23.73	3.81	1375.67	
百分比	1.05	16.82	70.55	3.04	6.53	1.72	0.28		100.00

泾川县的能源消费结构和秦安县相似，见表4－19。

表4－19　　　　　　　　泾川县居民家庭能源消费

数量和结构　　　　单位：千克标准煤,%

	照明	炊事	取暖制冷	教育娱乐	清洁卫生	交通	其他	合计	百分比
电能	12.44	76.81	12.30	42.12	9.00	0.00	5.55	158.23	11.92
液化气	0.00	48.10	0.00	0.00	0.00	0.00	0.00	48.10	3.62
直接用煤	0.00	133.44	144.84	0.00	0.00	0.00	0.00	278.28	20.97
间接用煤	0.00	0.00	762.90	0.00	0.00	0.00	0.00	762.90	57.48
太阳能	0.00	0.00	0.00	0.00	65.67	0.00	0.00	65.67	4.95
汽油	0.00	0.00	0.00	0.00	0.00	14.10	0.00	14.10	1.06
合计	12.44	258.34	920.04	42.12	74.66	14.10	5.55	1327.26	
百分比	0.94	19.46	69.32	3.17	5.63	1.06	0.42		100.00

隆德县居民家庭的能源利用中，间接用煤和电能占据前两位，比重分别为66.38%和11.43%；汽油占的比例最小，为2.59%；液化气、直接用煤和太阳能所占比重都在6%以上（见表4－20）。

表4－20　　　　　　　　隆德县居民家庭能源消费

数量和结构　　　　单位：千克标准煤,%

	照明	炊事	取暖制冷	教育娱乐	清洁卫生	交通	其他	合计	百分比
电能	13.06	86.37	9.45	40.79	2.64	0.00	4.08	156.39	11.43
液化气	0.00	89.08	0.00	0.00	0.00	0.00	0.00	89.08	6.51

续表

	照明	炊事	取暖制冷	教育娱乐	清洁卫生	交通	其他	合计	百分比
直接用煤	0.00	22.96	68.88	0.00	0.00	0.00	0.00	91.84	6.71
间接用煤	0.00	0.00	908.28	0.00	0.00	0.00	0.00	908.28	66.38
太阳能	0.00	0.00	0.00	0.00	87.34	0.00	0.00	87.34	6.38
汽油	0.00	0.00	0.00	0.00	0.00	35.41	0.00	35.41	2.59
合计	13.06	198.41	986.61	40.79	89.98	35.41	4.08	1368.33	
百分比	0.95	14.50	72.10	2.98	6.58	2.59	0.30		100.00

综观这四个县城，其用途结构大致趋同。图4-23中的圆环由内到外依次表示永登县、秦安县、泾川县和隆德县，可以明显看出，取暖制冷、炊事和清洁卫生用能占据能源消费的主要部分。

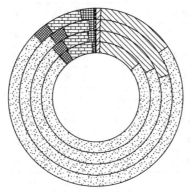

☑照明　▨炊事　▢取暖制冷　▣教育娱乐　▤清洁卫生　▦交通　▣其他

图4-23　四个县城能源消费用途结构

5. 农村

农村家庭的调查样本主要分布在天水的秦安和通渭、庆阳的宁县和镇原以及平凉的庄浪，由于三个地区人们生活习惯的差异，导致用能种类和用能方式略有不同。秦安和通渭的农村居民有喝罐罐茶的习惯，在计算过程中将煮茶归为炊事用能项目。在宁县和镇原未调查到使用太阳灶的农户，并且煨炕使用畜粪的家庭很少。在庄浪未调查到使用液化气的农户，沼气利用也较少。总体来看，农村地区生活能源种类主要以生物质能和煤炭为主，清洁能源比重低。用能项目主要有照明、炊事（做饭、烧水、煮茶）、取暖制冷（火炉、煨炕、电褥子、电风扇）、教育娱乐（电视、VCD）和清洁卫生（洗衣机）。对三个地区进行统一核算，可得到 423 户农村居民家庭户均能源消费量为 2073.54 千克标准煤，各项能源消费明细见表 4-21。

表 4-21　　　　　　　　　农村居民家庭能源
消费数量和结构　　单位：千克标准煤,%

	照明	炊事	取暖制冷	教育娱乐	清洁卫生	合计	百分比
秸秆	0.00	316.38	325.65	0.00	0.00	642.03	30.96
薪草	0.00	73.75	150.53	0.00	0.00	224.29	10.82
薪柴	0.00	50.06	7.30	0.00	0.00	57.36	2.77
畜粪	0.00	0.00	130.93	0.00	0.00	130.93	6.31
煤炭	0.00	337.36	513.71	0.00	0.00	851.06	41.04
电能	11.34	4.44	4.44	13.64	0.49	34.35	1.66
液化气	0.00	4.55	0.00	0.00	0.00	4.55	0.22
太阳能	0.00	70.12	0.00	0.00	0.00	65.62	3.38
沼气	0.00	58.84	0.00	0.00	0.00	58.84	2.84
合计	11.34	911.00	1132.56	13.64	0.49	2073.54	
百分比	0.55	44.15	54.62	0.66	0.02		100.00

从农村生活能源的自然属性来看，传统生物质能占 50.86%，化石能源（煤炭和液化气）占 41.26%，新能源（电能、太阳能和沼气）占 7.88%（见图 4-24）。从经济属性来看，可分为商品能源和自产能源，其中生物质能和太阳能属于自产能源，占总生活用能的 57.08%，煤炭、电能和液化气属于商品能源，占 42.92%。从能源消费的环境效应来看，可分为清洁能源（太阳能、电能、沼气和液化气）和非清洁能源（传统生物质能和煤炭），所占比重分别为 8.10% 和 1.90%。从能源的用途结构来看，炊事和取暖制冷这两项维持基本生存需求的用能共占到 98.77%，而照明、教育娱乐和清洁卫生分别

只占用能的 0.55%、0.66% 和 0.02%，说明农村居民的总体生活水平很低。

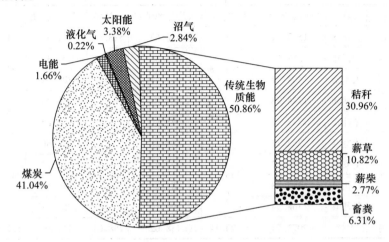

图 4 - 24　农村家庭各类能源消费比重

（三）五类地区的综合分析

1. 户均和人均能源消费量

通过以上分析，将大城市、中等城市、小城市、县城和农村五类地区的样本资料进行汇总，结果表明五类地区家庭能源使用量差异明显（见表 4 - 22）。由于家庭是能源消费的基本单位，因此以户计量得到户均能源消费量。农村家庭用能最多，为 2073.54 千克标准煤，大城市次之，再次为中等城市和小城市，县城最少。然而家庭人口规模不等，户之间的可比性不强，因而需要以人均水平来分析。计量结果显示，大城市最多，为 528.63 千克标准煤，中等城市和农村次之，小城市再次之，县城最少。能源消费数量与相关研究的结果是相近的①②。

① Jing Cai, Zhigang Jiang, "Changing of Energy Consumption Patterns from Rural Households to Urban Households in China: An Example from Shaanxi Province, China", *Renewable and Sustainable Energy Reviews*, 2008, 12 (6), 1667 - 1680.

② Shonali Pachauri, Leiwen Jiang, "The Household Energy Transition in India and China", *Energy Policy*, 2008, 36 (11), 4022 - 4035.

表 4 - 22　　　　　　　　五类地区户均和人均能源

消费量及有效热能　　　单位：千克标准煤

	地区	户均能源消费	平均值	人均能源消费	平均值	人均有效热能	平均值
大城市	兰州市	1592.71	1592.71	528.63	528.63	351.49	351.49
中等城市	白银市	1378.47	1391.38	455.35	458.47	301.44	303.67
	天水市	1404.29		461.41		305.90	
小城市	定西市	1376.78	1374.92	439.81	442.80	286.03	288.07
	平凉市	1373.06		445.80		290.10	
县城	永登县	1352.12	1355.85	409.20	386.74	274.50	245.68
	秦安县	1375.67		357.67		217.73	
	泾川县	1327.28		382.26		230.16	
	隆德县	1368.34		399.10		260.35	
农村	农村	2073.54	2073.54	458.02	458.02	127.89	127.89

　　从实际消耗的能源数量上看，农村居民的人均能源消费小于大城市和中等城市，但多于小城市和县城，似无阶梯特征。但由于农户使用的生物质能和煤炭热效率低，用公式（4-18）将五类地区的各类能源折合为有效热值后，能源阶梯就清晰起来。如表 4-22 所示，农村居民人均获得的有效热能为 127.89 千克标准煤，分别相当于大城市、中等城市、小城市和县城居民的 36.38%、42.11%、44.39% 和 52.05%。有效热能上的差异主要发生在取暖用能方面。笔者在调查时发现，城镇居民家庭冬季室内温度多在 18℃ 以上，农户室内温度多在 10℃ 以下，其中低于 5℃ 的时间在 1 个月左右。主要原因是商品能源（电和煤）对农村居民来说太贵，少许的树木受到保护不让砍伐，薪草、畜粪和作物秸秆的来源有限。另外，农户取暖设施（炕和火炉）的热效率不高，有效热能获得较少。

　　根据公式（4-19）可得出五类地区家庭使用能源的综合热效率（见图 4-25），农村地区最低，为 27.92%，而城镇地区达到 60% 以上，与相关研究结果较为接近①。说明了虽然农村家庭能源消费的数

----

① 周大地：《2020 中国可持续能源情景》，中国环境科学出版社 2003 年版。

量较大，但实际获得的有效能源服务是最少的，这是一种低效的能源结构。

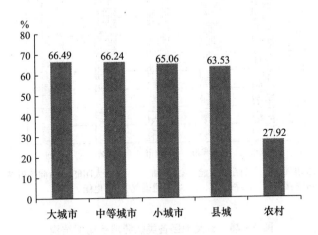

图 4 – 25　五类地区能源使用的综合热效率

2. 用能种类结构

从使用的能源构成来看（见表 4 – 23），城镇地区几乎全部为商品性的化石能源，其中煤炭所占比重超过了用能总量的 2/3，而非化石能源中只有少量的太阳能和电力中 31% 的水电仅占 7.35%。农村地区则以生物质能为主导，占用能总量的 53.8%，煤炭也有较大份额，占 41.1%（见图 4 – 26）。但有所不同的是，城市居民取暖是以

表 4 – 23　　　　　五类地区居民家庭各类能源消费量　单位：千克标准煤

能源种类	电	天然气	管道煤气	液化气	直接用煤	间接用煤	太阳能	汽油	生物质能	沼气
大城市	193.07	189.69	—	50.26	46.15	985.91	57.26	70.37	—	—
中等城市	186.61	11.55	4.10	54.05	48.41	969.57	71.78	45.33	—	—
小城市	179.23	9.23	—	49.92	101.82	934.23	68.98	31.52	—	—
县城	164.41	—	—	65.16	176.38	845.47	83.09	21.35	—	—
农村	34.35	—	—	4.55	851.06	—	70.12	—	1054.61	58.84

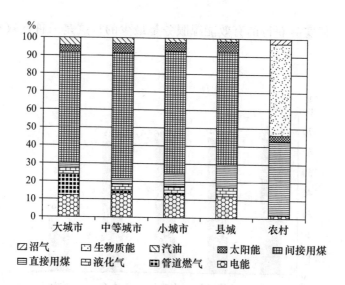

图4-26 五类地区各类能源消费比例结构

热力的形式出现的，而农户则是直接用煤。电力作为应用最广的能源，从大、中、小城镇到农村使用量依次减少，且城镇和农村的差异明显。天然气、汽油两种燃料在大城市利用较多，占到了用能总量的11.91%和4.42%，在中小城镇利用很少，而在农村没有利用。值得关注的是，由于太阳能和沼气的广泛利用，农村清洁能源的比重占到了总用能的7.9%，显示了良好的应用前景。

3. 能源用途结构

从用途来分析能源结构，五类地区取暖制冷用能比重最大，大城市占64.38%，中小城镇约占72%左右，而农村为54.74%。其次为炊事用能，城市地区较低，为13.48%—20.23%；农村地区为44.03%，明显大于城市。其余用能项目的排序在五类地区之间不同。大城市和中等城市的排序为：清洁卫生、交通、教育娱乐（主要看电视、用电脑）、照明和其他；小城市和县城的排序为：清洁卫生、教育娱乐、交通、照明和其他；农村的排序为：教育娱乐、照明、清洁卫生，交通和其他方面没有用能。总体来说，取暖、炊事两项占了居民家庭用能的绝大部分，城乡居民家庭在能源的用途构成上存在着明显分野（见表4－24和图4－27），主要是由城乡居民在收入和生活方式上的差异所致。

表4－24　　　　　　　　五类地区居民家庭各类用能
项目的能源消费量　　　单位：千克标准煤

用能项目	照明	炊事	取暖制冷	教育娱乐	清洁卫生	交通	其他
大城市	19.88	322.19	1025.34	49.46	99.90	70.37	5.59
中等城市	15.42	187.53	1011.96	40.08	87.33	45.33	3.75
小城市	12.28	224.59	983.71	38.92	79.95	31.52	3.97
县城	14.09	217.39	968.44	40.35	89.99	21.35	4.24
农村	11.34	915.50	1132.56	13.64	0.49	—	—

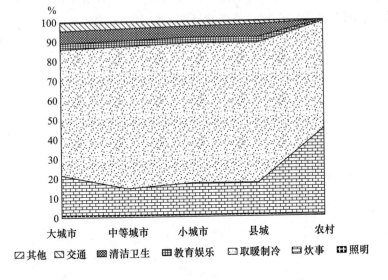

图4－27　五类地区各类项目用能比重面积图

四　小结

在黄土高原西部地区，从大城市到农村家庭的能源消费水平存在阶梯特征，城乡差异非常明显。按能源的实物消费量来核算，从大城市、中等城市、小城市、县城到农村，能源阶梯特征不明显。农村居民人均消费的实物燃料为 458.02 千克标准煤，低于大城市，高于县城，与中小城市相近。但是将其折为有效热能后，阶梯特征就清晰起来，农村家庭有效热能只有 127.89 千克标准煤，分别相当于大城市、中等城市、小城市和县城居民的 36.38%、42.11%、44.39% 和 52.05%。通过有效热能占能源消费量的比重可以发现，城镇家庭的综合热效率达到 60% 以上，而农村仅为 27.92%，反映了农村家庭低效的能源消费结构。

无论城乡，用能结构上都有两个基本特点：一是尽管太阳能、水电、沼气有了较多利用，但化石能源、生物质能仍是生活用能的主要类型，城镇家庭以化石能源为主，农村家庭以生物质能和化石能源并重；二是取暖、炊事两项占了家庭用能的绝大部分，清洁卫生、教育娱乐、交通、照明等用途比重较小，农村的炊事用能比城市要大很多。这两个基本特点反映了当前经济、技术的发展水平。

第五章　能源消费转型与社会进步

能源在人类的衣食住行等方面起到决定性作用，能源消费与人类的生存状态、生存环境和生活质量密切相关。纵观能源转型的整个历程，能源种类从单一化到多元化，能源利用方式从粗放型到集约型，能源使用方向从生存型消费扩展为享受型消费，能源转型体现出社会进步的进程。在炊事、照明、取暖这三项人类社会最基本的生存需求中，炊事用能经历了薪柴、煤炭、液化石油气再到天然气的发展过程，照明用能从煤油和蜡发展到电力，取暖用能经历了从薪柴到煤炭再到天然气和电力的转变。与此同时，娱乐、交通和清洁卫生等方面消费需求的上升以及消费群体的扩大，导致了发展型和享受型能源消费的增加。这反映出随着生活水平的提高，人们对能源消费的需求和要求也在提高。城市和农村作为两种不同的地域空间，社会经济发展状况具有显著差异，导致能源公共服务设施、能源消费水平、能源利用模式都存在很大差异。不过，当社会发展到一定阶段时，城乡一体化是必然趋势，而在统筹推进城乡一体化的过程中，实现能源均等化服务、消除能源贫困也是缩小城乡差距的重要方面。可以说，社会进步促使农村能源加快发展，最终走向共同富裕，实现小康社会目标。

第一节　城市化进程中的农村能源发展变革

一　城市化进程中农村能源消费的阶段划分

（一）供给决定型阶段：严重缺能时期

农村能源消费的初始阶段以生物质能消费为主，同时商品能源消费受到计划供应限制，因此可以将这一阶段归结为供给决定型阶段。在这一阶段，农村地区居民的能源消费品种主要是自产能源，包括作物秸秆、薪柴、畜粪等，以及当地具有资源禀赋优势的能源资源，如煤炭富集区的农户使用煤炭较多、水能资源丰富的农村地区开发利用小水电等。在这一阶段，我国农村地区很少得到国家计划供应的商品能源，主要依赖于当地生物质能自给自足的能源供给，因此非商品能源在农村生活能源消费中占有很大的比重，而商品能源由于受到供应体制的限制，较少使用。

在这一时期，农村家庭生活用能主要取决于当地资源的可获得量。由于当时农业生产的产出水平较低，可获得的秸秆资源数量有限，对当地资源的过度依赖导致一些地区能源消费量超出当地合理的资源供应量，造成能源短缺。在这种能源消费模式下，人均有效能源需求常常无法得到满足，同时农村人口的快速增长无疑加剧了对自然资源和环境的压力。能源消费具有如下特点：一是消费水平低，能源短缺严重。在资源量迅速减少的情况下，农村居民必须花费更多的时间和精力去收集能源以满足基本生活需求。二是能源利用效率低，浪费严重。农村炊事用柴灶能量转换效率不足10%，煤灶为16%—18%，电网线损率达15%。由于农村的耗能设施和耗能方式普遍落后，粗放式能源利用效率低下，造成了资源的大量浪费。三是农业生态进一步恶化。农村居民把大量秸秆当作炊事燃料，导致饲料供应紧张，有机质还田少，土壤肥力减弱。薪柴消费量也急剧增长，很多是通过对树木的过度砍伐而获得，引起了严重的水土流失问题。新中国成立以来所造的1亿公顷林地仅存0.3亿公顷，水土流失面积150万平方米。

（二）需求导向型阶段：基本满足时期

随着社会经济的不断发展，农村内外部环境逐渐发生变化，农村地区的能源消费也从供给决定型阶段逐步过渡到需求导向型阶段。在这一阶段内，中国由计划经济向市场经济转变，商品能源供应逐步取消了计划供应体制，尽管传统的秸秆、薪柴等生物质能在农村家庭的能源消费中仍然占相当大的比重，但煤炭、成品油、液化石油气等供应的市场化，使得这些商品能源在农村地区推广开来。农村居民家庭能源消费增长最快的是电力和液化石油气，体现出收入较高的农民对高质量生活水平的追求。在这一阶段，农村居民的用能需求得到极大满足，人均能源消费水平基本稳定，秸秆和薪柴获得量普遍大幅提高，煤炭消费逐步普及，高品质的商品能源加速替代传统燃料，能源消费呈现品种多元化的特点。

在这一时期，农业生产水平的提高使得秸秆资源极大地丰富，农村基础设施条件的改善使得商品能源可进入性显著增强。村村通公路工程的实施促使能源企业的供应能够不断向农村地区延伸。村村通电项目的实行让更多地区的农户能够使用上电能，在一些边远落后的无电网覆盖地区，国家采取扶贫措施，铺设电网，解决农民用电问题。1998 年在农村地区实施的，以改革农村电力管理体制、改造农村电网和城乡电力同网同价为主要目标的"两改一同价"，保证农民在能够获得充足电力能源的同时，还能享受到和城市一样的价格。农村电网改造、电力供应稳定性的提高以及遍布城乡液化石油气换装点的建立，基本满足了城乡居民的能源消费需求。国家对沼气建设国债项目的扶持激发了农村居民建设和使用沼气池的积极性。在这些因素的作用下，农村地区的能源供应逐渐充足，农民的能源消费需求被激发出来，能源消费数量出现了较大幅度的增加。

（三）供需适应型阶段：质量提升时期

随着城市化进程的不断加快和城乡一体化建设的贯彻实施，农村地区的能源消费在数量满足的情况下转向质量的提升。在这一阶段，农村能源的商品化进程逐步推进，商品能源占生活能源消费的比重不断上升，但我国农村家庭商品能源替代一半以上非商品能源的过程还需要相当长一段时间。当农民收入水平进一步提高时，人们将追求更加优质、清洁、便利的能源，进入享受型能源消费阶段。能源用途呈现多元化态势，不局限于满足炊事、照明、取暖等基本生活需求，更多转向高质量的生活消费如冰箱、空调、文化娱乐设施等。而当农村能源消费进入更高级的阶段后，节约环保理念的融入将使得农村的能源消费更加趋向于资源节约型的消费。在这一过程中，农村能源的供应品种和数量与农村居民的消费需求不断适应，协调发展。

在这一时期，农村家庭能源消费的转型过程与城市化进程有着密切联系。一方面，农村劳动力开始从事第二产业和第三产业，居住地也开始向城市转移，他们在逐渐接受城市地区的能源消费模式，当他们彻底摆脱农民的社会角色时，这些家庭的能源消费就会完全"转移"到城市家庭能源消费中，属于主动适应城市地区的能源供应体系。另一方面，随着城市规模的不断扩张，越来越多的城市郊区或城乡结合地区被融入城市的发展之中，这些地区的农民不得不在新的环境条件下选择城市能源消费模式，属于被动适应这种变化。但无论是哪种形式的变革，农村家庭的能源消费都产生了质的飞跃。

二 我国农村能源发展模式的转型方向

（一）能源消费：品种和用途趋向多元化

城市化发展带来了农村社会经济的变迁，推动了当地资源产业发展、农村经济增长、农村劳动力转移和农民消费观念的转变，进而导致农村居民的能源消费结构发生变革。

在城镇化水平较低时，我国农村家庭使用的商品能源主要是煤炭，大部分家庭都是依靠生物质能和煤炭进行炊事和取暖。尤其是一些煤矿资源丰富的农村地区，煤炭产业作为具有资源禀赋优势的产业迅速发展，区域范围内煤炭企业、工厂、私人作坊增多，煤炭产品充足，并且市场供给价格也相对较低，因而煤炭成为当地的主导生活能源。随着经济收入水平的提升，农村居民的能源选择更多地考虑便利性、高效性而非价格因素，农村居民家庭的商品能源消费开始由以煤炭消费为主的格局转向煤炭和电力消费并重的消费格局。电力除了照明之外，还用于炊事、取暖制冷、教育娱乐等，电能不仅在很大程度上替代了煤炭，还丰富了人们的生活方式。此外，辅助性能源消费也形成了从几乎很少消费其他品种到液化气、沼气、成品油、太阳能等多种能源并存的消费形式。随着城市化带来了农村基础设施的改善，越来越多的农户开始选择性地使用可再生能源，并且很多农户都对沼气和太阳能的利用有消费意愿。

农村人口逐步转移到城市的城市化进程，也是农民融入城市生活的过程。农村家庭的能源消费水平与城市的差距正在逐步缩小，能源消费模式也逐步与城市居民趋同。一方面，电视、网络等媒介有助于将城市生活方式、消费观念等信息传递给农民；另一方面，部分外出打工的农民将城市的消费模式和理念带回家乡。因而，越来越多的农民学习、效仿城市居民的用能方式，不断减少作物秸秆、薪柴等污染能源的消费，并开始提升电力、液化石油气、太阳能等清洁能源的消费水平。

（二）能源建设：构建农村绿色能源体系

加强农村能源建设，结合农村资源条件和用能习惯，推广普及经济适用的可再生能源技术，以"生态兴能"为导向，构建农村绿色能源体系，加快改善农村生产和生活用能条件。

"生态兴能"是指发展农村能源时，要遵循生态学的原理，构建起与社会经济结构相协调和对环境无害的新型农村能源体系[1]。"生态兴能"需要把握三个基本原则：一是整体性，把能源的生态建设放到农村大的生态环境中通盘考虑，在各要素间形成高度和谐；二是清洁性，以开发太阳能、风能等绿色能源为方向，控制农村能源的"三废"排放；三是循环再生性，针对农村有机废弃物研发能源转化的生态工艺流程，根据不同的地域情况建立不同的生态能源模式。

解决农村生活用能问题是社会主义新农村建设的重要方面，应将常规能源与农村可再生能源开发利用结合起来，优先发展可再生能源，建设清洁、高效、持续、经济的农村能源体系，实现农村能源供应的多元化、便捷化、清洁化，加快普及农村户用沼气、秸秆气化、太阳能、风能等适合农村特点的清洁生活能源。在集约化养殖场和养殖小区里建设大中型沼气工程，对周边农户实施集中供气。发挥当地资源优势，利用小水电、太阳能光伏发电和风力发电等可再生能源技术，为农村无电人口提供基本电力供应。大力实施太阳能热水器下乡工程，支持建设小型风电、太阳能户用电源和风光互补电源。合理开

---

① 翟辅东：《我国农村能源发展方针调整问题探讨》，《自然资源学报》2003 年第 1 期。

发农村小水电资源，在有条件的地方实施小水电代燃料工程。农业生产废弃物的能源转化和多层次综合利用也是发展重点，以适应农村可持续发展的要求。加快推进生物质成型燃料的规模化生产和使用，鼓励建设生物质集中供气工程，积极推广生物质炊具。提高农业废弃物资源化率，构建循环利用型农业，在北方适宜地区建设"四位一体"农村能源生态模式，在南方适宜地区建设"猪—沼—果"能源生态模式。

统筹城乡发展，加快绿色能源示范县建设。以绿色能源示范县建设为龙头，带动新型农村社区建设，切实解决农村能源生产和消费问题。加强农村可再生能源建设和管理，提高农村清洁能源在能源结构中的比例。扩大农村绿色能源工程，积极推进太阳能利用、新型省柴节煤炉灶、秸秆能源化利用等新能源、新技术的开发利用，构建一个多能互补、综合利用的新格局，为农村居民提供现代化的绿色能源、清洁能源，从而改善农村生产生活条件和人居环境。

（三）能源服务：推动城乡能源一体化

在经济社会发展和民生需求提升的目标要求下，城乡能源一体化是切实保障和改善民生的重要方面。以能源公共服务均等化为导向，结合城镇化进程和新农村建设，加快现代能源供应网络、技术和服务体系向农村延伸，着力提高农村能源公共服务水平，实现全民共享能源福利。

完善农村居民用能基础设施。电网作为重要的基础产业，也是关系民生的产业。要从供电角度实现能源普遍服务，就要加快实施新一轮农村电网改造升级工程，完善农村电网结构，对供电能力不足、电压质量不高的地方加大投入，全面提升农村电气化水平。加强农村液化气供应站、加油站、新型煤加工点以及生物质燃气站和管网等能源基础设施建设，建立各类能源设施维修和技术服务站，培育农村能源专业化服务企业和人才，加快提高向农户供应常规能源和提供能源普遍服务的能力。

精准实施能源扶贫工程。在革命老区、民族地区、边疆地区和集中连片贫困地区，加快能源扶贫项目建设，调整完善收益分配机制，增强贫困地区自我发展的"造血功能"。继续强化定点扶贫，重点实施光伏、水电、天然气开发利用等扶贫工程。其中，光伏扶贫是发展生产、实现脱贫的方式之一，通过在光能丰富的贫困地区建设光伏发电项目，电站所得收益全部用于建档立卡贫困村和贫困人口的脱贫，使贫困户和贫困村集体有长期、稳定、可持续的资产性收入。2016年，国家电网公司开始在湖北、青海两省五县区建设集中式光伏扶贫电站，已初步探索出可复制推广的光伏扶贫建设经验：贯彻一个理念，体现"全、准、稳"，实现建档立卡贫困村全覆盖，扶贫对象精准到人，电站收益长期稳定；坚持两个确保，确保电站建设务期必成，确保电站建成标杆工程；构建三个体系，建立村集体、运维单位、总包单位三级运维服务体系，为运行保驾护航；突出四个精准，收益分配兼顾"造血"与"输血"，确保精准到村、精准到事、精准到户、精准到人。

三　农村能源供给侧结构性改革

农业和农村能源供给侧结构性改革是当前及今后我国全面深化改革的重要任务之一。通过改革将实现农业增效、农民增收、农村增绿，生物质能源在我国农村能源结构中的主导作用将得以体现。这场改革将推动第一、第二、第三产业联动发展，在低碳、绿色、循环发展基础上培育经济新业态、催生新动能，引发农村能源从生产到消费领域的一场革命。

我国生物质资源丰富，开发潜力巨大，每年产生农作物秸秆及林业剩余物总量约 12.5 亿吨，此外，还有约 40 亿亩宜林地和超过 10 亿亩低产林可作为种植能源林基地进行开发。然而，我国生物质能源产业发展缓慢，每年约有 3 亿吨秸秆、3.5 亿吨林业剩余物、30 亿吨人与畜禽粪便没有得到全面有效利用，造成了资源浪费，同时，由于作物秸秆大量过剩，农民对秸秆的季节性焚烧带来了严重的环境污染。随着我国城镇化及美丽乡村建设进程的不断加快，我国农村能源消费中绿色能源商品的刚性需求不断增长，市场动力逐渐增强。因此，亟须加强生物质资源的开发利用，加快农业和农村能源供给侧结构性改革，破解当前作物秸秆及林业剩余物供给与需求失衡的难题。生物质能源能够生产出清洁性高、稳定性强的电能、热能、燃气、燃油、冷源等能源商品，满足农村能源消费需求，改变能源生产和消费方式，同时，该产业可带动第一、第二、第三产业联动发展，是实现农业和农村能源供给侧结构性改革的重要抓手。

我国生物质能源产业发展现状与发达国家相比差距悬殊。在北欧国家，生物质能源在生活能源消费结构中占比达 60%—80%，而我国不到 10%。林木资源丰富是北欧国家发展生物质能发电的重要优势，并且这些国家拥有较为成熟的生物质能发电技术，使得生物质能发电量在发达国家的电力总量中所占比重逐年上升，社会和经济效益良好。从制度保障和政策措施来看，北欧国家在价格补贴、投资和税收优惠等方面都出台了相关政策鼓励生物质能发电发展。在研发环节，政府进行计划资助。例如，丹麦政府自 1976 年开始，开展资源共享可再生能源的研发工程，对特点项目进行补贴，生物质能发电在该国占有重要地位。芬兰政府规定，任何企业都可以向政府申请可再生能源研发项目的资助，政府将给予 25%—40% 的资金补贴。在生产环节，政府给予投资补贴。例如，瑞典政府从 1997 年到 2002 年，对生物质能热电联产项目提供 25% 的投资补贴；丹麦从 1981 年起制定了每年给予生物质能生产企业 400 万欧元的投资补贴计划。在发电环节，实行计划与市场并举。一方面，政府明令发电公司使用生物质能电力，要求其必须有一定比例的可再生能源容量；另一方面，对生物质能发电价格进行补贴，制定合理的可再生能源上网电价。另外，北欧国家对于生物质能发电免征环境税，并将这类税收收入用于支持可再生能源技术的研发。瑞典的绿色电力证书交易制度也是值得借鉴的，这种市场化的调控方案使绿色电力资源定价能更准确地反映市场供需情况，是政府调控经济手段的一个新的发展方向。

我国大力发展生物质能源产业，必须建设完善的原料收储运体系。通过农业供给侧结构性改革将作物秸秆及林业剩余物收储运体系建设纳入农林业配套基础设施建设范围，而专业合作社作为经营管理原料收储运体系的主体，是第一、第二、第三产业联动发展的桥梁与纽带，也是农业供给侧结构性改革的重要任务之一。通过专业合作社吸纳部分建档立卡贫困户家庭劳动力入社，使其通过劳动致富，从而对接精准扶贫。原料收储运体系建设应当坚持"政府主导、企业运作、市场机制"原则进行科学规划，给予相应的金融、财税、科技、环保、土地、精准扶贫等系列优惠政策。以"机械化、电气化、标准化、信息化"为发展方向，不仅提高农民的劳动生产效率，降低原料获取成本，提升终端商品的市场竞争力，而且有利于保障作物秸秆及林业剩余物收集、加工、储存的安全性、稳定性与产品质量可靠性，满足能源生产企业对原料的质量及数量要求。

促进生物质能源产业健康发展，还需要制定积极的产业政策，立法，确保实现生物质能源商品市场准入，实施非粮生物质燃油、燃气商品刚性市场配额措施，允许民营企业进入生物质发电市场，利用市场竞争机制降低企业成本。生物质能源适宜于通过建设分布式、分散式生产与运行管理体系进行利用，以社区为单元的微型能源供给模式将是未来的发展趋势。大力发展生物质能源产业，将改变农村居民传统的生物质能利用方式，实现工业反哺农业，助力农民脱贫致富，让广大农民全面享受现代绿色能源商品带来的生活水平的改善。

第二节　能源贫困与人类生存发展

一　能源贫困的特征

能源贫困具有多维性，能源与社会、经济和环境的广泛联系使得能源贫困影响到人类生存与发展的各个方面。国际能源署（IEA）认为，能源贫困人群的主要特征表现为由于难以支付、难以获得等原因无法获取电力或其他现代化清洁能源服务，主要依赖传统生物质能或其他固体燃料进行炊事和取暖。魏一鸣等对能源贫困的概念进行了深化，认为能源贫困是指一些人群不能公平获取并安全利用能源，特别是充足、可支付、高质量、环境友好的能源的状况。用能水平、用能结构、用能能力是衡量能源贫困状况的重要指标。能源贫困制约着各国特别是发展中国家的可持续发展，意味着相关人口的温饱得不到高质量满足，也意味着他们不仅难以把握发展的机会，还将增加社会公平体系建立和环境保护的压力。国际可再生能源署总干事阿德南·阿明提出，能源普惠是 21 世纪的基本人权。目前，世界上还有 12 亿多人无法获得电能，处于能源贫困状态，联合国全球能源治理的重点就是消除能源贫困，让地球上数十亿人口可以获得现代电力服务。可以说，能源贫困是能源问题与社会问题的交叉体现。

我国是世界上最大的发展中国家，人口众多，区域发展不平衡，与发达国家相比，我国的能源贫困问题更复杂、更具有挑战性和多样性。目前我国仍有很多人口特别是中西部地区的部分农村人口存在着能源贫困问题，基本生存所需的燃料得不到满足。随着经济的快速增长和居民生活水平的提高，我国能源贫困总体状况得到了明显改善，但不同区域的能源贫困状态和缓解程度存在较大差异，有能源贫困状况相对好转的地区，也有相对恶化的地区。我国各地区能源贫困程度与经济发展水平并不一致，部分能源贫困较为严重的地区并非我国经济落后地区，而经济较发达地区也存在特定的能源贫困问题。另外，我国能源贫困人群城乡二元化特点明显，以传统生物质能为主导消费的农村居民是能源贫困主体。相较于以电力和油气等高品质能源为主要生活能源的城镇地区，农村地区能源贫困问题更加突出，能源消费呈现出高消耗、高污染、低品质、低效率的特征。很多农村能源缺乏地区，既属于生态环境的脆弱区、经济薄弱的贫困区，也是能源贫困治理难度最大的地区。

二 能源贫困引发的问题

在南亚和非洲，大多数农村居民用不上电，限制了他们阅读和看电视的机会，使其受到教育、获取信息的机会大为减少。没有冰箱储存食物，无形中加重了食物浪费，增加了消费支出。在贫困家庭中，商品能源的利用增加了家庭的经济支出，自产燃料的收集又会花费妇女和儿童大量的时间，机会成本上升损害了这些家庭的发展。不良的人居环境引发了更多的疾病，增加了居民的医药费用。据世界卫生组织估计，在发展中国家每年有 130 万人死于生物燃料炉灶的烟尘[①]。

---

① Fatih Birol, "Energy Economics: A Place for Energy Poverty in the Agenda", *The Energy Journal*, 2007, 28 (3).

因此，国际能源署和一些发展中国家已着力通过用能状况的改善来减少贫困①。

我国农村地区曾经由于能源短缺，不得不高度依赖传统生物质燃料，如作物秸秆、薪柴、畜粪等烧水做饭。目前，能源数量短缺的矛盾已得到缓解，但仍然面临着可获取商品能源数量较少、清洁高效能源品种不足、能源消费支出负担过重等问题，这也是能源贫困的具体体现，由此也会引发一系列问题。由于消费不起液化石油气、电力等现代能源，不少贫困农户"不愁锅上愁锅下"，为铲挖柴草、拾取畜粪耗费大量劳动力，使妇女减少了收入性的生产活动，儿童失去了受教育的机会。贫困家庭为了节省能源消费尤其是电能支出，尽量减少开灯时间，家用电器种类少并且使用频率不高，严重制约了其生活水平的提高。在农村偏远地区，由于电压不太稳定，电灯功率较小、灯光昏暗，对学生的视力影响较大，降低了学生的学习效率。电压不足也制约了农业机械的使用，严重影响了农业生产和农民脱贫致富。另外，低效的传统生物质能直接燃烧释放的烟尘，不仅容易诱发呼吸类疾病，对居民健康造成极大危害，还导致了空气污染问题。据世界卫生组织的数据，2010 年中国有 104 万人口过早死于固体燃料导致的室内空气污染，占当年全国过早死亡总人数的 12.5%。城镇地区的能源贫困表现在，我国城镇居民家庭在取暖期的室内温度水平偏低，多种疾病的患病率较高，对居民健康造成极大威胁。而这一状况很大程度上是由于较低的房屋保温隔热水平导致能源利用效率低下，增大了能源需求量，进一步加剧了大气污染和温室效应问题。

城镇化将持续带来商品能源需求的扩张及生物质能消费的减少，从而减缓能源贫困。从内部因素来看，居民收入水平、家庭受教育程度、用能意识等都将影响能源贫困的脱贫进程。因此，应当从多维角度全面推进"人人享有可持续能源"② 目标的实现。

---

① International Energy Agency（IEA），"Energy and Poverty"，*World Energy Outlook*，Paris：2002.

② "人人享有可持续能源"是 2011 年联合国秘书长潘基文发起的倡议，呼吁全球在 2030 年全面普及现代能源服务、显著提升用能效率和改善能源结构。

三 能源贫困的治理

能源贫困的减贫脱贫关乎人类的生存发展，是我国全面实现小康社会的重要组成部分。我国要主动融入并争取引导全球能源治理，在"一带一路"能源合作中注重解决区域内的能源贫困问题。目前，我国能源贫困状况已有较大改善，但能源消费结构和质量与发达国家相比仍有较大差距，尤其是农村地区的减贫任务更加艰巨。因此，缓解能源贫困，需要因地制宜优化农村能源结构，稳定能源供给价格，普及清洁能源，完善能源基础设施和公共服务，从可获得性、安全性、多样性、经济性、可持续性等维度降低能源贫困，促进能源贫困家庭生活标准提升。

发展中国家的能源贫困减缓政策主要集中于保障农村居民的现代能源可获得性以及提高能源服务水平等方面。例如，南非政府通过扩大清洁能源的供应来减少生物质能使用，其中电能是主要形式，电气化项目的广泛实施将带来照明和娱乐的能源利用模式上的变化。2003年巴西实施了普遍照明工程（LpT 工程），旨在实现农村地区全面通电，目前已取得良好成效。肯尼亚和乌干达政府采取了两项措施，一是鼓励发展清洁炉灶产业，提高炉灶能效，减少能源消耗；二是鼓励发展生物质成型燃料产业，将当地丰富的玉米秸秆、咖啡壳、香蕉枝等转化成燃料，替代薪柴和木炭。印度大力推广可再生能源装置，如太阳能灯、太阳能热水供应系统、户用沼气池、可再生能源发电等。

北欧国家的能源贫困治理侧重于保障低收入家庭有能力支付足够的能源服务。英国政府在 2003 年能源白皮书中提出的未来能源发展的四个基本目标之一就是确保每个家庭得到足够和负担得起的供暖。在维持适宜的室内温度和提高取暖能效方面，英国实施"绿色方案"政策，允许住户向政府借款用于房屋节能改造，并且大力推动建筑节能项目的开展，旨在改善国内房屋的能源效率，减轻家庭支付取暖费用的负担。德国政府为新建或改建节能住房提供补贴，制定建筑保温节能技术新规范，对新建住宅规定年取暖能耗上限，对建筑节能的效果进行全寿命周期评估，在住宅能耗方面减缓了能源贫困。但是，随着德国能源转型的推进，由于可再生能源附加费主要由居民用户分摊，并且较高的电价导致部分居民无力负担电费，由此产生了新的能源贫困，需要跟进出台有效的社会政策加以解决。

我国在能源贫困治理过程中，积极向农村普及现代化能源服务，增加农民收入，保障农村经济可持续发展。在促进现代能源可获得性及可支付性方面，通过农网建设与改造以保障农村电力供应，加快推广天然气应用，推行阶梯价格制度以提高清洁燃料可获得性，对化石能源进行补贴或对居民进行补贴以提高商品能源可支付性等。在未来，还可以从以下几个方面推进缓解和改善能源贫困的进程：一是提高居民的收入水平和教育水平。家庭能源消费与居民收入水平及生活状态息息相关，经济收入水平的高低决定了能源消费的数量、质量及结构，而能源消费状况影响着居民的生活标准和福利水平，提高居民收入有助于增强商品能源的购买力，居民受教育程度的提升有助于转变能源消费理念。二是改善能源设备以提高能源贫困家庭的能源使用效率。炊事方面，鼓励采用节能炉灶、节柴省煤灶；取暖方面，探索分散式局部供热方式，借鉴国外先进技术和理念，与德国开展项目合作，进行建筑节能改造，全面改善居住热舒适性。三是加快可再生能源开发利用。加大对可再生能源的投资力度，增强市场在资源配置中的作用，广泛吸收社会资本多方投资。合理分散风险，共享能源开发成果，发挥民间资本和国有资本各自在开发、建设过程中的作用。因地制宜地进行农村生物质能开发和高效利用，继续推进农村沼气建设，加强风能和太阳能的利用，可以很好地替代薪柴、秸秆和煤炭，有效缓解农村地区的能源贫困。四是加快新型城镇化建设，借助城镇化契机改善能源贫困状况。通过对新型城镇化的推进，改善能源消费结构，提高居民收入，优化产业结构，缩小城乡差距，可对缓解能源贫困起到重要的推动作用。

第三节　城乡居民家庭能源消费
阶梯特征与生活差异

随着中国城市化进程的加快，城乡居民家庭的能源消费结构和用能模式有了很大转变，反映出经济发展给生活行为、消费方式等带来了深刻变化。从宏观角度来看，社会生产活动从农村向城市的集聚过程，导致了城乡能源消费水平的差异。从个体角度来看，人们的消费方式随着生活环境、所从事职业以及收入水平的变化而改变，随着消费水平的提高和消费结构的转变，居民家庭的生活能源消费也随之改变。因此，本节以黄土高原西部地区为研究区域进行实证研究，通过能源消费数量和能源属性得分的双重判定，揭示从大城市到农村家庭能源消费的阶梯变化特征及规律，从而反映人们在不同环境下的生存状态和生活水平差异。

一　研究思路和计量模型

（一）研究思路

能源消费对人类的发展和环境变化有着深刻的影响，通过家庭能源消费的差异来研究这种影响对于可持续发展具有重要意义。一个适当的思路是对生活用能的结构、模式及影响因素进行研究，展开对问题的分析。

人们在实际生活中所用的能源种类有很多种，其用途也是多样化的。一种能源可以有多种用途，每种用途可由多种能源来实现。同时，每一种能源具有多种属性，主要包括可获得性、经济性、清洁性、可替代性、便利性。在人们的实际生活中，能源的组合形式极为多样，每个家庭的实际用能结构都是一种特定的燃料组合。每个用户在消费时，除了文化传统和生活习惯等因素外，在同等能源供给设施的条件下，都是基于自己的收入状况来选择所用的能源，以满足各种用能需求。按照能源阶梯假设，随着收入的增加，家庭用能趋向更清洁、更高效、更便利的燃料，用能成本也随之上升。因此推论，处于较高阶梯上的用户从能源消费中能够获得更多的满足，其生活方式和社会生存状态明显不同于较低阶梯上的用户。从低收入家庭到高收入家庭，生活能源消费的结构、数量、效率及其产生的服务效果表现出多维的差异。此外，由于自然和历史的原因，中国西部地区城乡二元社会的特征明显，从大、中、小城市到县城，再到农村，居民的收入依次递减，公共能源设施的服务水平也从有到无。因此推论，这种差异会充分地反映在居民的用能方式和生存状态上。

本节基于能源阶梯理论的扩展，通过大量的问卷调查，分析从大城市、中等城市、小城市到县城，再到农村居民家庭的生活用能的数量、结构，评价能源的质量（属性），揭示能源消费量与居民收入、能源属性三个变量之间的关系和阶梯变化特征，通过家庭用能水平反映其生存状态。在中国快速推进城镇化的历史背景下，可厘清生活能源需求的变动趋向，为城乡能源建设和环境管理提供政策依据。

（二）计量模型

为定量反映和比较不同规模等级的城镇以及农村家庭之间的多维差异，揭示影响能源消费的因素，需要获取可信的数据，并采用适宜的计量方法构建相关模型。在气候条件、文化传统和生活习惯等条件相近的情况下，影响家庭能源消费量的主要因素为居民收入水平和能源自身的属性，由此建立能源消费量（E）与家庭收入（R）、能源属性（V）的二元函数关系，其模型表达为：

$$E = F(R, V) \tag{5-1}$$

这个二元函数可通过多项式来定量地表达，通过调查数据在三维图中的定位进行拟合，并用最小二乘法（OLS）估计参数。在 E 和 R、V 的三维视图中，每个样本所处的空间位置可直观地表现出居民家庭用能数量、质量的差异，并反映居民的社会生存状态。

二　能源属性评价

由于能源属性是用户进行能源选择必须考虑的方面，因而需要对能源属性的评价方法进行深入探讨。根据大量的实地调查得知，燃料的价格、可获得性、清洁性、可替代性和使用便利性是消费者所关心的方面。能源成本是消费者选择燃料时考虑的主要因素，用户总是基于自身的支付能力选择燃料类型，其他四种属性也是用户在选择燃料时需要考虑的。通过对能源属性的量化评价，可反映城乡居民家庭用能的阶梯变化规律。清洁性、可替代性和使用便利性三个属性相对一致，即清洁性高的燃料具有较强的可替代性和使用便利性，它们代表了燃料的质量。同时，高质量的燃料成本也高。但对于用户选择指向而言，既要求较高的质量，又要求低廉的价格，在目前的经济水平下难以兼顾。

（一）能源属性值的计量

1. 可获得性

能源的可获得性是指获得某种能源资源的难易程度。在不考虑支付能力的情况下，城镇家庭对于能源的可获得性主要取决于公共能源供给服务设施，而农村家庭主要取决于当地的能源资源禀赋。在某种意义上，资源禀赋包含了能源供应的很多信息。

对于城镇居民来说，公共能源供给服务设施极大地改善了他们的用能状况。城镇都具有一定的能源供给服务能力，基本能源的输送管线通入千家万户，比如电力、热力，但一些城郊的平房住户仍然欠缺热力供暖的条件。不同城镇地区对于某种能源的可获得性也存在差异，比如天然气，这主要取决于当地政府的公共服务设施建设的政策以及当地经济发展水平。在研究区域内，兰州市的天然气管道达到基本覆盖，天水市和平凉市的部分居民区也有燃气管道通入，目前正在扩大使用范围。城镇居民对生物质能具有不可获得性，不仅因为他们没有土地，而且当地也没有此类产品的市场。然而，有些国家的城镇居民仍较多地利用薪柴[1]。由此，可对城镇地区能源的可获得性进行评价。电力、热力和天然气都是入户的，可获得性为1.0。至于液化气、煤炭、汽油，用户可到当地市场上去购买，可获得性较好，为0.75。天然气价格低于液化气，但需要有供气系统。没有安装供气、供暖系统的居民家庭（如城镇中的一些平房居民），热力和天然气的可获得性为0。

对于农村居民来说，经济的落后使得农村长期得不到商品能源的供应，农村生活用能主要依靠当地可供使用的自然资源，其消费量在很大程度上取决于可获得量[2]。能源资源禀赋是指在自然条件下存在的可供用作能源的资源。农户在决定使用哪种能源作为家庭消费时，

---

① S. D. Pohekar, Dinesh Kumar, M. Ramachandran, "Dissemination of Cooking Energy Alternatives in India—A review", *Renewable and Sustainable Energy Reviews*, 2005, 9 (4).

② 王效华:《中国农村家庭能源消费现状与发展》,《南京农业大学学报》1994 年第 3 期。

首先考虑的是该种能源是否能够获得以及获得的难易程度。农户总会优先选择最容易获取的能源。长期以来，秸秆一直占据该区域农村居民能源消费的重要地位，原因正是农户都种植了大量作物，为其使用剩余的秸秆作为能源提供了便利的获得条件。如果煤炭资源丰富，农户必然增加煤炭的使用量。同理，丰富的太阳能或风能资源的存在也是当地能够进行开发利用的先决条件，但往往受到技术开发的限制。然而，通过外部条件的创造，也就是人为改变客观条件，提高能源的可进入性，能够为能源的获得提供相应的可能性。比如，交通状况的改善能够提高运输能力，从而为农村居民跨区域消费商品能源提供便利。对于一些山区农户而言更是如此，那里商品能源消费比例不高的原因之一就是受制于较差的运输能力。此外，外部条件创造还包括知识、技术的获得，农户能否使用某种具有一定技术含量的能源，关键在于农户是否能够掌握相应的知识和技术，因此知识和技术的传播也能影响农户是否最终选择使用该种能源。比如对沼气的利用，虽然国家对沼气池的建设给予了适当补贴，但一些农户缺乏相关的技术知识，导致产气率低，最终放弃使用沼气。根据以上分析，可以给出农村家庭能源的可获得性评价。作物秸秆作为农民收获的产品，具有较好的可获得性，为 0.75。薪草、薪柴、畜粪和沼气需要花费一些人力，可获得性为 0.5。目前，农村电力普及，可获得性为 1.0。评价结果见表 5-1。

表 5-1　　　　　　　　　能源属性的评价

评价因子	可获得性	经济性	清洁性	可替代性	便利性
权重	0.15	0.5	0.15	0.1	0.1
秸秆	r:0.75, u:0	0.13	0.13	0.2	0.25
薪草	r:0.5, u:0	0.12	0.13	0.2	0.25
薪柴	r:0.5, u:0	0.12	0.14	0.2	0.25
畜粪	r:0.5, u:0	0.14	0.17	0	0.25
煤炭（直接）	0.75	0.08	0.59	0.2	0.5
煤炭（间接）	1	0.91	0.8	0.2	1

续表

评价因子	可获得性	经济性	清洁性	可替代性	便利性
沼气	r:0.5, u:0	0.3	0.33	0	0.6
液化气	r:0.5, u:0.75	0.58	0.29	0	0.75
天然气	用户1/非用户0	0.22	0.15	0.4	1
电能	1	0.22	0.8	1	1
太阳能	0.75	r:0.02, u:0.42	0.8	0.4	0.75
汽油	0.75	0.94	0.18	0	0.75

2. 经济性

能源的经济性是通过能源的价格来体现的，从消费者的角度来讲就是用能成本，它从侧面反映了人们对某种能源的支付能力。能源作为生活消费品，受到自身价格和替代品能源价格的影响。Sylvie 和 Martin（2006）、Le Chen（2006）发现价格是影响农户能源消费的重要因素。然而，由于薪柴、秸秆等传统非商品能源并未进入市场，因此，Nisanka（1992）和 Misra 等（2005）使用影子价格（农户收集能源的时间成本）分析能源消费的价格效应。Jiang 和 O'Neill（2004）在分析单位生物质能源使用量影响因素时，通过电能以及煤等能源价格衡量商品能源对传统非商品能源的替代作用，发现电能价格的估计系数达到 3.552，而煤价系数为 0.217，说明电能以及煤等商品能源的使用对传统生物质能源具有较强的替代作用。商品能价格常被政府用来作为政策工具，尤其在电力使用上，政府常常通过降低价格来满足低收入农户的需要①。

用能成本是家庭选择能源时考虑的主要因素，也就是说，用户在决定家庭能源消费的种类时，一般是根据家庭预算决定是否消费某种能源。根据家庭收入水平决定能源消费等级，能源支出首先是为了满足基本的生活需要，因此居民家庭会对各种消费品之间的支出进行合理分配，在满足基本生活需求的基础上，才会考虑更换能源种类以提

① M. Madubansi, C. M. Shackleton, "Changing Energy Profiles and Consumption Patterns Following Electrification in Five Rural Villages, South Africa", *Energy Policy*, 2006, 34 (18).

高消费档次。城镇家庭基本使用商品能源，因而与能源价格有更多的关联。鉴于同一种用途可通过多种能源来实现，人们在对某种用途进行能源选择的过程中，会针对自己的实际情况进行分析决策。笔者在调查中了解到，天水市居民家庭在进行炊事时，更偏好使用消耗电能的电磁炉，而不考虑液化气。这是因为他们通过能源价格和用能量的分析，认为利用电能进行炊事比液化气更具有经济性。对于收入较低的农户而言，秸秆、薪柴等生物质能的零成本或低成本特性是他们将其作为优先选择的重要原因。在收入条件并未改善之前，理性人不会有突破预算更换能源的欲望。而随着可支配收入的增加，农户具有了更高的购买能力，此时除了基本生活需要以外，可能还会考虑能源的清洁性、便利性等。

家庭对于某种能源的消费能力受到能源价格的影响，涉及能源自身的价格和用能设施的价格，因而从商品能源和非商品能源的角度来考虑。由于能源的价格存在波动性，本书在当时的现状价格水平下进行讨论。商品能源取当地市场现价，根据 2009—2010 年的现价平均取值。城乡电力同网同价，为 0.51 元/度，煤 0.8 元/千克，液化石油气 5.0 元/千克，天然气 2.0 元/立方米，汽油 5.2 元/升。非商品能源即生物质能，由于是农户自产的，不需要支付现金，但需要花费时间和劳动力采集，农户由此增加了机会成本，并且收集到的能源具有使用价值，因而计价是必要的。参考市场价格和农户的支付意愿，得出定价：薪柴 0.34 元/千克，薪草 0.28 元/千克，秸秆 0.29 元/千克，畜粪 0.36 元/千克[①]。

另外，不仅要考虑能源的价格，还要考虑用能器具或设施的价格。要让能源消耗产生某种效用，需要专门的器具或设施，而这些器具或设施的价格往往高于能源的价格。这里对于可再生能源的成本计量主要是使用器具的成本折旧。城镇地区的部分家庭利用太阳能，安装了太阳能热水器，进行日常生活用水的加热和洗澡，按 10 年对太

---

① 李国柱等：《陇中黄土丘陵地区农村生活能源消费的环境经济成本分析》，《自然资源学报》2008 年第 1 期。

阳能热水器的成本（平均为 1500 元）折旧，则每个标准煤单位的太阳能为 2 元。Reddy（2003）、Adeoti 等（2001）发现能源利用的技术成本在很大程度上阻碍了农户使用高级能源，这一点在农村体现得尤为明显。比如，沼气池的建设成本一次性投入较大，导致一些农户对沼气的使用产生顾虑。国家对此也给予了政策倾向和补贴，在农村设立沼气工程示范点进行推广，2003—2005 年，在甘肃安排沼气建设"一池三改"项目户 112432 户。而用能器具成本在农户支付能力范围内的能源利用较为普遍，比如太阳灶，在自然条件充足的情况下，农户更愿意使用太阳能来烧水。研究区域的农村家庭利用太阳能的设备主要是太阳灶，太阳能热水器、太阳能光伏照明、太阳能暖房等尚无利用。一个 1.5 平方米的太阳灶价格为 150 元，使用年限按 10 年折算，每年 15 元，则每个标准煤单位的太阳能为 0.1 元。沼气是由一次生物质能转换而来的，因而沼气不计原料成本，只算建造成本。一个 8 立方米的沼气池建造成本为 2000 元，使用年限按 20 年计，平均成本为 100 元/年，通常每年产气量为 300 立方米，则沼气为 0.33 元/立方米。计量时将各种能源的实物价格折为标准煤的价格，然后通过标准化转化为 [0，1] 区间的分值，得到经济性评价的得分见表 5 - 1。需要说明的是，本书用能源成本表征经济性，得分越高，经济性越低，反之亦然。

3. 清洁性

本书中的清洁性主要从终端消费来考虑，根据能源利用过程中对环境造成的影响程度来判定某种能源的清洁程度。从城乡居民家庭使用的能源种类来看，电力、太阳能、天然气、液化气、沼气等都是清洁能源；煤炭、汽油、一次生物质能则属于非清洁能源。为反映各类能源对环境影响程度的大小，选取主要有害气体的排放量来度量。在本项研究中，主要考虑 CO_2、SO_2、N_2O、NO_x、CH_4 和 TSP 这六种排放污染物。其中，CO_2、N_2O 和 CH_4 为温室气体，主要对全球气候变化及生态系统产生影响；NO_x 和 SO_2 是大气中主要的污染气体，不仅对呼吸系统具有刺激作用，使人类健康受到危害，而且是形成酸雨的主要成分；TSP 也是导致呼吸系统疾病的一个重要因素。由此，选取这六种污染物可从宏观范围到微观范围对环境影响进行全面考量。

在评价过程中，对于所有能源排放的每一种污染物的排放因子都进行标准化处理，将得出的各类污染物的数值进行加和得到关于某种能源的排放因子的总得分。由于清洁性和排放量具有反向关系，因此各类燃料的清洁性可用排放因子的倒数来表示，即排放量越大越不清洁。由此，通过对排放因子总得分求倒数得到各种能源清洁性的得分。CO_2 的排放量虽大，但其影响作用于大范围的外部环境，用户考虑得较少。SO_2、N_2O、NO_x、CH_4 和 TSP 排放量比 CO_2 小三个数量级，但它们直接影响人居环境的质量。因此，核算时将 CO_2 的排放权重定为 50%，其他排放物的权重占 50%。另外，火电、热力用煤的温室气体排放量虽大，但对于用户来说是清洁的，可不计入排放量。不过，在核算某一地区能源消耗的环境影响时应计入这部分排放量。因此，在本书对清洁性的评价中，主要是从家庭的用能过程来考察，对于电力和间接用煤的打分都为最高值。计算结果见表 5-1。

4. 可替代性

可替代性意指燃料在用途上的多样性。每一种能源资源都不止一项用途，可供使用的项目种类越多，说明该种能源的可替代性越强。在所有能源类型中，电能的替代性最强，无论是照明、炊事、取暖制冷等基本用能，还是清洁卫生、教育娱乐、交通通信等提高生活质量的用能，都可以依靠电力。对每种能源的各项用途列出矩阵表（见表 5-2），可以看出，用途单一的能源没有替代性，如畜粪、沼气、液化气和汽油，取值 0；秸秆、薪草、薪柴和煤炭可在炊事和取暖两个方面相互替代，取值 0.2；天然气、太阳能在炊事、取暖、清洁卫生三个方面具有替代性，取值 0.4；电能在六个方面都可用，具有完全的替代性，取值 1.0。据此给出可替代性的评价，见表 5-1。

表 5-2　　　　　　　　黄土高原西部地区能源种类及用途

项目	照明	炊事	取暖制冷	清洁卫生	教育娱乐	交通通信
秸秆	—	r：做饭，烧水	r：煨炕	—	—	—
薪草	—	r：做饭，烧水	r：煨炕	—	—	—
薪柴	—	r：做饭，烧水	火炉	—	—	—

续表

项目	照明	炊事	取暖制冷	清洁卫生	教育娱乐	交通通信
畜粪	—	—	r：煨炕			
煤炭		做饭，烧水	火炉，u：暖气，r：煨炕			
沼气	—	r：做饭，烧水				
液化气	—	做饭，烧水				
天然气	—	u：做饭，烧水	u：壁挂炉	u：洗澡		
电能	普遍	做饭，烧水，储藏食物	电暖器，电褥子，u：空调	洗澡，洗衣物	电视，电脑	电动车、手机
太阳能		r：烧水	r：太阳能暖房	洗澡，洗衣物	—	—
汽油						汽车、摩托车

注：r 表示农村，u 表示城镇（下同）。

5. 便利性

便利性体现了居民家庭在某种能源的获得和使用过程中的方便程度。城镇地区的能源公共服务设施建设完善，家庭获取能源便利。而农村家庭使用的大部分能源都需要通过人力收集和运输，便利性较差。电力、热力、天然气直接入户，使用最便利，其评分定为 1.0；相对于电力而言，太阳能、液化气和汽油使用比较便利，得分 0.75；沼气、煤炭的使用需要花费一些人工，不够便利；秸秆等生物质能的便利性最差。评分如表 5-1 所示。

（二）能源属性的综合评价

反映能源质量的属性有多个，不同的用户也有不同的结构，因此，可综合多种能源的每一种属性建立评价模型。将一种属性作为一个评价因子，设有 m 个评价因子，v_{ij} 表示第 i 种能源在第 j 个因子上的评价值。向量 $[V_{q1}, V_{q2}, \cdots, V_{qm}]^T$ 表示对各样本 m 个单因子的评价，其计量公式为：

$$V_{qj} = \sum_{i=1}^{n} v_{ij} c_i e_{qi} \quad (q = 1,2,\cdots,p; i = 1,2,\cdots,n; j = 1,2,\cdots,m)$$

$$(5-2)$$

为便于比较，可在单因子评价的基础上对每个用户的能源利用进行综合评价，即对向量 $[V_{q1}, V_{q2}, \cdots, V_{qm}]^T$ 求和，反映各用户能源属性上的总体差异。由于各种评价因子对消费者选择的影响不同，需要设定权重值来体现各因子的轻重。本书根据问卷调查中用户的打分来确定五种能源属性的权重。在调查中发现，用户在选择时对能源成本考虑得最多，对经济属性的打分在 40—60 分，权重为 50%；可获得性和清洁性比较重要，打分范围在 10—20 分，权重分别取 15%；可替代性和便利性不太重要，打分范围在 5—15 分，权重分别取 10%。这是基于实地调查的平均结果，具体到个别用户应有差异。

由此，设 W_j 是第 j 个评价因子的权重，则综合评价模型为：

$$V_{q1} = \sum_{j=1}^{m} W_j \sum_{i=1}^{n} v_{ij} c_i e_{qi} \quad (q = 1,2,\cdots,n; i = 1,2,\cdots,n; j = 1,2,\cdots, m)$$

$$(5-3)$$

式中，V_{q1} 构成了对所有样本的评价向量，它与评价值 v_{ij}、用能数量 $c_i e_{qi}$ 正相关。然而值得注意的是，当 V_{q1} 值相同时，用户的情况分为三种：一是用能数量多，但评价值低的燃料所占比重大；二是用能数量少，但评价值高的燃料所占比重大；三是用能数量和燃料的评价值都居中。因此，V_{q1} 是燃料的质量和数量相耦合的结果。

另外，用各样本的燃料比例来进行综合评价，可比较单位用能的属性大小，反映用户使用燃料的质量，计算公式如下：

$$V_{q2} = \sum_{j=1}^{m} W_j \sum_{i=1}^{n} v_{ij} \frac{c_i e_{qi}}{E_q} \quad (q = 1,2,\cdots,n; i = 1,2,\cdots n; j = 1,2,\cdots, m)$$

$$(5-4)$$

式中，向量 $\left[\frac{c_1 e_{q1}}{e_q}, \frac{c_2 e_{q2}}{E_q}, \cdots, \frac{c_n e_{qn}}{E_q} \right]$ 表示家庭的用能结构，V_{q2} 值高的家庭用能的质量较高，在属性评价中能够消除数量因素的影响。这样一来，每个家庭所用燃料的质量水平就被定量地评估出来。

（三）能源属性的差异

根据式（5-3）、式（5-4）和表5-1中各种能源属性的评价值，对每一个调查样本分别进行基于能源消费量和基于能源消费结构的用能属性的单因子评价和综合评价（见表5-3和表5-4）。基于能源消费量的用能属性评价的结果表明：五类地区用户使用燃料的属性存在明显差异。根据能源消费量计算得出的能源属性单因子评价值和综合评价值大都呈现出明显的从大城市到农村依次递减的阶梯特征，其中可替代性的城乡差异较小，并且农村的分值仅小于大城市；而清洁性的差异最大，城镇是农村的3.74倍；综合评价值从大城市到县城分别是农村的2.02倍、1.96倍、1.85倍和1.58倍，大、中、小城市的分值较为接近，具有极大的相似性。然而这一规律的出现有一定的原因，即能源消费的数量在影响该分值，体现的是数量和质量耦合的效果，因此，从结构的角度进行属性评价可以单纯反映能源质量的差异。可以看到，除了可替代性以外，其余属性因子的分值从大城市到农村都有递减趋势，综合得分反映了城乡居民在能源属性上总的差异。

表5-3　　　　　　　　基于能源消费量的用能属性评价

项目	单因子评价					综合评价
	经济性	清洁性	便利性	可替代性	可获得性	
大城市	205.56	369.52	506.21	99.93	510.04	265.23
中等城市	177.50	336.44	436.31	75.64	439.96	256.40
小城市	165.91	317.78	414.31	74.36	422.50	242.86
县城	142.60	264.75	350.30	66.25	362.62	207.06
农村	86.03	86.20	179.99	92.19	319.38	131.07

表5-4　　　　　　　　基于能源消费结构的用能属性评价

项目	单因子评价					综合评价
	经济性	清洁性	便利性	可替代性	可获得性	
大城市	0.3888	0.6990	0.9576	0.1890	0.9648	0.5559
中等城市	0.3872	0.7340	0.9519	0.1650	0.9598	0.5594

续表

项目	单因子评价					综合评价
	经济性	清洁性	便利性	可替代性	可获得性	
小城市	0.3779	0.7238	0.9437	0.1694	0.9624	0.5532
县城	0.3636	0.6811	0.8999	0.1718	0.9325	0.5310
农村	0.1888	0.1878	0.3930	0.2013	0.6968	0.2865

大城市（兰州市）居民的燃料可获得性最高，不仅供热系统完善，还有较大比例的居民用上了天然气。中等城市白银和天水的供热系统虽然完善，但天然气工程正在建设中，只有少数居民用上了天然气，小城市的情况也是这样。四个县城虽有供热系统，但不完善，还有少部分居民没有用上暖气。农村居民有条件获得生物质能，但没有天然气和热力的供给。概而言之，能源的可获得性基本反映了一个地区能源供给公共服务设施的建设水平。

五类地区在燃料成本属性上的变幅大于可获得性方面的变幅，农村居民的成本评分分别是大城市、中等城市、小城市和县城居民的48.57%、48.77%、49.98%和51.95%。这说明拥有高收入的城镇居民具有较高的支付能力。事实上，城镇居民的用能都是通过现金支付，而农村居民的生物质能是自给的，在本研究中将其折价计量了成本。否则，这种差异就更大了。

在五种属性中，五类地区在用能的清洁性方面的变幅最大，反映了城乡居民所用的燃料对环境影响的差异。城镇居民取暖虽使用了较多煤炭，但是以热力形式入户的，同时也使用了较多的电和天然气，清洁性都高。农村居民虽利用了较多的太阳能，但生物质能和煤炭的直接利用都是不清洁的，其清洁性评分只有大、中、小城市和县城居民的26.87%、25.59%、25.95%和27.57%。

可替代性的变幅也小。农村得分最大，除了太阳能的利用较多外，使用量大的作物秸秆和直接用煤都有一定的可替代性。但城镇居民所用的热力、液化气和汽油专用性强，不具有替代性。

便利性也反映了燃料的质量，其变化趋势与清洁性相似，只是变幅小于清洁性的变幅。农村居民燃料的便利性只有大、中、小城市和县城居民的41.04%、41.29%、41.64%和43.67%。

用式（5－4）将单因子的评价按权重进行合计，可得出每个样本能源消费结构的综合评分（见表5－4）。结果显示，城镇的平均得分都在50%以上，而农村的平均得分只有28.65%，即农村居民单位燃料的质量大致相当于城镇居民的3/5，反映出二者用能属性上的差异。

三 能源消费的阶梯变化特征

（一）能源贫困的综合反映

在本次调查中，五类地区的有效用能和能源属性的平均值都表现出了明显的城乡差异。事实上，各类地区的样本在有效用能、属性评分和人均收入上的变动幅度都很大，并且变动幅度远大于地区间平均值的差异（见表5－5）。在各类地区中都有数值相对低的样本，也有相对高的样本，但多数样本都集中在平均值左右。若将人均有效用能不到所在地区平均值的一半用户作为能源贫困户，则各地区能源贫困户的比例不到调查总户数的10%。其中农村最高，为8.5%；其次为县城；再次为大中城市；小城市最低，为3.1%。呈现这种态势主要是因为小城市家庭能源贫富差距较小，并且大多数家庭都处于平均值的附近，而在大中城市，各收入阶层之间和各能源消费水平阶层之间都具有显著差异，不仅能源消费水平差距较大，而且消费水平高的家庭比例也大，由此拉高了有效热能的平均值，使得落在能源贫困户定义区间的户数相对要多。县城和农村由于本身的自然和社会环境特点，一些家庭用能水平低下。能源贫困户不仅有效用能少，而且人均收入低、燃料的质量差，用能得不到满足。城市中的贫困户多是平房住户和住房面积很小的住户，室内没有暖气，冬季用火炉取暖、做饭；家用电器的数量少，有些家庭只有一台电视。在农村地区，贫困户中有些家庭没有煤炭消耗，炊事和取暖只使用生物质能，有些家庭每月电费只有5元，用电10度，电器仅为两个40瓦的灯泡。农村家庭的能源贫困不仅使人们的基本生存保障受到威胁，而且导致了严重的健康损失。

表 5 – 5　　　　　五类地区样本在有效用能、属性评分
和人均收入上的变化区间

	有效用能区间 （千克标准煤）	属性评分 区间	人均收入 区间（元）	能源贫困户 的比例（%）
大城市	101.38—988.57	0.382—0.915	3640—40000	6.70
中等城市	97.32—722.17	0.377—0.636	3000—35760	5.80
小城市	85.06—549.70	0.361—0.624	3360—29042	3.10
县城	75.05—536.23	0.325—0.595	1250—25000	8.30
农村	29.00—351.74	0.217—0.372	350—12000	8.50

　　有效用能、属性评分和人均收入三项指标的变动范围在地区间有重叠，从上下限来看呈现出明显的阶梯特征。但无论怎样，农村样本的上下限仍是最低的，大城市样本的上下限是最高的。其中，农村样本的属性评分的上限值只大致相当于大中等城市的下限值。如果按城市的标准划分，大部分农村居民都属于贫困户。这表明从农村到城市能源阶梯特征仍是明显的。

（二）居民家庭人均能源消费与人均收入

　　根据能源阶梯理论，收入水平是决定家庭能源消费的种类、数量和结构的至关重要的因素，经济状况较差的家庭使用数量较多的低等级燃料，并且总能源消费量小，反之，收入水平较高的家庭能源消费量也较大。因此，考察不同收入阶层的家庭在能源消费数量上的差异，可以直观地从能源消费的角度反映家庭的生活水平，并为之后的研究打下基础。

　　城镇地区家庭人均能源消费与人均收入具有较强的相关性，一次线性拟合的拟合优度达到 0.674，样本点集中在收入 30000 元以下的区段内（见图 5 – 1）。

　　为了清晰地表现城镇四类地区人均能源消费与人均收入的关联关系，将大城市、中等城市、小城市和县城的样本数据分别进行收入分组，根据样本正态分布的特点，将数据密集的收入段（主要集中在 5000—20000 区间）以 1000 元为间隔进行等间隔分组，对每一收入分

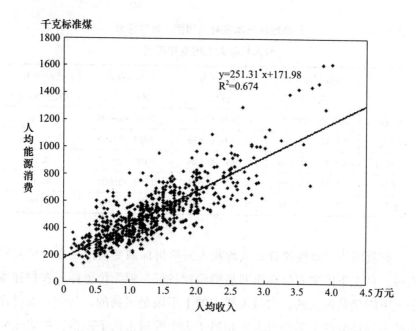

图 5 - 1 城镇地区家庭能源消费与收入的散点分布图

组的人均能源消费量取平均值如图 5 - 2 所示。可以看出，这四类地区的人均能源消费量都呈现出随收入增长而波动上升的趋势，并且收入在 2 万元以下的区段内增长较为平缓，之后快速增长，主要是个别高收入家庭的能源消费量很大，拉动了整个趋势的走向。另外，将四类地区对比来看，从大城市到县城的人均收入和人均能源消费的最大值依次递减，由此也体现了城镇等级结构的特点。

农村家庭的人均能源消费与人均收入也呈现出线性相关（见图 5 - 3），拟合优度为 0.482。样本点在收入 6000 元以下的区段较为集中，人均能源消费的最大值达到 1600 千克标准煤，与城镇地区基本相当。从每个家庭能源消费量的整体情况来看，农村家庭消耗的能源数量与城镇家庭不相上下，结合农村家庭使用的能源种类来考虑，由于其使用的初级燃料效率低、质量差，为了获得满足需求的有效热能，不得不消费大量的低等级燃料，这与人们的生存环境和生存状态是息息相关的。

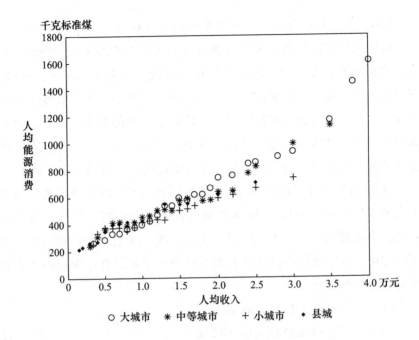

图 5-2　四类地区家庭能源消费与收入的关系

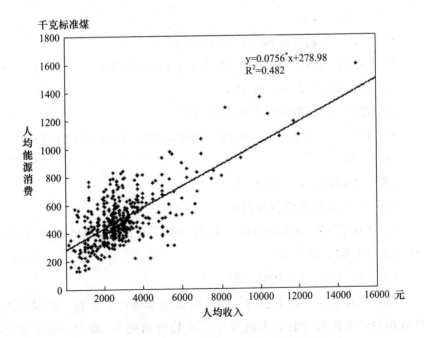

图 5-3　农村地区家庭能源消费与收入的散点分布图

（三）有效热能与收入、能源属性的变动趋向

居民家庭实际消费的能源数量并不能真实反映家庭的用能水平，这一点在城镇和农村的对比中尤其得到体现，由表4－22可以看到，在城乡居民家庭的人均能源消费大致相当的情况下，人均有效热能的差异巨大。也就是说，农村家庭虽然消耗了较多的能源，但获得的能源服务（有效热能）较少。因此，下面根据式（5－1），构建有效热能与收入、能源属性的二元函数关系，由此解读三者的变动关系。

有效热能（E）与收入（R）、能源属性（V）的函数关系可用多项式来表达，在对1166个样本数据进行回归分析时，为选择效果较好的趋势面模型，分一次、二次（交叉二次、完全二次）和三次分别进行讨论，在三维图中表示出数据点的空间位置，并用 Matlab 7.0 软件进行趋势面拟合。

（1）一次趋势面拟合方程如下：

$$E = 38.754 + 1.6959V + 15.6424R \tag{5-5}$$

（$R^2 = 0.81245$，$F = 2456.19$）

（2）二次趋势面。

1）交叉二次趋势面拟合方程如下：

$$E = 65.363 + 117.552V + 0.01074R + 0.008536VR \tag{5-6}$$

（$R^2 = 0.8162$，$F = 1676.19$）

2）完全二次趋势面拟合方程如下：

$$E = 117.54 - 142.63V + 0.012196R + 208.144V^2 + 0.01388VR - 1.52 \times 10^{-7}R2 \tag{5-7}$$

（$R^2 = 0.8181$，$F = 1017.78$）

（3）三次趋势面拟合方程如下：

$$E = 0.05024R - 0.02819VR - 1.73 \times 10^{-6}R^2 + 0.024V^2R + 5.43 \times 10^{-7}VR^2 + 2.03 \times 10^{-11}R^3 \tag{5-8}$$

（$R^2 = 0.7861$，$F = 1051.13$）

从 F 统计量来看，上述四类趋势面模型都通过了检验。将拟合优度和拟合效果进行对比，发现完全二次趋势面的 R^2 最大，由于交叉二次和完全二次的拟合度相差不大，为简化分析，选择交叉二次趋势

面模型进行分析。同时，为便于模型方程的表达，将能源属性的分值化为百分数，人均收入的单位变为千元，拟合的趋势面如图5－4和图5－5所示。

拟合方程为：

$$E = 65.363 + 1.1755V + 10.7454R + 0.08536VR \qquad (5-9)$$

$$(R^2 = 0.8162, \quad F = 1676.19)$$

利用式（5－9）拟合的图5－4较为直观地表现了 E 随着 V 和 R 的增加而增加的过程。其中，V 的边际增加值为1.1755，R 的边际增加值为10.7454。即：当 R 不变时，V 增加1%，E 增加1.1755千克标准煤；当 V 不变时，R 增加1000元，E 增加10.7454千克标准煤。由于 R 的变化幅度远大于 V 的变化幅度，趋势面朝着 R 增加方向的倾斜度更大一些。也就是说，收入对能源使用量的影响更大。同时，V 和 R 还有明显的互作效应，当 V 增加1%并且 R 增加1000元时，E 增加0.08536千克标准煤。对式（5－9）求偏导如下：

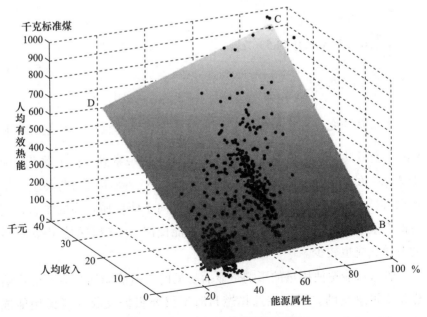

图5－4　交叉二次趋势面拟合图

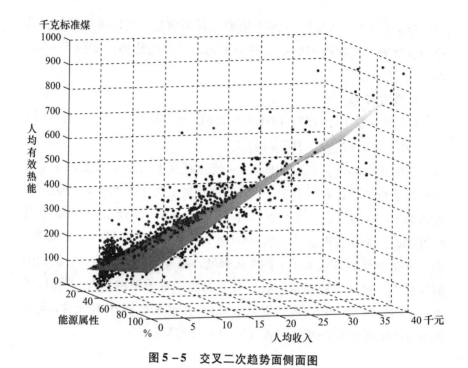

图 5 - 5　交叉二次趋势面侧面图

$$
\begin{cases}
\dfrac{\partial E}{\partial V} = 1.1755 + 0.08536R \\[2mm]
\dfrac{\partial E}{\partial R} = 10.7454 + 0.08536V
\end{cases}
\tag{5-10}
$$

V 和 R 的变化总是相伴的，$\dfrac{\partial^2 E}{\partial V \partial R}$ 与 $\dfrac{\partial^2 E}{\partial R \partial V}$ 相等，意味着 E 是由 R 和 V 两个变量共同作用形成的。从图 5 - 4 中可以观察到，样本散点集中于 AC 对角线方向，高收入、低属性和低收入、高属性的两种组合情形没有样本分布。这表明收入高的用户倾向于使用质量高的燃料，获得的有效热能也较多；收入低的用户只能使用质量较差的燃料，获得的有效热能也较少。

收入对能源使用量的影响是显而易见的，但能源属性方面的影响也是不可忽视的。居民在选择燃料时不仅要根据其收入考虑用能成本，也要考虑能源的可获得性、清洁性等。用户对燃料的可获得性的选择余地不大，城镇居民收入低时也不能选择生物质能，农村居民收入高时也用不上天然气和暖气。

四　能源阶梯与家庭生存状态的多维差异

家庭的用能数量、能源属性和收入的组合反映了一家人的生活方式及生存状态。从样本的三维散点图中可以看到（见图5-6），农村和城市构成了两个明显的聚集区。农户样本集中在有效用能少、燃料属性差、用户收入低的有限区域，且在三维方向上的变化区间小，这表明农户的能源消费行为具有较强的一致性。大、中、小城市的样本点相互交叉重叠，形成另一个样本点的密集区，但分布区域较大。其中，县城的一部分样本点邻近农村区的样本点。大城市的样本点最分散，偏离农村区的程度最大，内部的差异也最明显。一些用能数量多、属性优越、收入高的样本多属此类。而中等城市的情况介于大小城市之间。

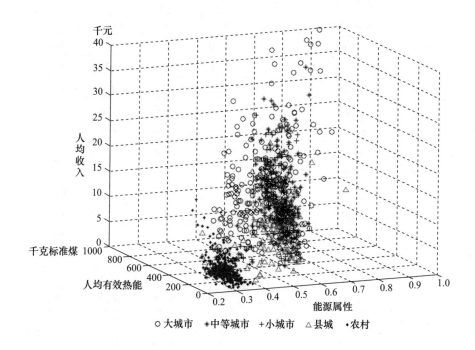

图5-6　样本点在三维空间的分布

根据实地调查，表5-6列出了不同地区居民的用能种类和方式。

大中城市居民使用的电器种类多，将电用于各种目的。照明灯具大多带有装饰性，炊事器具多样化、精细化、专用化，炊事用能主要为清洁、方便的天然气、液化气和电。大约95%的家庭享受集中供暖的服务，部分居民点夏季使用空调消暑。电视机屏幕的尺寸大，图像、音响效果更好，节目频道更多；电脑的应用较为广泛，使居民获取信息的能力增强。洗衣、洗澡为日常需求。出行有便利的公共交通工具，10%以上的家庭拥有小汽车、摩托车和电动车等机动车辆。

表5-6　　　　　　　五类地区居民家庭用能组合　　　　单位:%

用能项目	用能器具	大城市	中等城市	小城市	县城	农村
照明	装饰灯	90	82	80	73	5
	普通灯泡	10	18	20	27	95
炊事	天然气炉盘	69.9	13.3	7.3		
	液化气炉盘	29.4	50.7	56.3	64.6	7.3
	冰箱	90.3	84.0	86.5	71.7	4.3
	电饭煲	93.5	91.6	91.7	92.9	36.6
	电磁炉	20.7	68.9	82.3	59.3	2.1
炊事	微波炉	51.5	31.6	34.4	28.3	
	抽油烟机	88.7	91.6	81.3	78.8	
	电水壶	37.5	53.3	56.3	59.3	
	饮水机	26.9	31.1	19.8	29.2	
	沼气炉盘					10.9
	太阳灶					41.6
	柴灶、煤炉					100.0
取暖制冷	暖气	97.7	94.6	89.3	87.6	
	电暖气	17.5	17.3	9.4	25.7	
	电热毯	32.4	39.1	53.1	60.2	19.1
	空调	7.8	4.4	0.0	0.0	
	电扇	38.8	34.2	10.4	25.7	13.0
	煤炉		6.3	11.5	31.0	77.8
	炕					100.0

续表

用能项目	用能器具	大城市	中等城市	小城市	县城	农村
教育娱乐	电视（30寸以上）	30.4	21.3	27.1	18.6	
	电脑	56.6	48.4	41.7	38.1	
清洁卫生	天然气热水器	17.2	2.2	0.0	0.0	
	电热淋浴器	48.2	39.6	25.0	15.9	
	太阳能热水器	16.5	36.0	54.2	62.8	
	洗衣机	95.1	92.4	94.8	86.7	41.8
交通	小汽车	9.1	5.3	5.2	3.5	
	摩托车	2.6	8.4	1.0	2.7	

县城居民家庭的用能方式与中小城市相近，但也带有农村居民的消费特点。比如，直接用煤取暖的家庭比例要明显高于大、中、小城市。在炊事方面，冰箱和微波炉的使用户数比例要远低于大、中、小城市。在教育娱乐方面，大尺寸的电视和电脑的家庭拥有比例较前三类城市有所下降。此外，小汽车和摩托车的使用户数也很少。这些都说明了县城家庭在提高生活质量方面与大、中、小城市还有很大差距。

农村居民照明多用普通灯泡，装饰灯很少。多数农户仍以传统炉灶使用作物秸秆和煤来进行炊事，这些燃料需要收集或运输、贮存，使用不便。10.9%的农户修建了沼气池，在炊事方面可以使用沼气，但稳定性较差，特别是在天冷时产气少。一些农户在农忙时使用液化气和电来烧水做饭，但受成本的限制较大。炊事器具品种少、档次低。农户的制冷用能少，只有13%的家庭拥有电扇，取暖主要是土炕和火炉，使用秸秆残渣、薪草、细煤等燃料。一些农户使用电热毯，只是作为辅助取暖措施。电视机虽已普及，但尺寸小、效果差。使用洗衣机的家庭比例比城镇少了一半以上，并且洗衣的次数少，洗澡还没有成为农民常规性的生活习惯，这是由自来水和能源两方面的不便利造成的。农户的交通仍以自行车和步行为主，远距离出行才会乘坐机动车辆。

总体而言，通过用能组合可以反映城乡居民不同的生存状态。大中城市居民用能方便、清洁，不仅基本生活用能得到较好的满足，而且发展和享乐目的的用能占一定比例。他们使用能源不仅是为了获得光、热和动力，还可得到信息、享受娱乐，节省时间和劳动，使生活更丰富、更舒适。此外，冬季室内也具有较好的热舒适性（室温多在18℃以上）。总之，这种发展型的能源消费展示了一幅初步小康生活的情景。县城居民的生活状况次于大中城市，但优于农村居民。农村家庭使用电器的种类少，特别是使用高档家电的户数所占比重小。进行炊事花费的时间长且伴有烟尘，厨房的卫生条件差。清洁性和取暖效果较差，冬季室内的热舒适性得不到保证（室温低于10℃）。概而言之，农村居民使用的燃料费时费力、污染重，且需求尚没有得到完全的满足，能源消费仍处于维持基本生存的状态。

五 小结

通过对能源的五种属性进行定量评价，可以反映出城乡能源消费差异的本质。对能源属性的单因素评价表明，城镇居民在可获得性、经济性、清洁性和便利性四个方面明显优于农村，只有在可替代性方面农村能源略好一些。对五种属性进行综合评价，可反映五类地区家庭用能在质量方面的阶梯特性，农村能源的属性得分不到城镇的3/5，城乡之间仍存在较大差异。

居民家庭的有效用能与收入水平、能源属性两个变量具有良好的交叉二次函数关系。其中，收入的影响较大，是决定用户选择的主要方面，但燃料属性方面的影响也是不可忽视的。由于资源禀赋和能源公共设施服务水平在不同地区存在差异，用户对燃料的选择受到限制。无论怎样，用能需求是由两个变量共同作用形成的。

收入高的城市家庭使用的燃料质量高，使用量也较大。他们的用能需求得到较好的满足，燃料清洁、便利，反映出城市居民生活相对丰富、舒适的情景，达到了初步小康的状态。收入低的农村家庭使用燃料费时费力、污染重、用途少。虽然使用的燃料实物量不小，但获得的有效热量少，生活用能需求还没有得到完全满足，特别是冬季室内的热舒适性程度低，能源消费仍处于维持基本生存的状态。为改善能源供给，不仅要不断增加居民的收入，也要努力改善当地的能源公共设施，特别是注重满足农村取暖用能的需求。应积极推广一些户用式的节能炕、太阳能暖房取暖措施和节能建筑等，国家在这些方面应像沼气建设一样给予补助。要努力开发新能源和新的用能技术，特别是生物质能的加工、转换和集中化利用应成为能源建设的重要内容。

第六章　能源消费转型与经济发展

能源消费转型与经济发展相辅相成，协同并进。为达到能源消费转型目标，煤炭消费需要控制，新能源发展要加快，从而推进经济发展向生态文明的绿色经济转型，在产业升级过程中淘汰落后产能、过剩产能和高耗能产业，培育壮大新能源和节能环保等战略性新兴产业，实现经济发展与资源环境保护的平衡、协调和可持续。以能源革命推动经济发展已经成为当前世界的主流，引发了经济社会发展方式的根本变革。经济发展转型又促进了节能减排，在产业结构向高端化、智能化、绿色化升级的过程中，产业单位产值能耗将逐步下降，能源消费结构中非化石能源的比重将逐渐提升。随着居民收入水平的提高，生活能源消费也向"能源阶梯"的上级移动，高效、清洁、低碳的能源将替代效率低、污染重的能源。要把握节能减排给产业转型升级带来的机遇和挑战，在能源转型趋势下找到适宜的创新发展新路径，最终达到保护生态环境与经济社会发展共赢的目标，努力促进经济发展、生活富裕和节能减排相互促进、共同进步。

第一节　能源消费变革中的经济转型发展

经济的粗放型发展导致能源敞口式消费，加快转变经济发展方式已成为我国当前及未来一段时期的工作主线。推动能源消费革命的主要目标是节约能源，提高能源利用的技术效率和经济产出效益。从"十一五"到"十三五"国民经济和社会发展规划中，都制定了单位GDP能耗强度下降的约束性目标，并将其分解到各个省市，强化各级政府的目标责任制。在能源"强度"和"总量"的双控机制下，将进一步严格控制能源消费总量的增长，从而倒逼经济结构调整和产业升级。

一　我国经济增长与能源消费的动态关系

（一）能源消费弹性系数波动下滑

随着我国经济进入新常态，经济增长由高速变为中高速，2015年，我国 GDP 增速降至 6.9%，为 25 年以来的新低；能源消费总量为 43 亿吨标准煤，同比增长 0.9%，能源消费增速放缓更加明显。2006 年以来，我国能源消费弹性系数一直小于 1，且呈波动下降趋势，2015 年为 0.13（见图 6-1），也就是说，能源消费增速要慢于经济增速，从增量上反映出经济增长过程中能源利用效率的提高。从世界份额来看，2015 年，我国能源消费总量占世界总量的 22.9%，而经济总量占世界总量的比重为 14.9%，分别比 2010 年增加了 2.5 个和 5.7 个百分点，尽管当前我国消耗的能源资源与经济贡献不相匹配，但变动趋势说明这种局势逐渐缓解，较少的能源消费增加支撑了更多的经济产出。

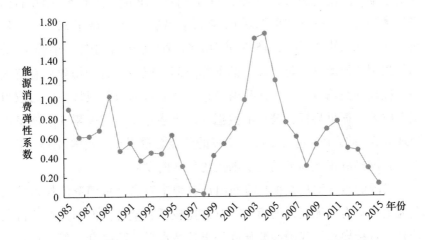

图 6-1　我国能源消费弹性系数

资料来源：《中国统计年鉴》（2016）。

可以看到，过去高耗能、高污染、高排放的粗放型经济增长方式已不能满足社会发展的需要，同时我国经济结构不断优化升级，第二产业比重由 2011 年的 46.1% 下降至 2015 年的 40.5%，第三产业比重由 44.3% 上升至 50.5%，且对经济增长的贡献逐渐加大，化解过剩产能的进程有序推进，从而导致我国能源需求增速的逐步下降并使能源消费弹性不断下滑。

（二）能源强度持续下降

一般而言，随着工业化进程的不断发展，一国的能源强度会呈现出先快速上升后缓慢下降的过程。从世界一些国家的发展历程来看，非经合组织国家的能源强度水平要高于经合组织国家。在许多非经合组织国家，经济发展正处于工业化阶段，因而更多地依赖能源密集型产业。相比之下，许多经合组织国家已经从高能耗的制造业转向能源消耗更少的服务型经济活动。

我国在工业化发展的历程中也遵循了这种规律。在工业化起步阶段，能源强度快速上升，1978 年改革开放之后，产业的不断发展、技术水平的不断提升，使得能源利用效率有了很大的提高，能源强度呈现出逐渐下降的趋势。2015 年，单位实际 GDP 能耗为 0.69 千克石油当量/美元，比 2005 年的 1.02 千克石油当量/美元下降了 32.6%。然而，从国际水平来看，2015 年世界能源强度为 0.22 千克石油当量/美元，我国的能源强度仍有较大的下降空间，能源综合利用效率有待进一步提高（见图 6-2）。但我国一直以来实行的节能减排措施已取得很大成效，据世界银行公布的数据，二十多年来，我国累计节能量占全球的 52% 以上，也就是说，全球的节能总量当中，我国占了一半以上，我国经济正在向节约能源的集约化方向发展。

我国的经济增长在很长时间内都表现出以高度依赖资源投入的工业为主要动力，能耗低的第三产业占比较低，能耗高的第二产业占比较高，直接导致了我国能源强度处于较高水平。2013 年，第三产业增加值的比重为 46.1%，占比首次超过第二产业 2.2 个百分点，标志着我国经济结构调整开始发生质的飞跃，经济结构由工业主导向服务业主导转变。三次产业之间的关系更为协调，也意味着我国能源强度在这样有力的推动下将实现更大程度的下降。新常态下我国 GDP 增速放缓，产业结构调整加速，高耗能产业占比下降，高新技术产业和现代服务业占比上升，这些都将促进能源强度加速下降。

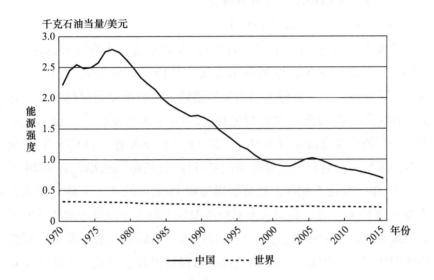

图 6 – 2　中国和世界能源强度变化趋势

资料来源：能源消费数据来自《BP 世界能源统计年鉴》（2016），GDP 数据来自世界银行 WDI 数据库（以 1970 年为不变价计）。

（三）工业节能降耗显著

"十二五"末，我国单位工业增加值能耗较"十一五"末降低了 25%，反映出重化工业在减速，而高新技术产业正在高速成长。工业内部的结构调整一直在加快，一方面，化解产能严重过剩的工作取得了积极进展，钢铁、电解铝、水泥、平板玻璃等需要调整和压缩的行业在投资、产量等方面的增速明显回落，盲目扩张势头得到初步遏制；另一方面，先进制造、新材料、节能减排、生物医药和新一代信息技术等战略性新兴产业发展态势良好，2014 年和 2015 年高技术产业增加值分别增长 12.3% 和 10.2%，比工业整体增速快 4 个和 4.1 个百分点，工业内部新动力开始发力。

另外，2014 年六大高耗能行业平均投资增速同比下降了 2.4%，黑色金属冶炼和压延加工业下降了 5.9%。我国经济正逐步告别高投入、高消耗的粗放式增长模式，向高技术、低消耗的集约型发展方式转变，能源消费与经济的"解耦"现象在工业领域表现得更为明显。

二 能源革命助推经济发展转型

（一）能源革命战略目标的导向作用

进入"十三五"时期，我国将绿色发展作为五大发展理念之一，坚持节约资源和保护环境的基本国策，坚持可持续发展，走生产发展、生活富裕、生态良好的文明发展道路。能源革命是绿色发展理念的具体实践，将加快能源转型进程。2017 年国家发改委出台了《能源生产和消费革命战略（2016—2030）》（以下简称《战略》），明确了我国今后一段时期的能源革命战略目标。《战略》提出，到 2020 年和 2030 年，非化石能源占比分别提高到 15% 和 20%，天然气比例也将提升到 15% 左右。我国未来新增能源需求将主要依靠增加清洁能源供应来满足，在能源需求总量仍在持续增长的同时，要不断扩大清洁能源的比例，意味着清洁能源消费必须保持远高于煤炭、石油等高碳能源的增速。因此，在能源革命的目标导向下，我国经济发展方式将逐渐向绿色低碳转变。这就要求未来我国经济发展由粗放型增长方式向资源节约型增长方式转变，由要素驱动、投资驱动向创新驱动转变。经济结构将进一步升级，以重化工业为代表的传统产业发展速度将逐步放缓，而以高端制造业和现代服务业为代表的新兴产业将快速成长，并且未来我国新能源的发展速度、投资规模、新增容量都会加速推进，将催生一系列新兴产业或者新技术引领的先导产业，成为我国新的经济增长点。我国消费结构将会在满足了衣、食、住、行等物质消费后，逐步向服务消费过渡；出口结构也将优化，由目前占比较大的工业制成品逐步向服务贸易转变。

总之，在我国经济新常态下，转换发展动能，转变增长方式，调整经济结构，产业转型升级，企业提质增效，均将有利于推进经济发展方式低碳转型，从而促进能源革命战略目标的实现。

（二）能源消费总量控制的约束作用

敞口式能源消费加重了生产者和消费者对能源资源的依赖，加剧了经济的粗放型发展。因此，合理控制能源消费总量能够通过对落后产能和高耗能行业的抑制和约束，倒逼产业升级与产业结构调整，有利于促进经济向可持续发展转型。《战略》中提出了能源消费总量控制目标，2020 年和 2030 年分别不超过 50 亿吨和 60 亿吨标准煤。为切实控制能源消费过快增长，需要着力推进重点领域、重点区域节能。在工业领域，加快淘汰落后产能，完善落后产能退出机制，对钢铁、水泥、有色金属等高耗能产业和过剩产业实行能源消费总量控制强约束，对其他产业按平均先进能效标准实行能耗强度约束。同时，中西部地区承接高耗能产业转移必须坚持高标准，严禁落后产能转入。在农业领域，推广使用高效节能农机、农产品加工设备等，大力发展节能农用装备和设施。在交通运输领域，以优化交通方式、提高运输工具能效、推广使用清洁能源为重点，加快发展绿色、循环、低碳交通运输方式。在建筑领域，提高新建建筑能效水平，推广被动式低能耗建筑。在能耗总量约束下，全面促进经济集约型发展。

（三）能源供给侧改革的调整作用

能源供给侧改革本质上就是改革能源供给结构和供给质量，实现能源供给从量到质的转变。依靠能源体制改革和能源技术创新的双轮驱动，不断培育和催生新的能源利用模式，提升传统能源的绿色清洁供应能力。建立清洁低碳的能源供应体系是能源生产革命的核心，应大力提高新能源和可再生能源的比例，促进能源体系的低碳化和多元化，从而推动经济结构调整以适应能源结构的转变，同时带动新兴能源产业的发展。

新形势下，我国化石能源市场正处于需求强度减弱期、过剩产能消化期、环境制约强化期的三期叠加阶段，同时，能源结构调整步伐缓慢，可再生能源有效供给量不足。加快能源供给侧改革，对于优化能源结构，化解过剩产能，推动能源转型变革有着重要意义。我国传统的以高消耗、高污染的化石能源为主导的经济结构已无法承受日益增长的资源环境压力，通过能源供给侧改革可有效实现能源效率提升和工业生产效率提升，对接"中国制造 2025"。可以说，能源供给侧改革是"十三五"时期的经济发展新动能，着眼于破除体制机制障碍，提高质量和效益，优化资源配置，提高全要素生产率，使企业生产模式由资源和要素投入驱动的"加工型"向知识和技术创新驱动的"价值型"转变，从而促进产业升级，带动技术改造和革新，降低产品能耗。

（四）能源转型政策的推动作用

目前，我国经济正在经历结构性调整，合理的能源政策既要保证经济增长长期稳定的能源保障，又要能降低对化石能源的依赖程度。积极落实推动能源革命的各项政策措施，加快能源革命的步伐，是促进经济转型和产业升级的关键着力点和重要抓手。在五大发展理念的引领下，能源结构调整和经济低碳转型将互为动力，共同推进。

加强节能降耗仍然是现阶段我国能源政策的重点。要在充分认识现阶段经济发展特点的基础上，顺应经济转型的需要，注重技术节能与结构节能之间的互动配合，将促进能源技术进步和推动经济结构升级紧密结合，将能源技术水平作为优化产业结构的重要标准，实现节能降耗与经济转型之间的有机融合，促进经济结构调整产生更大的节能效应。

三 发展绿色经济，顺应能源消费变革

我国的生态环境问题主要源于化石能源的大量开采和消费，以消费化石能源为主的经济增长带来了资源约束趋紧和环境污染加重。习近平总书记指出，绿水青山就是金山银山。因此，实现经济增长与资源环境相协调、促进经济社会生态的包容性发展，是转变经济发展方式的重要导向。发展绿色经济是可持续发展的必然要求，不仅能大大缓解能源资源压力、有效改善供给结构，而且能创造新的市场需求，培育壮大新的增长点，形成新的经济支撑力量。

（一）绿色经济发展的国内外环境

从国际经济发展趋势来看，在应对气候变化的背景下，绿色发展已成为世界各国的共识。2008年10月，为应对当前的全球经济危机，刺激全球经济复苏，创造新的就业机会，降低经济发展对碳资源的依赖程度，解决全球生态问题，联合国环境规划署（UNEP）推出全球"绿色新政"（Great Green New Deal）计划。该计划拟通过在全球范围

内大力发展绿色经济来扩大需求，提高就业率，刺激经济增长，建立可持续经济发展模式。2009 年的联合国环境署国家环境部长会议上正式提出绿色经济倡议，同年 4 月初又发布了《全球绿色新政政策概要》的报告，呼吁各国领导人实行绿色新政，实施绿色经济发展战略。欧洲、美国、日本等主要发达国家（地区）及部分新兴的发展中国家积极响应，试图通过绿色经济和"绿色新政"，在新一轮科技革命和产业变革中促进经济转型。依托新技术的绿色增长正在成为各国应对危机、实现可持续发展的战略选择。发达国家正纷纷谋划经济结构深度调整，加速发展新能源与绿色低碳技术等。发展中国家也纷纷加大科技投入，以催生具有比较优势的绿色产业和技术，谋求实现跨越式发展。可以说，不论是经济发达国家、新兴市场国家还是发展中国家，绿色增长都是其未来经济增长的一个重要方向。根据不同国情、不同地区，还将创新出多元化的绿色经济模式。

从国内经济发展来看，我国正在不断探索符合自身国情的绿色经济发展模式。2009 年 6 月 17 日，国务院常务委员会议明确提出，做好节能减排工作，大力发展环保产业循环经济和绿色经济，这是我国政府首次把发展绿色经济纳入国务院日常工作。"十二五"规划报告中，"绿色发展"独立成篇，对积极应对全球气候变化、加强资源节约和管理、大力发展循环经济、加大环境保护力度、促进生态保护和修复等领域的发展进行统筹布局。中共十八届五中全会提出绿色发展作为五大发展理念之一，为我国绿色经济发展奠定了宏观政策导向。当前中国正处于转变发展方式的关键时期，注重经济绿色增长比以往任何时候都更加重要，构建绿色产业体系成为绿色经济发展的重要内容。

（二）绿色经济的实现路径

目前，我国经济绿色化发展水平仍然不高，实现经济绿色增长转型任重道远。今后一段时间，应当坚持把突破能源资源约束、提高经济效率作为发展绿色经济的着力点，把推动经济发展方式转变和产业结构调整作为绿色经济的主攻方向，走绿色发展的道路，实现经济增长和生态环境保护的共赢。

1. 加大绿色技术的研发和创新

正确认识我国绿色科技创新能力的不足，欧洲专利局、联合国环境规划署以及国际贸易和可持续发展中心的联合调查显示，全球近80%的清洁能源技术创新源于日本、美国、德国、韩国、法国和英国六个发达国家，且面向发展中国家的清洁能源技术专利许可项目数量非常有限，极大地制约了我国推进节能减排的进程①。因此，我国应着力增强自主创新能力，加强主要污染物治理以及清洁能源开发利用等技术研发。发挥国家科技重大专项核心引领作用，创新和开发绿色技术。完善以企业为主体、市场为导向、产学研相结合的技术创新体系，强化企业技术创新能力建设，集中力量突破一批支撑绿色产业发展的关键共性技术，通过科技驱动和市场手段促进经济绿色增长转型。鼓励绿色科技引进消化吸收再创新，引进一批实用性强、应用面广的绿色技术，包括工业技术、农业技术、节水技术、保护生态环境技术、节能减排技术等，尽快突破技术瓶颈，提升绿色发展综合水平。促进绿色科技成果转化应用，破解创新成果与转化应用脱节的关键问题，加快完善产学研一体化机制建设，建立健全绿色科技创新评估和激励机制，对绿色技术应用实行奖励和支持，扩大绿色科技的应用范围。着力引进和培养一批适于绿色产业需要的高技能人才和技术带头人，构建绿色科技创新型人才体系。

2. 推动产业结构绿色化转型升级

为实现经济增长和环境保护的双重目标，构建绿色产业体系、打造经济增长的绿色动能体现了可持续发展的本质要求。一方面，加强传统产业的绿色化转型升级。目前，传统产业仍是我国经济增长的支柱产业，也是能源消耗和污染物排放的重要主体，因此，实现传统产业的绿色化升级是绿色经济的重要支撑。应通过绿色技术、节能技术、减排技术和"3R"技术的推广和应用，促进清洁生产和资源循环利用，推动传统制造业向低碳化、高端化、智能化发展，加快形成科技含量高、资源消耗低、环境污染少的产业结构和生产方式，打造

---

① 靳祥锋：《实现经济绿色增长的思考》，《宏观经济管理》2015 年第 9 期。

绿色基因产业链。另一方面，促进绿色产业的规模化发展壮大。建立绿色产业发展引导目录，加快低碳清洁型产业、循环高效型产业、生态利用型产业等绿色产业的发展，使其成为新的经济增长点。我国不同地区应根据资源禀赋、生态条件、产业基础和发展优势进行差异化产业转型，在不超出自身自然资源和生态环境承载力的前提下，优先选择资源环境约束较弱的产业，积极培育现代科技型、智力型、技术型新型产业。

3. 建立健全绿色经济增长的体制机制

完善绿色国民经济基础会计核算，构建完整的绿色会计信息系统和企业绿色报告信息披露制度，逐渐改善现行以 GDP 为导向的政府和官员绩效考核体系。同时，重视法律、财政、税收和价格等工具的综合和协同运用，提出具有适应性和包容性的绿色经济发展策略。进一步明确政府和市场各自所起的作用，注重运用市场手段，全面推行生态补偿机制，积极推进资源性产品价格改革和环保收费改革。加快建立多元化绿色投融资机制，充分发挥各投资主体——政府、企业、社会在绿色经济发展中的作用。实行严格的环保准入，进一步深化环评制度，加大环境执法力度，持续开展环保专项行动。严格落实绿色增长的目标，健全重大环境事件和污染事故责任追究制度，强化产业转移承接的环境监管，建立完善的约束和监督机制。

4. 完善绿色发展财政金融支撑体系

一是加快构建绿色发展金融体系，畅通融资渠道。通过优化金融政策以及创新金融产品服务，引导金融资金优先流向节约资源技术开发和生态环境保护产业发展，鼓励社会资金向低耗能、低排放、低污染、高效率产业领域流动和聚集。以 PPP 模式设立绿色产业基金，鼓励金融机构向绿色产业发放贷款，为绿色经济发展提供优良的投融资平台。推广节能减排企业融资、合同能源管理、节能减排设备制造商增产信贷等绿色信贷模式。严格控制高耗能、高污染行业的信贷准入，从根本上切断落后产能的盲目扩张。二是强化财税政策在经济发展方式转变中的导向功能。一方面，通过财政手段为技术创新提供资金支持，加速产业结构调整，推进经济发展方式实现绿色转型，强化政府投向的绿色化导向，确定绿色财政公共投资的方向，实现政府绿色采购；另一方面，充分发挥财税政策的宏观调控作用，合理调配一切自然资源与公共资源，加快资源定价改革，引进绿色税收制度，对绿色行业和清洁生产进行减税，对资源的使用、污染物及二氧化碳排放征税，促使高耗能、高污染行业承担相应的社会成本，提高环境治理效率。

第二节　基于节能减排的产业结构优化路径

近年来，我国经济步入新常态，经济转型发展需要培育新动能，同时，我国经济发展与能源需求的矛盾日益突出，迫切需要转变以化石能源为主的能源生产和消费模式。因此，促进产业优化升级是在保持经济稳定增长的同时，实现节能减排和全面可持续发展的根本途径。

一　我国生产部门能源消费特征

根据《中国能源统计年鉴》的统计项目，在数据采集过程中将生产部门分为农业、工业、建筑业、交通运输、仓储和邮政业、批发和零售业、住宿和餐饮业以及非物质生产部门，以进行能源消费统计。在研究过程中，将其按三次产业划分进行行业合并，得到三次产业的能源消费量。1985 年以来，我国第二产业的能源消费占到生产能源消费总量的很大比重，一直保持在 80% 左右，"十二五"时期呈逐年下降趋势，到 2015 年降至最低水平 79%，其中工业是最主要的能源消费部门；第一产业能源消费占比最少，且不断下降，由 1985 年的 6.4% 降至 2015 年的 2.2%；第三产业的能源消费占比持续上升，由 1985 年 10.9% 上升到 2015 年的 18.8%。然而，在 2015 年，第三产业创造出了生产总值一半的产值，能耗少，产出高（见图 6 - 3）。从近 30 年的能源消费年平均增速来看，第一产业、第二产业、第三产业分别为 2.8%、6.1% 和 8.4%，第三产业能源消费的增速最快，这也从侧面反映了在工业化水平快速上升时期，第三产业的发展也在稳步推进。

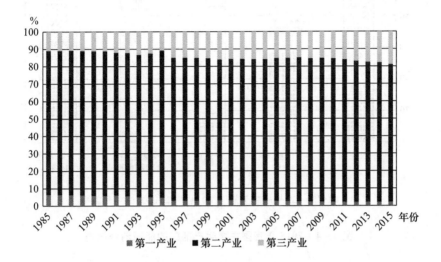

图 6 - 3　我国三次产业的能源消费占总生产能耗的比重

资料来源：历年《中国能源统计年鉴》。

我国主要生产部门的能源消费结构显示，工业消耗煤炭最多。建筑业和交通运输、仓储和邮政业消耗油品最多，服务业消耗电力最多（见图 6 - 4）。2006 年以来，第三产业比重上升，第二产业比重下降，2015 年第三产业占比高于第二产业将近 10 个百分点，这意味着我国的经济结构持续优化、产业结构加速升级，也是由高碳产业结构向低碳转型的过程，将逐渐降低对煤炭消费的需求，增加清洁能源比重。同时，由于第三产业能源强度低，产业结构升级也能带动整体能源强度的下降。

二　产业结构优化目标

在产业结构演进过程中，不断有落后产业衰退和退出，新兴产业的产生和发展，已成为经济增长的新引擎。然而，在当前传统能源资源利用体系不可持续、减缓全球气候变化压力日趋加大的背景下，产业结构优化的目标不仅是对资源进行有效配置，以满足社会经济发展的需求，还要求经济效益与资源环境效益相统一，产业系统与自然生

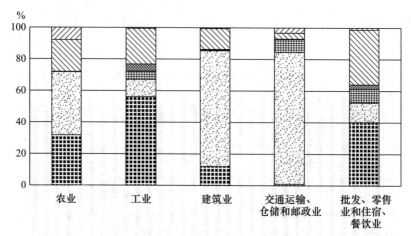

图 6 - 4 2015 年我国主要生产部门的能源消费结构

态系统相协调，体现可持续发展的本质。通过践行"高碳产业低碳转型，新兴产业低碳发展"的思路进行产业结构优化，构建经济增长、能源节约和碳排放减少协调并进的现代产业体系。

（一）驱动经济增长

当前，全球经济发展深刻调整，经济复苏动力不足，国际金融危机影响犹存，无论是发达国家还是发展中国家，都在拓展新的发展空间，寻找新的增长动力。产业结构优化升级是当前经济发展的迫切需要，是增强传统产业向现代产业转换能力的重要力量。其核心是科技创新、社会生产技术进步引发的产业结构改进，在高新技术的推动下，促使传统产业更替、改造，同时培育发展技术含量高、资源消耗少、环境污染低、带动效应广的新兴产业，从而带动社会生产力发生质的飞跃。在资源环境约束下，发展绿色低碳循环的产业将成为世界各国培育的新经济增长点，不仅可以为传统产业向低碳化优化发展提供支撑，而且可以通过低碳技术渗透各个领域形成新的经济力量，影响世界的发展格局和竞争格局。因此，产业结构优化应适应国际经济转型发展趋势，顺应国际产业变化规律，成为新时期我国加快推进供给侧结构性改革、转变经济发展模式的重要抓手，将为我国经济的成功转型提供不竭的动力。

（二）高效节能

由于煤炭、石油等化石能源储量有限，能源短缺问题将成为世界各国关注的焦点。虽然，我国能源资源总量比较丰富，但人均拥有水平很低，同时石油、天然气资源对外依存度持续攀升，因此，随时可能出现的能源危机将对我国经济的可持续发展造成严峻挑战。为促进节能降耗，我国近几轮五年规划中都提出了控制目标，"十三五"规划提出，到 2020 年单位 GDP 能源消耗累计下降 15%。因此，产业结构优化应以提高能源利用效率、降低能源强度为目标导向，促进经济集约型发展。一方面，淘汰落后供给能力，把化解产能过剩矛盾作为产业结构调整的重点，通过扩大内需、境外转移、兼并重组等方式促进传统产业改造升级；另一方面，提高行业能效，完善高耗能产品市场准入制度，降低高耗能产品的交易率，形成市场倒逼机制，迫使这些企业提高效率，提升节能技术装备、环保技术装备、资源循环利用技术装备等技术装备的利用水平。在新一轮科技革命和产业变革的战略机遇下，基于高效能源利用的新兴产业发展将是化解能源危机的有效途径。

（三）绿色低碳

随着全球工业化进程加速，温室气体（主要是 CO_2）过度排放而导致的全球气候变暖现象日趋严重，已经危害到人类的生存环境和健康安全。我国正处于工业化、城镇化快速发展时期，资源需求与排放压力巨大。尽管 2014 年以来我国 CO_2 排放量占全球的比重略微下降，但仍然是占比最高的国家，2016 年达到 27.3%。中央提出了建设生态文明和实现美丽中国梦的宏伟目标，提出了"创新、协调、绿色、开放、共享"的发展理念，为我国破解经济社会发展所面临的资源环境问题指明了方向。从产业结构优化的角度进行诠释，就是要完成从高碳产业向低碳产业的转变，大力推进以低能耗高附加值为特征的服务业快速发展，尤其是生产性服务业，因为它能够对农业现代化、制造业转型升级提供有效支撑，推动产业结构向价值链高端提升。通过这些举措，促使我国能源消费结构发生深刻变化，为降低碳排放承担应尽的大国责任。

三 产业结构优化路径

目前，产业结构的不合理是造成我国能源消费问题的主要原因。产业是能源消耗的主体，也是推动能源转型和低碳环保技术的载体，因此，产业结构优化对于节能减排具有积极作用。应立足国内需求和现有产业基础，以绿色化、低碳化为导向，加快推进传统产业改造升级，大力发展低碳绿色农业，积极构建高效低碳工业体系，实施服务业的绿色发展，发挥战略性新兴产业的带动效应，促进能源消费结构多元化。

（一）三次产业转型升级路径

1. 大力发展低碳绿色农业，促进第一、第二、第三产业深度融合

充分发挥第一产业的碳汇作用，通过改进种植技术、优化农业产业布局，努力控制农业领域的温室气体排放量。推进农业结构战略性调整，加快发展节能设施农业，提高农业清洁生产水平，推动农业生产方式高效化、绿色化、信息化以及产业融合化。

第一，加快转变发展方式，促进现代农业提质增效。按照全产业链要求，扶持壮大一批农业新型经营主体，着力构建"龙头企业带动，合作社衔接，家庭农场参与，社会化服务跟进"的现代农业产业体系。以发展精致农业为目标，加快农业高新技术集成应用，大力推广多层次、立体式的高效农业生产模式，提高单位土地产出效益，促进农业从低端品牌向高端品牌迈进。鼓励自主创新，提升技术装备水平，重点发展稻谷、小麦、玉米深加工大型高效节能节水设备，加强主食品工业化成套装备的自主创新。

第二，以互联网、云计算、电子商务等信息化为载体，全力打造"智慧农业"。加快实施"互联网＋现代农业"行动，为现代农业发展插上"信息化翅膀"。加快农村宽带网和基站建设，提供良好的信息资源基础，推动国家农村信息化示范点建设，探索农村电子商务工程，加快建设农业电商产业园，推进农村淘宝项目，形成农村与城镇、生产和消费和谐发展的新格局。

第三，发展休闲农业和乡村旅游新业态，拓展新功能。加快发展

集休闲观光、采摘体验、娱乐餐饮等于一体的现代休闲农业体系，提升农业产业的生态、休闲和文化价值，延长农业价值链，满足人们对农业的多功能消费需求。依托国家级休闲农业与乡村旅游示范县和示范点，形成生态环境优、产业优势大、发展势头好、示范带动能力强的休闲农业与乡村旅游集聚区。打造城郊农业型、生态休闲型、文化旅游型的特色小镇，促使产业融合发展。

2. 加强工业节能降耗，积极构建低碳工业体系

工业是能源消耗和碳排放的主要来源，当前一些高耗能行业产能过剩问题严重，传统产业生产效率不高，因此，工业的提质增效需要淘汰落后产能、控制过剩产能、升级优势产能，通过全产业链包括要素投入、生产过程和产品产出的低碳化，推进工业低碳转型升级。

第一，全力促进资源的高效、循环利用。鼓励企业强化绿色低碳技术的应用和创新，减少对原材料、能源资源的消耗，提高清洁能源的使用比例。构建绿色的供应链体系，实现企业集约利用资源、清洁化生产、废弃物循环利用的生产模式。积极推广可回收、可循环的技术工艺，提高制造业产品的回收利用率。不断完善节能环保产业、再制造产业等静脉产业链，加快推进工业园区循环化改造，鼓励建设绿色企业，建立绿色可循环的业务流程，实现资源能源的高效利用和对生态环境破坏的最小化。

第二，加快推动传统行业的绿色低碳化改造升级。钢铁、石化、有色金属、纺织、造纸等传统行业一直是我国的支柱产业，这些行业的总能耗占工业总能耗的60%以上，污染物排放量也在工业污染物排放量中占有较高比例。因此，我国要继续全面推进以碳基能源为主的传统行业的绿色低碳化改造升级，减少低端无效产能供给，加快淘汰落后的生产工艺、技术设备和产品，积极开发绿色、高效的加工工艺和生产设备，使得整个生产加工过程绿色低碳化。深入实施"中国制造2025"战略，强化制造业创新能力，重塑制造业竞争新优势，推动传统的生产制造向绿色、智能制造转变。

第三，建立工业低碳发展政策体系。从国家战略层面制定我国低碳工业发展的中长期规划，明确重点支持的低碳工业发展方向。实行

严格的高耗能、高排放产业准入政策，对"三高"产业实行更多的行政和经济制裁措施。在国家产业政策层面给予低碳产品的设计、开发、生产和消费更多的经济政策激励，建立产、学、研、用相结合的低碳技术创新应用服务平台，打造低碳技术创新体系，推动低碳技术产业化持续发展。加快我国低碳标准体系建设，在条件允许的情况下，鼓励企业和其他社会团体率先开发相关低碳标准。建立和完善碳交易制度，使企业在碳交易中获得合理收益。

3. 加快现代服务业发展，构筑绿色发展新引擎

由于服务业的低能耗低排放，加快发展现代服务业已成为整个产业体系绿色化发展的引擎。促进服务业内部结构优化是服务业快速发展的关键，要以绿色化为引领，把促进资本、知识和技术密集型服务业作为发展的重点，适应产业结构优化和能源消费变革的要求。

一方面，提高生产性服务业在整个服务业结构中的比重，加快发展以物流、金融、研发、设计和商务服务为代表的绿色生产性服务业，通过与制造业、农业的互动融合发展，推动生产性服务业向专业化和价值链高端延伸，实现生产性服务业的集约高效利用与绿色发展。实施"互联网＋金融＋物流"，推动现代服务业多样、融合、联动发展。打造综合性物流信息平台，重视物联网技术在物流行业的推广应用。

另一方面，根据广大人民群众的多样化需求，重点推进生态旅游、文化创意、家庭服务、健康养老等绿色生活性服务业的发展。推动生活性服务业向精细化和高品质转变，形成多样化的绿色消费模式。开展智慧社区建设，积极应用物联网、云计算等新一代信息技术，强化城市综合管理，深化数字社区建设。

（二）培育发展战略性新兴产业

战略性新兴产业能耗低、技术含量高，其中涉及能源消费方式变革的产业占到一半，因此，应把培育发展新兴战略产业作为促进产业结构优化升级和能源转型的关键着力点，全面构建清洁、高效、低碳的现代产业体系和能源体系。把增强自主创新能力与完善现代产业体系结合起来，通过加快培育战略性新兴产业抢占未来国际竞争制高

点。新能源汽车、新能源和节能环保等绿色低碳产业对于推进能源革命具有重大影响，应推动这些产业成为国民经济发展的支柱产业。

加快推进新能源汽车的规模化应用。通过强化技术创新，不断完善产业链条，大力优化配套环境，提升纯电动汽车与插电式混合动力汽车的产业化水平，推进燃料电池汽车产业化。

大力推进新能源产业发展。通过加快发展先进核电、高效率光电光热、大型海上风电、高效储能、分布式能源、智能电网等新能源技术，加速提升新能源的产品经济性，构建适应新能源高速发展的产业创新支撑体系。

全力发展高效节能产业。为适应资源节约、环境友好的"两型"社会建设需求，推进高效节能技术产品应用，促进能源节约。重点提升高效节能装备技术，推进节能技术系统集成与示范应用，做大做强节能服务产业。

加快发展先进环保产业。推动水、大气、土壤污染防治行动计划，推动污染防治区域、流域联动与海陆统筹，推进先进环保技术产品与装备应用。重点提升污染防治技术装备能力，推广应用创新先进适用环保技术和环保产品，提升环境综合服务能力。

第三节　城乡居民家庭能源消费需求分析

能源作为生产活动所需的基本生产要素和生活活动中的必需品，贯穿人类社会生产和生活的始终。城市化的快速发展导致了人们生活方式的变化，影响着人们对能源商品的需求，在地域空间上也体现出阶梯变化特征。本节以黄土高原西部地区的调研数据为研究基础，运用扩展的线性支出系统模型（ELES）描述城乡居民家庭生活能源消费支出及其结构特征，分析家庭收入与生活能源消费需求、消费结构之间的量化关系，并进行城乡之间能源需求的对比研究，反映不同收入城乡居民家庭对能源需求的差异。

一 研究方法

(一) 计量模型

在核算每个家庭每种能源消费支出的基础上，运用计量经济学中扩展的线性支出系统模型（ELES）来测算城乡居民家庭能源消费需求。ELES 模型源于 R. Stone（1954）提出的线性支出系统模型（LES），即假定消费者的效用函数是拟线性函数，消费者对商品的实际需求可以分为维持生活的基本需求和超出基本需求之外的额外需求两部分，基本需求与收入水平无关。后来经济学家 C. Liuch 于 1973 年将其改进为 ELES 模型：一是以收入代替总支出，二是以边际消费倾向代替边际预算份额。由于 ELES 模型具有坚实的理论基础，即在预算约束条件下，根据效用最大化原则求解马歇尔需求函数，而无需各种关于价格的信息，便于实证研究，所以成为研究消费结构问题的主流方法。本书将其应用于生活能源消费结构的研究中，公式及含义如下：

$$V_i = V_i^0 + \beta_i \left(I - \sum_{i=1}^{n} V_i^0 \right) \tag{6-1}$$

式中，V_i 为消费者对第 i 种能源的消费支出，V_i^0 为消费者对第 i 类能源的基本消费支出，$\sum_{i=1}^{n} V_i^0$ 为各类能源基本消费支出之和，I 为消费者收入水平，β_i 为第 i 种能源的边际消费倾向。该模型反映的是在一定收入水平 I 下，居民在满足基本消费需求 V_i^0 之后，依照边际消费倾向 β_i 的比例来安排剩余收入对各类非基本消费品的支出。

为了便于模型估计，将式（6-1）变换为 $V_i = \left(V_i^0 - \beta_i \sum_{i=1}^{n} V_i^0 \right) + \beta_i I$，令

$$\alpha_i = V_i^0 - \beta_i \sum_{i=1}^{n} V_i^0 \tag{6-2}$$

则有：

$$V_i = \alpha_i + \beta_i I \tag{6-3}$$

利用模型参数的估计结果和根据式（6-2）推出的公式 $\sum_{i=1}^{n} V_i^0 =$

$\dfrac{\sum \alpha_i}{1 - \sum \beta_i}$，可计算出基本消费总支出，将其代入式（6-2）可求得各

类能源的基本消费支出：

$$V_i^0 = \alpha_i + \beta_i \frac{\sum \alpha_i}{1 - \sum \beta_i} \tag{6-4}$$

根据 ELES 模型，可得到各种需求弹性的结果，需求的收入弹性为：

$$\eta_i = \frac{\beta_i I}{V_i} \tag{6-5}$$

需求的价格弹性为：

$$\varepsilon_{ii} = (1 - \beta_i) \frac{V_i^0}{V_i} - 1 \tag{6-6}$$

交叉价格弹性为：

$$\varepsilon_{ij} = -\beta_i \frac{V_i^0}{V_j} (i \neq j) \tag{6-7}$$

（二）数据处理

在调查中，一些家庭提供的信息不全，比如只提供了某种能源的消耗量，所以，为了获得支出数据，我们根据如下公式计算：

$$V_i = c_i e_i \tag{6-8}$$

式中，V_i 为第 i 种能源的消费支出，c_i 为第 i 种能源的经济成本系数，e_i 为第 i 种能源的实物消费量。需要说明的是，农村地区的生物质能虽然不需要支付现金来获取，但也具有其经济价值，结合相关文献给出该区域各类能源的成本系数，如表 6-1 所示。

表 6-1　　　　　各类生活能源的经济成本系数　　　　单位：元

项目	电力	天然气	液化气	管道煤气	煤炭	汽油	秸秆	薪草	薪柴	畜粪	沼气
单位	千瓦时	立方米	千克	立方米	千克	升	千克	千克	千克	千克	立方米
折价	0.51	1.45	6.5	1.1	0.8	5.39	0.286	0.277	0.336	0.357	0.3

二 城乡居民家庭各类能源的年人均消费支出

城镇地区的居民家庭生活用能的种类主要有电能、液化气、直接用煤、间接用煤（热力）和汽油，另外，兰州、天水和平凉有天然气，白银有管道煤气。根据实地调查数据和式（6-8）进行计算，可得出各类能源的消费支出，如表6-2所示。

表6-2　　　　　城镇地区居民家庭各类能源的年人均支出　　　　单位：元

城镇等级	地区	电力	天然气	管道煤气	液化气	直接用煤	间接用煤	汽油	合计	平均值
大城市	兰州市	291.2	78.5	—	67.8	18.5	403.5	108.3	967.7	967.7
中等城市	白银市	271.2	—	9.6	73.2	36.2	390.7	61.0	841.8	867.5
	天水市	290.1	20.4		87.1	12.4	414.6	68.5	893.1	
小城市	定西市	261.1	—		85.2	61.0	362.4	33.9	803.7	830.0
	平凉市	285.1	11.6		59.0	39.3	404.8	56.4	856.2	
县城	永登县	231.6	—		87.6	21.9	354.3	20.9	716.1	687.5
	秦安县	198.3	—		65.3	101.3	221.3	28.5	614.6	
	泾川县	208.8	—		62.7	91.7	277.2	18.9	659.4	
	隆德县	213.1	—		110.0	26.7	338.5	71.5	759.8	

可以看出，居民家庭能源消费的年人均总支出从大城市、中等城市、小城市到县城呈现出依次递减的态势，表明人们的能源消费水平和城镇规模等级存在一致性。四类地区城镇居民家庭的各类能源消费支出表现出大体相同的格局。间接用煤的支出最高，平均为351.9元。其次为电力，平均支出为250元。这两种能源分别占总用能支出的44.7%和31.7%，充分体现了城镇地区以热力和电力为主导的能源消费结构。然而，从大城市、中等城市、小城市和县城的城镇体系分类来看，各种能源的支出又表现出明显的差异。大、中、小城市的电能支出远高于县城，这主要是由于，经济较发达的地区，人们的生活水平也相对较高，不仅用电器具种类多样，使用时间相对而言也会有所增加，这就使得大、中、小城市的居民家庭要比县城消耗更多的

电量。间接用煤的支出也呈现出大中城市的平均支出水平高于小城市和县城的特征，并且在四个县城中，永登县和隆德县的支出要高于秦安县和泾川县，这是因为永登县和隆德县的年均气温分别为5.9℃和5.2℃，低于秦安县的10.4℃和泾川县的10℃，温度低的地方冬季所需燃料也会更多。汽油的支出象征着一个地区私家车或摩托车的家庭拥有水平，很明显，大城市家庭的私家车购买力最强。另外，直接用煤的支出情况表现出相反的变化趋势，大城市、中等城市、小城市到县城的平均支出水平依次递增，由此可知随着收入水平的提高，人们会选择清洁的能源用于炊事和取暖。从某种意义上来说，这些趋势特征也反映了人们的生存状态的差异。

城镇居民家庭生活用能的种类较为单一，而农村家庭所消费的能源不仅有化石燃料，也有生物质能，其各类能源的年人均支出见表6-3。可以看出，农村居民家庭的生活用能支出最多的为煤炭，平均234.7元，占总支出的52.6%。将秸秆、薪草、薪柴、畜粪和沼气全部归为生物质能，其支出总和为180.5元，占总支出的40.5%。由此，显示出农村家庭用能以煤炭和生物质能为主的消费结构。电力和液化气的消费支出都较少，一是农民对于商品能源的支付能力有限，大多数家庭的电能消费仅限于电灯和电视；二是受到能源可获得性的制约，比如农村地区的液化气供应站的配套设施还不完善。

表6-3　　　　　　农村地区居民家庭各类能源的年人均支出　　　　单位：元

能源种类	秸秆	薪草	薪柴	畜粪	煤炭	电力	沼气	液化气	合计
平均支出	119.9	23.8	9.1	21.6	234.7	27.3	6.0	3.6	446.0

三　城乡居民家庭各类用能项目的年人均消费支出

从能源的用途来看，我们将其划分为照明、炊事、取暖制冷、教育娱乐、清洁卫生和交通，城镇和农村家庭的各项能源支出见表6-4。农村家庭的用能总支出大约为城镇家庭的一半，存在明显的差距。如果将农村家庭消费生物质能的虚拟成本刨除，那么这个差异就更大了。观察六类消费项目，从大城市到农村呈现出不同的规律变化特征。在维持基本生存的炊事和取暖制冷用能方面，大、中、小城市差异不大，都高于县城和农村。在提高生活质量的教育娱乐、清洁卫生和交通用能方面，从大城市、中等城市、小城市、县城到农村依次递减。这说明五类地区居民家庭能源消费支出的差异主要体现在提高生活质量的用能上，由此反映了人们生活水平的差异。

表 6-4　　　　　城乡居民家庭在各种用能项目上的消费支出　　　单位：元

项目	照明	炊事	取暖制冷	教育娱乐	清洁卫生	交通	其他	合计
大城市	30.0	275.2	439.4	74.1	36.7	108.3	4.0	967.7
中等城市	23.0	267.6	425.4	60.0	21.6	64.7	5.1	867.5
小城市	19.2	271.5	411.4	60.1	15.1	45.2	7.6	830.0
县城	19.7	224.2	345.9	48.2	8.7	34.9	5.9	687.5
农村	11.3	172.4	243.1	14.9	0.4	—	3.8	446.0

　　城乡家庭差异最大的是交通、清洁卫生和教育娱乐。在交通方面，城镇地区的高收入家庭有能力购买私家车，而在农村没有调查到有机动车辆的样本。在清洁卫生方面，由于城乡居民生活习惯和经济状况的迥异，农村家庭拥有洗衣机的户数和使用次数相对城镇家庭来说都少很多，洗澡的频率也不高，这就导致农村居民的清洁卫生支出微乎其微。在娱乐方面，虽然电视在城镇和农村家庭都已普及，但城镇家庭的电视屏幕尺寸在 30 寸以上的占到 30%，而农村只有不到 10 户，并且城镇居民看电视的时长高于农村居民。另外，城镇家庭的电脑拥有比例达到 50%，而农村未调查到有电脑的样本，这些都增大了城镇家庭的耗电量，从而导致其用能支出远高于农村家庭。然而，照明、炊事和取暖制冷的支出相比前面三项来说，城乡之间的差异较小。由此反映了在收入水平约束下，农村居民在满足基本生活需求的生存型消费上会花费更多的支出，而在发展型和享受型的消费项目上，农村居民远远不及城镇居民。

　　将城乡居民家庭的所有样本在六类消费项目上的支出做成面积累计图（见图 6-5），可以更清晰地看到，从大城市、中等城市、小城

市、县城到农村的用能支出呈现出依次递减的阶梯特征。从人均收入
的变动趋势来看，也呈现出从大城市到农村递减的态势，并且波动幅
度与用能总支出保持较好的一致性。由此可见，收入是影响能源消费
支出的关键因素之一。

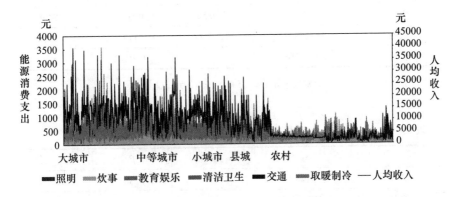

图6-5 五类地区家庭能源消费支出和收入的变动趋势

通过对基本情况的分析，可以发现，农村地区使用的能源在质量
和支出水平上都与城镇存在很大差异。其原因主要是：从内部条件来
看，城乡居民的收入水平差异悬殊，该区域城镇居民和农民的人均收
入分别为 11766.48 元和 2683.21 元；从外部条件来看，能源公共服
务水平和生存环境导致农村居民对于商品能源的可获得性较差，享受
的能源服务也没有城镇居民优越，比如暖气的使用就受到局限，而对
于生物质能的获取具有便利性。这些也反映出城乡居民在消费水平、
消费观念、生活方式以及生存状态上存在差异。

四 城乡居民家庭的生活用能需求分析

（一）居民家庭生活能源边际消费倾向分析

分别对城镇和农村地区的调查样本建立 ELES 模型，采用普通最
小二乘法进行估计，各项参数如表6-5和表6-6所示。由于调查区
域的城镇家庭会根据各地区能源供给设施的不同，选择天然气、液化
气或管道煤气，并且这三种能源相互之间具有独立性，因此将其统一
归为燃气。

表 6 – 5 城镇家庭 ELES 模型估计结果

	α_i	α_i 的 t 值	β_i	β_i 的 t 值
电力	124. 4367 ***	10. 5431	0. 0109 ***	11. 9339
直接用煤	47. 3604 ***	3. 2296	− 0. 0012 *	− 1. 0637
间接用煤	141. 5715 ***	9. 5554	0. 0193 ***	16. 7811
燃气	43. 1250 ***	5. 0855	0. 0039 ***	5. 8458
汽油	− 65. 2180 **	− 2. 4666	0. 0113 ***	5. 5132
合计	291. 2756	—	0. 0442	—

注：***、**、*分别表示在1%、5%、10%的水平上显著。

表 6 – 6 农村家庭 ELES 模型估计结果

	α_i	α_i 的 t 值	β_i	β_i 的 t 值
秸秆	36. 9148 **	2. 1592	0. 0280 ***	5. 3231
薪草	21. 2721 ***	3. 9896	0. 0016	0. 9804
薪柴	2. 2338	1. 0320	0. 0021 ***	3. 2196
畜粪	2. 6293	1. 1321	0. 0031 ***	5. 0405
煤炭	164. 0451 ***	7. 6524	0. 0259 ***	3. 9321
电力	17. 4234 ***	8. 4409	0. 0033 ***	5. 2375
沼气	5. 7987 ***	2. 5690	0. 0002	0. 2818
液化气	1. 0598	0. 4617	0. 0012 *	1. 6663
合计	251. 3771	—	0. 0654	—

注：***、**、*分别表示在1%、5%、10%的水平上显著。

　　从表 6 – 5 和表 6 – 6 中可以看出，在城镇地区，各类生活能源的边际消费倾向都是统计显著的；在农村地区，除薪草和沼气以外，其余能源的边际消费倾向都具有显著性。总体来说，模型估计结果是可信的。

　　实证结果表明，城镇家庭生活能源的边际消费倾向为 0. 0442，即人均纯收入每增加 1 元，生活能源消费支出增加 0. 0442 元。在各类生活能源中，只有直接用煤的边际消费倾向为负值，说明随着家庭收入水平的提高，直接用煤的支出将减少。从实际生活的角度出发，这也符合消费者能源选择的客观规律。因为煤炭的直接燃烧不论用于炊事还是取暖，都逐渐被城镇居民以其他能源所替代，高收入家庭会倾向选择清洁的能源消费。其余能源的边际消费倾向显示出，当居民收入增加后，能源消费将更多地集中于热力、汽油和电。这意味着人们购买面积大的住房、私家车以及增加电器的需求还将增长。

农村家庭生活能源的边际消费倾向为 0.0654，即人均纯收入每增加 1 元，生活能源消费支出增加 0.0654 元。各类生活能源消费倾向的排序从大到小依次是秸秆、煤炭、电力、畜粪、薪柴、薪草、液化气、沼气，说明农村家庭的能源消费结构在以秸秆这种丰富而廉价的资源为保证的前提下，正在逐步向商品能源转变。目前，由于农村的能源供应设施不够完善，使用液化气的家庭户数只占总调查样本的 9%，对估计效果有一定的影响。

对比城镇和农村的生活能源消费倾向数值可以发现，农村高于城镇，说明农村居民相较城镇居民而言，当收入增加时会更多地增加能源消费支出，还处于需要提高能源质量和数量的阶段，而城镇居民则会转向提高生活质量的其他消费，反映了城乡居民生活状态的差异。

（二）生活能源基本消费支出分析

根据 ELES 模型估计的结果，可计算出城乡居民家庭能源基本消费支出及结构，结果如表 6 - 7、表 6 - 8 所示。表 6 - 7 中汽油的基本消费支出为负值，是因为目前汽油并不是各个收入阶层的居民家庭的一项基本消费，只存在于高收入群体中，因而对于所有样本进行回归分析时理论上会是负值，但不符合生活实际，故在计算中取值为 0。基本消费支出与贫困标准有着密切联系[①]，因此生活能源的基本消费支出与能源贫困也具有千丝万缕的联系。虽然能源贫困的家庭其能源基本需求必然没有得到满足，但是却不能说能源基本需求没有得到满足的家庭就一定处于能源贫困状态。不过，可以将居民的基本消费需求支出水平作为能源贫困标准的参考水平。

----

① 黄赜琳、刘社建：《基于 ELES 模型的上海城镇居民消费结构动态变迁分析》，《上海经济研究》2007 年第 6 期。

表6-7 城镇居民家庭能源基本消费支出及结构

	电力	直接用煤	间接用煤	燃气	汽油	合计
基本消费支出（元）	127.77	46.99	147.46	44.30	-61.77 （实际计算时取0）	366.52
基本支出结构（%）	0.35	0.13	0.40	0.12	—	100.00
占实际消费比重（%）	0.51	0.18	0.39	0.39	—	0.36

表6-8 农村居民家庭能源基本消费支出及结构

	秸秆	薪草	薪柴	畜粪	煤炭	电力	沼气	液化气	合计
基本消费支出（元）	44.44	21.70	2.81	3.60	171.01	18.32	5.85	1.38	269.11
基本支出结构（%）	0.17	0.08	0.01	0.01	0.64	0.07	0.02	0.01	100.00
占实际消费比重（%）	0.33	0.32	0.19	0.11	0.67	0.68	0.11	0.03	0.42

城镇家庭的生活能源基本消费总支出为366.52元，占实际用能平均支出1006.27元的36%。在基本消费支出结构中，各类能源所占比重有所差异。热力（间接用煤）支出的比重最大，占40%；其次是电力，占基本消费总支出的35%；其余部分是直接用煤和燃气，分别占13%和12%。由此可见，热力和电力占到基本消费总支出的3/4,构成了城镇居民能源需求的主体。虽然直接用煤的基本支出占有一定比例，但使用的家庭只占总调查样本的12%，因此该种能源并不是城镇每户家庭的必需消费品，它的基本消费支出是针对89户家庭的使用情况得出的。

农村家庭的生活能源基本消费总支出为269.11元，占实际用能平均支出634.43元的42%。显而易见，在各类能源中煤炭的基本消费支出最多，为171.01元，占基本消费总支出的64%。其次是秸秆、薪草、电力，所占比重分别为17%、8%和7%。沼气、液化气和畜粪总共不到5%，属于利用率较低的能源。生物质能的基本消费支出是根据虚拟成本计算得出的，主要考虑农民收集的机会成本。在商品能源的消费中，以煤炭为主导，电力和液化气的消费还处于初级阶段。

综上所述，对城镇和农村进行对比分析，可从侧面反映出二者生活水平的差异。从生活能源基本消费支出水平来看，城镇是农村的1.36倍，表明城镇居民的能源需求高于农村居民。从基本消费支出占实际能源消费平均支出的比重来看，城镇比农村低6个百分点，即农村的生存型消费需求比城镇高。换句话说，城镇和农村分别有64%和58%的能源支出用于享受型消费，城镇居民的收入水平决定了他们对于高品质生活的追求。从城乡家庭各类能源的基本消费支出占实际消费支出的比重来看，具有可比性的是电力和煤炭。城镇居民的电力基本支出占实际消费支出的51%，而农村为68%，说明农村的电力支出刚性较强，满足生存型消费需求的部分要比城镇多。煤炭的基本支出情况亦如此。

（三）居民家庭生活能源需求弹性分析

需求的收入弹性反映了在能源价格不变的情况下，能源的消费支出对收入的敏感程度。表6-9列出了城乡居民家庭生活能源的需求收入弹性值。不论城镇还是农村，各类能源的收入弹性均小于1。由于能源的消费支出只占家庭日常开支的小部分，所以受收入变动的影响不大。虽然它们的需求随收入增加而增加，但支出占收入的比重会逐渐下降，因为生活能源的需求增长到一定程度后将会达到饱和，收入增加的部分将更多地用于其他支出。而城镇家庭直接用煤的需求收入弹性为负值，说明随着收入水平的提高，直接用煤的消费是下降的。

表6-9　　　　　　　　　　生活能源的需求收入弹性

城镇	电力	直接用煤	间接用煤	燃气
	0.5188	-0.0543	0.5971	0.3947
农村	秸秆	薪草	薪柴	畜粪
	0.5636	0.0632	0.3863	0.2853
	煤炭	电力	沼气	液化气
	0.2707	0.3288	0.0103	0.0634

　　根据模型估计结果，可计算出城乡居民家庭生活能源的自价格弹性和交叉价格弹性，如表6-10和表6-11所示。自价格弹性均为负值，说明每种能源价格的变动都会影响该类能源的实际消费需求。在城镇家庭中，电力消费需求的价格效应最弱，而农村为电力和煤炭，相比其他能源来说，它们受自身价格变化的影响最小，这是因为，不论价格如何变化，电力和煤炭都是家庭生活中必不可少的能源，具有很强的替代性。在交叉价格弹性中，城镇的热力以及农村的煤炭和秸秆的价格变动对其他能源需求的影响最大，这与它们的基本需求支出所占比例最大是相对应的。

表6-10　　　　　　　城镇家庭生活能源的需求价格弹性

	电力	直接用煤	间接用煤	燃气
电力	-0.4909	-0.0053	-0.0037	-0.0122
直接用煤	0.0002	-0.8207	0.0001	0.0005
间接用煤	-0.0115	-0.0109	-0.6202	-0.0248
燃气	-0.0007	-0.0007	-0.0004	-0.6157

表6-11　　　　　　　农村家庭生活能源的需求价格弹性

	秸秆	薪草	薪柴	畜粪	煤炭	电力	沼气	液化气
秸秆	-0.67547	-0.01823	-0.08354	-0.03675	-0.00484	-0.04584	-0.02439	-0.02497
薪草	-0.00026	-0.68203	-0.00234	-0.00103	-0.00014	-0.00129	-0.00068	-0.00070
薪柴	-0.00005	-0.00009	-0.81146	-0.00018	-0.00002	-0.00022	-0.00012	-0.00012
畜粪	-0.00007	-0.00014	-0.00064	-0.89394	-0.00004	-0.00035	-0.00019	-0.00019
煤炭	-0.03327	-0.06499	-0.29779	-0.13100	-0.35101	-0.16340	-0.08693	-0.08900
电力	-0.00046	-0.00089	-0.00409	-0.00180	-0.00024	-0.32642	-0.00119	-0.00122
沼气	-0.00001	-0.00002	-0.0008	-0.00003	0.00000	-0.00004	-0.88517	-0.00002
液化气	-0.00001	-0.00002	-0.00011	-0.00005	-0.00001	-0.00006	-0.00003	-0.97238

五　小结

城镇和农村作为两个不同的承载人类活动的空间载体，对能源的消费和需求都存在明显差异。由调查结果可知，该区域城镇和农村居民家庭的年人均能源消费支出分别为838.2元和446.0元，农村大约为城镇的一半，并且从大城市、中等城市、小城市、县城到农村呈现出用能支出依次递减的阶梯特征。在能源消费种类上，城镇以热力和电力的消费为主，农村以煤炭和生物质能为主。在能源消费项目上，农村居民在生存型消费上支出更多，而在发展型和享受型的消费项目上，农村居民远远不及城镇居民。

由ELES模型的估计结果可知，城乡家庭生活能源的边际消费倾向分别为0.0442和0.0654，农村居民相较城镇居民而言，当收入增加时会更多地增加能源消费支出。城镇的生活能源基本消费总支出为366.52元，农村为269.11元，城镇是农村的1.36倍，表明城镇居民的能源需求高于农村居民。从基本消费支出占实际能源消费平均支出的比重来看，城镇比农村低6个百分点，意味着农村的生存型消费需求要比城镇高。另外，城镇和农村家庭的各类生活能源需求的收入弹性均小于1，预示着这些能源的需求随收入增加而增加，但支出占收入的比重会逐渐下降，能源需求将趋于饱和。自价格弹性均为负值，说明每一种能源价格的变动都会影响到消费需求，而电力和煤炭作为家庭必不可少的能源，具有很强的替代性，其价格效应最弱。这些都反映了城乡居民在消费水平、消费观念、生活方式以及生存状态上的差异。

城乡居民家庭的生活能源消费已经对我国的社会经济发展和温室气体排放产生了深远的影响。在能源需求增长和节能减排需要并行的情况下，中国需寻求一条适合国情的、能够兼顾居民基本生活能源保障与节能减排的道路。一方面，要贯彻以人为本的理念，把居民的基本生活需求放在首位，改善居民的用能状况，提高居民的生活水平；另一方面，要采取行之有效的政策措施，在改善居民生活条件、保障能源需求的基础上，控制能源消费量和温室气体的排放。在这些方面，还需要进行更多有意义的探索。

第七章　能源消费转型与环境保护

环境问题关乎人类的可持续发展，在全球气候变暖的背景下，应对气候变化已成为国际社会的共同关切。能源消耗排放的大量温室气体是引起全球变暖的重要原因，已成为影响人类生存与发展的严重威胁。如何兼顾发展和减排两个目标，在不断改善民生的基础上保护环境，实现可持续发展已成为国内外广泛关注的问题。近年来，我国二氧化碳排放量不断增加，并且提出了任务较为艰巨的减排目标。面对巨大的减排压力，我国应把推进能源体系变革和绿色低碳发展作为生态文明体制建设的核心内容和重要着力点，这不仅是积极应对全球气候变化的共同取向，也是努力实现国内经济、资源、环境可持续发展的内在要求。我国在积极推进全球气候治理方面的努力已受到世界瞩目和赞赏，但未来还需付诸更多实践以控制二氧化碳排放并使其尽早达峰。所以，在对我国宏观和微观碳排放数据的分析中，应努力寻求二氧化碳减排的"中国举措"。

第一节　化石能源消费加剧二氧化碳排放

一　化石能源消费带来的全球环境问题

工业化以来，由于对自然资源的粗放开发和对化石能源的过度依赖，人类活动对环境影响的广度和深度日益增大，使全球经济社会发展逐渐陷入包括生态和气候等要素在内的环境危机。

（一）大气污染

伴随工业化而到来的大气污染侵蚀着人类的家园，而化石能源是大气污染的重要源头。化石燃料燃烧释放出二氧化硫、氮氧化物、一氧化碳、粉尘等大气污染物，这是造成酸雨、雾霾、浮尘天气的主要原因。发达国家在工业化早中期都出现过严重的空气污染，例如 20世纪中期发生的"伦敦烟雾事件"和"洛杉矶光化学烟雾事件"都曾震惊世界。历史上，这些国家都曾花费大量的人力物力治理环境污染。后来，随着能源消费结构的转化和能源利用技术的进步，环境污染问题才得以缓解。现在，包括中国在内的一些发展中国家处在快速工业化过程中，也开始面临同样的环境问题，经济发展与环境保护之间的矛盾日益加剧。

（二）气候变化

全球气候变化已成为人类面临的最大威胁，1880—2012 年，全球海陆表面平均温度升高 0.85℃，如果不采取明确行动，未来人为温室气体继续排放将导致全球变暖超过 4℃，将会引发灾难性影响。因此，全球到 2100 年将自工业化以来温度上升控制在 2℃的目标已经成为共识。联合国政府间气候变化专门委员会（IPCC）第五次评估报告显示，已有更多、更强的证据表明人类活动对全球气候系统的影响是明确的。化石燃料燃烧和土地利用改变导致的二氧化碳排放增加是全球温室气体增长的主要来源，2000—2010 年，人为温室气体增加了 100亿吨二氧化碳当量，其中，47% 直接来自能源供应部门、30% 来自工业、11% 来自交通业、3% 来自建筑业。2011 大气中二氧化碳浓度达到 390.5ppm（百万分之一），比 1750 年增加了 40%[①]。因此，亟须将二氧化碳浓度控制在一定水平，减缓气候变化进程。

当前，气候变化已对人类生存环境产生诸多不利影响。全球气候变暖导致的海洋水体热膨胀和两极冰川融化，使全球平均海平面在1901—2010 年上升了 0.19 米，危及全球沿海地区，特别是人口稠密、经济发达的港口和地势洼地。气候变化会改变全球生态系统的分布，并使生物群落的结构发生变化，主要表现为一些动植物种群的灭绝，

---

① 联合国政府间气候变化专门委员会第五次评估报告第一工作组：《气候变化 2013：自然物理基础》，2013 年 9 月。

生物的多样性和丰度会受到直接影响。另外，气候变化还会导致极端气候事件发生，高温、热浪、干旱、洪涝、热带气旋、海啸等自然灾害在过去 20 年里频发，对人类的生存安全和健康造成威胁。

从历史进程来看，发达国家在快速工业化的同时也消耗了大量化石燃料，导致了温室气体排放的累积效应。统计数据显示，从工业革命开始到 1950 年，发达国家排放的二氧化碳量占全球累积排放量的 95%；1950 年到 2000 年，发达国家二氧化碳排放量占到全球的 77%。2005 年以前，美国一直是二氧化碳排放最多的国家。进入 21 世纪，中国、印度、巴西等发展中国家经济高速发展，能源消费和二氧化碳排放量增长相对较快，从 1990 年二氧化碳排放量占全球总排放量的近 1/3 增加到 2016 年的超过 1/2。即便如此，发展中国家人均排放量和累积排放量仍低于发达国家（见表 7 – 1）。

表 7 –1　　　　　　　2016 年世界主要国家二氧化碳排放量

国家	二氧化碳排放量（百万吨）	人均二氧化碳排放量（吨）
世界	33432.0	4.5
中国	9123.0	6.58
美国	5350.4	16.45
印度	2271.1	1.71
俄罗斯	1490.1	10.36
日本	1191.2	9.4
德国	760.8	9.31
韩国	662.1	13.07
伊朗	630.9	7.87
沙特阿拉伯	621.8	19.32
印度尼西亚	531.4	2.03

资料来源：《BP 世界能源统计年鉴》（2017）。

随着全球气候变暖加剧，各国二氧化碳的排放容量成为一种经济上的稀缺资源，必须通过谈判达成国际气候制度，合理使用碳排放权资源，使全球福利最大化。因此，气候变化治理与国际利益格局密切相关，国际气候进程也成为全球影响最深刻、最广泛的多边进程之一。1992 年 5 月，194 个国家共同签署了《联合国气候变化框架公约》（UNFCCC），确立了"共同但有区别的责任"原则，为国际社会应对气候变化指明了未来行动方向，初步搭建起在该公约框架下的全球气候治理机制。1997 年 12 月《京都议定书》达成，作为国际社会应对气候变化的首份强制性量化安排协议，在国际气候治理史上具有里程碑意义。2005 年，后京都时代正式开启。2007 年 12 月，"巴厘路线图"达成，确定了未来强化落实 UNFCCC 的领域，推动全球气候治理大步向前迈进。2009 年 12 月，在丹麦哥本哈根召开的联合国气候会议上拟定了《哥本哈根协议》，尽管该协议不具有法律约束力，但其就发达国家实行强制减排和发展中国家采取自主减缓行动做出了安排，为进一步开展全球气候变化谈判提供了立足于现实的起点。2015 年 12 月，巴黎气候变化大会上达成《巴黎协定》，于 2016 年 11 月 4 日正式生效，这是人类在可持续发展道路上的历史性跨越，体现了世界各国面对气候变化采取行动的坚定决心。根据该协定，发展中国家应依据不同的国情继续强化减排努力，并逐渐实现减排或限排目标。然而，2017 年 6 月 1 日，美国宣布退出《巴黎协定》，逃避作为全球领导者的责任。2016 年，美国的二氧化碳排放量在全球占比为 16%，是仅次于中国的第二大温室气体排放国，这样的决定将可能加速全球气候变化带来的不利影响。尽管国际气候谈判艰难曲折，但这些会议成果在加强全球共识和减缓全球气候变化的过程中发挥了关键作用，并为碳排放权奠定了坚实的法律基础。

二 我国二氧化碳减排面临的压力

随着工业化、城镇化进程的加快，我国温室气体排放也同步增长。二氧化碳排放的总体趋势可以分为两个阶段：1965—2000 年为平稳增长阶段，二氧化碳增长较为缓慢，平均增速为 5.8%，二氧化碳排放量占世界排放总量的比重由 4.3% 上升到 14%；2001—2016 年为急速增长阶段，二氧化碳排放大幅增长，平均增速为 6.6%，2003 年到 2005 年增速达到最高水平，为 14%—18%，二氧化碳排放量占世界排放总量的比重由 14.4% 上升到 27.3%（见图 7-1）。尽管近两年二氧化碳排放有所下降，但前期的过快增长，导致当前的排放处于较高水平，2016 年达到 9123 百万吨，为世界第一大排放国。根据《巴黎协定》和美丽中国规划，到 2050 年，我国二氧化碳排放要恢复到 20 世纪 80 年代的水平，未来还需要做很多的努力。

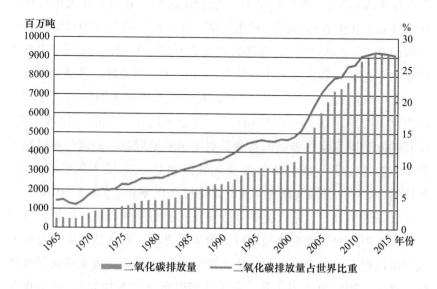

图 7 - 1   中国二氧化碳排放量及其占世界比重

资料来源：《BP 世界能源统计年鉴》（2017）。

从人均二氧化碳排放量来看，世界平均水平的变化幅度不大，从 1965 年的 3.4 吨增长到 2016 年的 4.5 吨。2004 年以前，我国一直低于世界平均水平，世界二氧化碳排放主要由发达国家贡献。2005 年之后，我国人均二氧化碳排放量超过世界平均水平并快速增长，但仍低于发达国家水平（见图 7 - 2）。2016 年，我国人均二氧化碳排放量为 6.58 吨，美国为 16.45 吨，俄罗斯、日本、德国等均高于中国。由于发达国家的重工业转移以及我国高能耗的工业制成品出口较多，导致这部分碳排放都由我国来承担，然而发达国家碳排放在历史累积影响下，人均二氧化碳排放水平依然很高。

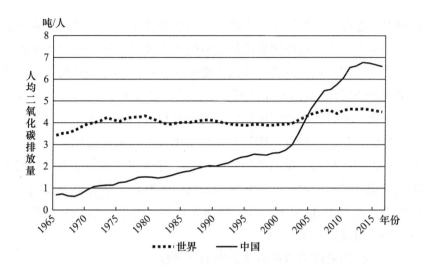

图 7 - 2　世界和中国人均二氧化碳排放量

资料来源：《BP世界能源统计年鉴》（2017）。

　　总体来看，我国碳排放量演化的阶段性特征明显，能源消费的增长以及以工业为主导的产业结构推动碳排放总量急剧上升。当前，我国能源消费结构正向多元化演进，2005到2015年，煤炭消费占一次能源消费的比重下降了10个百分点，同时天然气以及包括核能、水电、可再生能源在内的非化石能源占比都在上升。可以肯定的是，能源消费结构多元化变动对碳排放变化速度有显著的减缓作用，并且这种影响是长期的、持续的。

　　我国正处于快速工业化和城镇化进程中，面临着发展经济、消除贫困和应对气候变化的多重压力。处于不同发展阶段的国家，应具有不同的节能减排政策与目标，在不同阶段各国的减排能力也有显著区别，各国的减排责任不可一概而论。因此，我国的政策应符合阶段性经济发展规律。我国在《巴黎协定》框架下提出，到2030年单位GDP的二氧化碳强度比2005年下降60%—65%，2030年左右二氧化碳排放达到峰值并努力早日达峰，并且把应对气候变化的国际承诺目标纳入国内能源革命战略。这将是我国经济发展方式转变的重要转折点，意味着经济持续增长而化石能源消费不再增长甚至下降，也意味着国内生态环境将得到根本性改善。当前我国钢铁、建材以及有色金属、化工产品产量已经能够满足经济快速发展对基础设施和工业生产的需要，一些行业出现了严重的产能过剩，绝大部分高耗能工业产品产量在 2020 年之前达到生产峰值，之后开始下降，经济结构将发生重大变化。同时，考虑到能源效率的不断提高，未来这些部门的能源消费将会下降，那时我国能耗上升的一个很大的驱动力就消失了。另外，我国积极控制能源消费总量的增长，并制定非化石能源消费比例2030 年达 20%、2050 年达 50% 的目标，为我国二氧化碳排放达峰提供保障，并为 21 世纪下半叶实现净零排放、走上气候适宜型低碳经济发展道路奠定基础。

三 我国能源消费结构演进中的碳排放

（一）能源消费结构演进趋势

能源消费结构演进趋势可以用能源结构多元化系数来表征，反映了我国由以煤为主导的能源消费结构向多种能源并进的消费结构转型的水平。对于我国来说，能源消费结构越趋向多元化，煤炭被替代的程度就越高，清洁化程度也就越高。能源结构多元化系数的计算公式为：

$$ECSD = \sum \left(\frac{C}{C}, \frac{O}{C}, \frac{G}{C}, \frac{R}{C} \right) \qquad (7-1)$$

式中，$ECSD$ 为能源结构多元化系数；C 为煤炭消费量；O 为石油消费量；G 为天然气消费量；R 为非化石能源消费量（包括核能、水电以及其他可再生能源）。

我国能源消费结构多元化系数总体呈逐渐上升趋势，尤其是 2005年以后，多元化演进的速度加快，由 1.36 上升到 2016 年的 1.62（见图 7-3）。也就是说，煤炭消费所占比重下降得较快，在我国能源转型进程中起到了积极的助推作用。

（二）二氧化碳排放核算

目前我国针对碳排放没有专门的统计数据，需要通过计算得到。公式如下：

$$CE = \sum_{i=1}^{3} E_i \times C_i \times \frac{44}{12} \qquad (7-2)$$

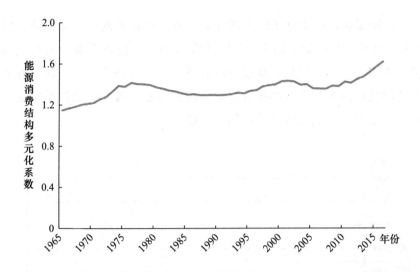

图 7 - 3　我国能源消费结构多元化演进趋势

式中，CE 为一次能源消费的二氧化碳排放总量；E_i 为第 i 种能源消费量（千克标准煤），在一次能源消费中产生碳排放的能源为煤炭、石油、天然气；C_i 为第 i 种能源的碳排放系数，综合各研究机构的数据计算平均值得出（见表 7 - 2）。从碳排放系数可以看出，煤炭最大，天然气最小，在消耗同等数量单位的能源时，天然气排放的二氧化碳要比煤炭少很多。

表 7 - 2　　　　　　　　各类能源的碳排放系数

	煤炭消耗碳排放系数 （吨碳/吨标准煤）	石油消耗碳排放系数 （吨碳/吨标准煤）	天然气消耗碳排放系数 （吨碳/吨标准煤）
美国能源信息署（EIA）	0.702	0.478	0.389
日本能源经济研究所	0.756	0.586	0.449
国家科委气候变化项目	0.726	0.583	0.409
国家发改委能源研究所	0.7476	0.5825	0.4435
IPCC（2006）	0.7552	0.5854	0.4479
平均值	0.7374	0.5630	0.4277

我国煤炭消费贡献了绝大部分碳排放，尽管近两年开始下降，但2016年仍然占到二氧化碳排放总量的77.4%。随着石油、天然气消费量的增加，其二氧化碳排放量也有所增加（见图7-4）。在能源消费结构演进的进程中，碳排放源的结构也将发生改变，随着低碳能源比重的增加，二氧化碳排放将逐渐趋缓。

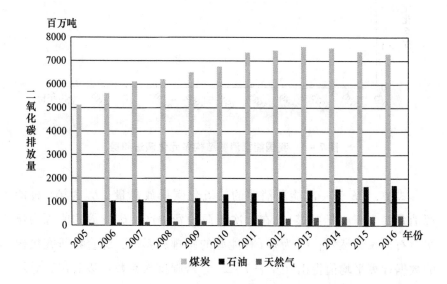

图7-4 2005—2016年我国各类能源的二氧化碳排放

（三）能源消费转型的减排效应

值得注意的是，2015年和2016年我国一次能源消费总量还在增长，但二氧化碳排放总量开始下降，说明新增能源消费由低碳能源替代，我国能源消费结构转型的减排效应开始显现。2011—2016年，二氧化碳排放增速呈下降趋势，能源消费结构多元化系数快速上升（见图7-5），能源消费结构转型极大地减缓了二氧化碳排放。

当前，我国工业化、城镇化快速发展，能源需求总量仍将持续增加，未来二三十年之后才有可能趋于饱和。此外，当前新能源和可再生能源基数较小，尽管发展迅速，但仍不能满足新增能源的需求。因此，化石能源消费会持续增长，能源结构的改善也将相对缓慢，由此

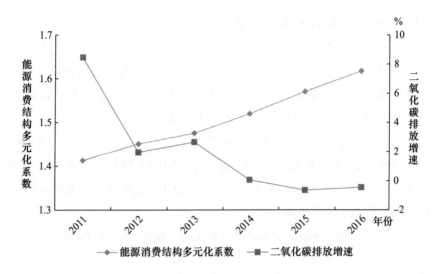

图 7 - 5　能源消费结构多元化系数和二氧化碳排放增速的变动趋势

碳排放仍会持续而缓慢增长。只有当非化石能源新增供应量能够满足新增能源需求量时，二氧化碳排放才能达到峰值并开始下降。因此，我国需要加大能源变革的力度，开拓新型发展模式，使二氧化碳排放尽早达到峰值，实现低碳转型的跨越式发展。

第二节　我国能源消费碳排放的影响因素

当前，我国正处于工业化和城市化的关键时期，高强度的能源消耗和产业转型的长期影响给节能减排目标的实现带来了巨大压力。因此，为加快实现我国承诺的碳减排目标，应当引导各省区根据自身发展的实情承担相应的节能减排任务。在核算我国省域层面碳排放量的基础上，分析碳排放的区域差异特征及其影响因素的效应，从而为合理制定二氧化碳减排差异化政策提供参考依据。

一　研究方法

IPAT 模型是最早用来分析人口和经济因素对环境影响的模型，该模型表达式为 $I = P \cdot A \cdot T$。Dietz 和 Rosa 在此基础上，提出了 IPAT

扩展模型，即 STIRPAT 模型，表达式如下：

$$I_{it} = \alpha P_{it}^{\beta_1} A_{it}^{\beta_2} T_{it}^{\beta_3} e_{it} \tag{7-3}$$

式中，I 表示环境影响，P 表示人口因素，A 表示财富程度，T 表示技术水平；α 为常数项，$\beta 1$、$\beta 2$ 和 $\beta 3$ 为待估参数，e 为随机误差项。在实证分析中，将式（7-3）转化为对数形式：

$$\ln I_{it} = \alpha + \beta_1 \ln P_{it} + \beta_2 \ln A_{it} + \beta_3 \ln T_{it} + e_{it} \tag{7-4}$$

为研究影响碳排放的驱动因素，在 STIRPAT 模型中引入城市化和产业结构变量，用人口数量表征 P，人均 GDP 表征 A，能源强度表征 T，由此建立计量模型如下：

$$\ln C_{it} = \alpha + \beta_1 \ln pop_{it} + \beta_2 \ln gdp_{it} + \beta_3 \ln ei_{it} + \beta_4 \ln urb_{it} + \beta_5 \ln ind_{it} + e_{it} \tag{7-5}$$

式中，C 代表碳排放量，pop 为人口规模，gdp 为人均 GDP，ei 为能源强度，urb 为城市化水平，ind 为第三产业比重。

通常采用面板数据回归分析确定该模型的参数。一般的线性面板数据模型可以表示为：

$$Y_{it} = C + \alpha_{it} + X_{it}\beta_{it} + \varepsilon_{it} (i = 1, 2, \cdots, N; \ t = 1, 2, \cdots, T) \tag{7-6}$$

式中，Y_{it} 为被解释变量，即式（7-5）中的 $\ln C_{it}$；X_{it} 为解释变量，即式（7-5）中的 $\ln pop_{it}$、$\ln gdp_{it}$、$\ln ei_{it}$、$\ln urb_{it}$ 和 $\ln ind_{it}$；i 表示各省区的横截面数据，t 表示时间序列数据（2000—2015 年）；C 为常数，α_{it} 是随机变量，度量个体间或时间上的差异；β_{it} 为回归系数向量，ε_{it} 为误差项。通过 F 统计量来确定选用混合模型还是固定效应模型，然后用 Hausman 统计量来确定应该建立随机效应模型还是固定效应模型。

二 我国省域碳排放的时空演变特征

（一）碳排放和人均碳排放的区域特征

从省域层面来看，各省区碳排放对全国的贡献水平基本保持固定格局，说明随着时间的推移，碳排放的影响因素的效应较为稳定。分区域来看，对我国碳排放贡献较大的省份主要有河北、江苏、山东、广东，这些省份占全国碳排放总量的比重在 0.06 以上。

　　由于人口、经济发展等因素对碳排放的影响，人均碳排放更能反映地区的真实水平。人均碳排放量最高的是宁夏、青海、内蒙古，超过 10 吨/人，最低的是江西和湖南，低于 3 吨/人。从东部、中部和西部三大经济区域的人均碳排放变动趋势来看，2000—2015 年整体呈上升趋势。东部地区人均碳排放量一直保持最高，其次是西部地区，中部地区最低（见图 7 - 6）。从 2011 年开始，东部和中部地区的人均碳排放量都表现出收敛态势，说明产业结构调整和能源结构优化对碳排放的控制作用初显成效。然而，西部地区的人均碳排放量自 2010 年开始出现了跃迁式的增长，这是由西部地区所处的工业化和城市化阶段所导致的。

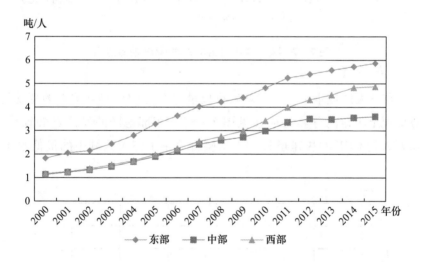

图 7 - 6　2000—2015 年三大区域人均碳排放量的变动趋势

（二）人均碳排放量与人均 GDP 的地区差异

　　环境库兹涅茨曲线假说认为国家经济发展水平与环境污染存在倒"U"形曲线。从中国 30 个省市区 2000—2015 年人均碳排放量与人均 GDP 的样本点数据散点图可以看出，虽然整体轨迹还处于倒"U"形曲线的左侧，但大部分样本点偏向人均 GDP 高而人均碳排放量小的区域，呈现出低矮型的抛物线轨迹（见图 7 - 7）。说明在我国经济快速增长的同时，碳排放增长也得到了有效控制。

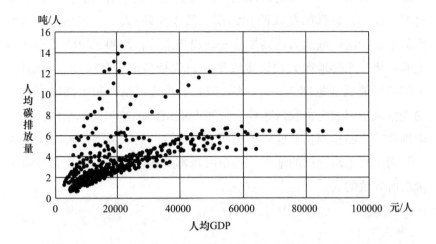

图 7 - 7 人均碳排放量与人均 GDP 的散点图

在三大区域水平上，人均碳排放量与人均 GDP 相互关系的变动趋势呈现出明显的分异特征（见图 7 - 8）。东部地区的经济发展较快，随着人均 GDP 的快速增长，人均碳排放量由三大区域中的最低水平

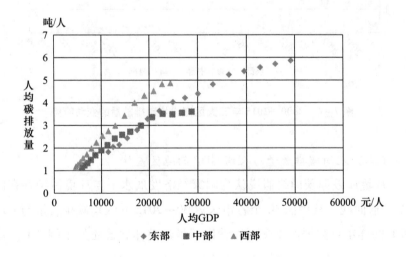

图 7 - 8 2000—2015 年三大区域人均碳排放量与人均 GDP 的变动趋势

上升到最高水平。中部和西部地区在相似的人均 GDP 区间内，人均
碳排放量的变动轨迹分异明显。在同样的人均 GDP 水平下，西部地
区的人均碳排放量是最高的。表明西部地区相较其他地区而言，还属
于粗放型的增长模式，技术水平较为落后，不可避免地会产生大量碳
排放。

三　碳排放的影响因素分析

运用式（7-3）进行面板数据回归分析，估计结果见表 7-3。
人口规模、人均 GDP、能源强度以及城市化水平对碳排放产生正向的
驱动效应。产业结构对碳排放具有负向的驱动效应，但效应不显著。

表 7-3　　　　　　　　　　全国样本的面板模型估计结果

解释变量回归系数	lnC
α	-10.2050 ***
	(-14.5339)
lnpop	1.0469 ***
	(12.2475)
lngdp	0.9386 ***
	(33.6728)
lnei	0.7226 ***
	(18.8204)
lnurb	0.4116 ***
	(5.2126)
lnind	-0.0108
	(-0.1848)
F 值	1361.9520
调整后 R^2	0.9904
样本数	450

注：***、**、*分别表示在 1%、5% 和 10% 的水平下显著，括号里为 t 值。

人口规模：影响效应最强，每扩大 1%，碳排放量将会增加 1.0469%。人口增长带来的不仅是直接能源消费的增加，还有在经济活动中产生的间接能源消费的增加，从而促进碳排放。以往研究也表明人口增长会对环境造成负面影响。

人均 GDP：每增长 1%，碳排放量将会增加 0.9386%。说明我国正处于工业化时期，目前阶段经济的发展仍然是以能源的大量消耗为基础的，由此造成了二氧化碳排放量的增长，成为当前驱动碳排放增长的主要因素。当经济发展到一定程度，随着技术水平的提升和产业结构的升级，将有效控制污染和改善环境质量。

能源强度：单位 GDP 能耗每增加 1%，碳排放将会增长 0.7226%。这一因素对碳排放具有最直接的影响，然而，随着我国能源强度逐年下降，碳排放的增速将趋缓。能源强度的下降意味着能源效率的提高，这在很大程度上取决于技术进步。技术对能源节约、环境改善和气候变化是非常重要的，一是源头控制技术，如煤炭净化技术、新能源利用技术等，二是末端治理技术，如碳捕获和封存（CCS）技术、循环利用技术等。将技术发展政策的制定过程与经济发展和应对气候变化对策结合起来，着重发展一些具有国际领先地位的重大清洁能源的开发、转换和利用技术，使之既有利于能源环境发展，也有利于经济发展，是目前值得重点关注的问题。

城市化水平：当前城市化提升对于碳排放具有正向促进作用，城市化水平每提高 1%，碳排放量将增长 0.4116%。城市化进程的推进，一方面，促使大规模的人口由农村转移到城市，其能源消费特征将发生明显变化，带来能源消费量的增加；另一方面，促进城市容量不断扩充，各种公共服务设施的建设、运行和维护都需要更多的能源消耗。当城市化发展到一定水平后，基础设施建设的速度将逐渐放缓甚至趋于饱和，再加上生产和生活的集聚效应，将降低对能源资源的消耗，从而促使碳排放下降。

产业结构：对碳排放具有负向的驱动效应，但效应不显著。说明产业结构的演进对碳排放有抑制作用，但当前这种作用还没有产生明显的影响。第三产业和高科技产业等低碳产业的占比增加，将会减缓碳排放的增速，然而我国正处于经济新常态，经济增速放缓，并且长期处于工业化时期的阶段特征使产业结构的影响并不显著。

四　二氧化碳减排路径

在《巴黎协定》框架下，我国需根据自身国情，制定与其相适应的二氧化碳减排目标。提高能源转换和利用效率，转变经济增长方式，推进产业结构调整，降低能源强度，减少碳排放。发挥二氧化碳减排的协同效应，可作为促进节能减排、建设两型社会与应对气候变化的综合目标和关键着力点。

第一，技术进步带动产业结构调整。推动第三次工业革命向能源领域渗透，以及互联网与新能源相互结合，使全球技术要素和市场要素配置方式发生革命性变化。鼓励企业引进先进的节能减排技术，加快煤炭替代进程，增强对清洁能源的开发和利用，通过技术进步带动整个产业升级。通过产业政策调整，鼓励高碳排放产业、高能耗产业、高污染产业增强自主创新能力，运用高新技术和先进适用技术开发低碳技术和低碳产品，促进传统产业结构优化和升级。提高能源利用效率，达到能源消费控制下的经济稳定增长的目标。

第二，提高煤炭高效转化利用水平。燃煤发电是煤炭消费的主要领域，也是电力供应的主要来源。随着小康社会建设的日趋深入，电力需求仍将维持高速增长态势；而一次能源以煤为主的态势则决定了燃煤发电在电源结构中将长期占据主导地位。因此，提高燃煤发电效率既有利于资源节约和能源消费总量控制，又能减少污染物和温室气体的排放。以推广超超临界技术为重点，推进煤电落后机组的淘汰，将大临界机组改造为热电联产机组或大功率超临界机组。除加快建设抽水蓄能电站、天然气冷热电联供等调峰机组外，统筹间歇式发电与煤电机组的发展模式。大力发展煤制油、煤制气等煤炭清洁利用技术，可有效缓解燃煤污染的问题。通过煤炭清洁高效开发利用，并把化工一起纳入关联产业，延伸产业链。在经济新常态下，引领煤炭的发展新常态。然而，由于煤制油气增加了能源转化环节，会带来更多能量损失，所以煤炭清洁利用不能作为大规模的长期战略方向，而应定位为"阶段性""备用性"技术。

第三，末端治理强化减排成效。二氧化碳捕集利用与封存技术是一项具有大规模二氧化碳减排潜力的新兴技术，可以从发电站和其他产业生产设备捕获二氧化碳，将其运送和贮存至地下，从而减少化石能源发电的碳排放至少90%。目前，在国内外这一技术仍处于研发和示范阶段，面临着高成本、高能耗、长期安全性和可靠性不确定等突出问题，特别是在项目封存选址、生态环境影响、环境监测、泄漏事故应急等关键环节的环境风险监管能力建设亟待加强。

第四，因地制宜开展节能减排实践。根据地区经济发展水平、产业结构特点、节能潜力、环境容量等进行综合考量，制定差异化的节能减排目标。按照"共同但有区别的责任"原则，对东部沿海地区进行重点控制，严格落实节能减排目标，适当放宽中西部地区的节能减排，加大东部发达地区对西部落后地区的对口援助和支持力度。将国家节能减排方案与地方实际相结合，有针对性地制定区域节能减排政策，探索具有地方特色的节能减排路径。

第五，加大财税政策促进减排的调节作用。我国从2014年12月1日起实施煤炭资源税从价计征改革，将税率幅度确定为2%—10%，由省、自治区、直辖市人民政府在这一变化幅度内拟定适用税率，同时将原油、天然气、矿产资源补偿费费率降为零，相应将资源税适用税率由5%提高至6%。与国外资源税相比较，我国现行资源税制存在税率过低、征收范围较窄等问题。因此，应分阶段提升我国资源税征收税率，将森林等纳入征收范围以提高林木采伐成本，从而保护森林并发挥其吸收和储存碳的功能。另外，将于2018年1月1日实施的《环境保护税法》对于企业转型升级、经济发展方式转变具有推动作用。制定合理的碳税税率，对在生产、经营等活动过程中向自然环境排放二氧化碳的行为进行征税，能够有效控制我国二氧化碳排放量，并促进二氧化碳排放峰值尽早到来。

第三节　城乡居民家庭能源消费的环境效应

　　城乡居民的生活能源消费是节能减排的重要方面。生活能源作为居民的必需消费品，其供求关系和利用方式对改善人们的生活和保护当地生态环境具有重要影响。本节依据黄土高原西部地区城乡居民家庭能源消费数据，从家庭和社会两个视角分别对能源消费产生的污染物排放进行计量，分析有效热能与收入和排放的关联，模拟城镇化过程中家庭生活用能和相应污染物排放的变动趋势，核算能源替代的减排效应，为建立高效、清洁、低成本、可持续的能源系统提供政策选择的依据，在实现小康生活用能需求的同时，节能减排、保护环境。

一　生活能源消费的污染气体排放

　　不仅燃料使用产生的温室气体引起了气候变暖，各种排放还造成了室内空气污染，影响到居民的身体健康。据世界卫生组织估计，在发展中国家，每年有 130 万人（大部分是妇女儿童）死于来自生物燃料炉灶的烟尘。因此，燃料的清洁性成为度量其质量的重要指标之一。

　　由于城镇和农村消费的能源种类和用能模式不同，温室气体的排放量有很大差异，污染物排放所影响的范围也不同。城乡生活能源主要包括电力、热力、煤炭、天然气、液化石油气、汽油、太阳能、沼气以及传统生物质能等。在各类能源中，太阳能的使用不会产生外部不经济问题，是理想的清洁能源。沼气、天然气等排放量较小，对环境的影响较弱，也属于清洁能源。电力中的火电和取暖热力用煤，在使用中不会对室内环境造成污染，对家庭来说是清洁的，但在生产中产生大量排放，对全社会而言是不清洁的。也就是说，由于电力和热力的消费与排放存在着空间上的异位，居民在使用过程中只是产生了社会影响，并没有对家庭产生排放。而煤炭和生物质能的直接利用在室内排放烟尘，污染生活环境，不仅造成了社会排放，对家庭也产生了重要影响。因此，从家庭和社会两个视角分别对排放量予以计量，对分析消费者和决策者的行为是有裨益的。

（一）温室气体排放的计量方法

在核算时，选取的气体种类与对能源属性中清洁性的评价一致，包括 CO_2、N_2O、NO_x、SO_2、CH_4 和 TSP。温室气体排放量的计算公式为：

$$EM_{qj} = \sum_{i=1}^{n} f_{ij}e_{qi} \ (i = 1, 2, \cdots, n; j = 1, \cdots, m) \tag{7-7}$$

式中，EM_{qj} 为第 q 个样本（用户）第 j 种温室气体的排放量，i 为能源的种类，f_{ij} 为第 i 种能源的第 j 种温室气体的排放因子，e_{qi} 为第 q 个样本第 i 种能源的消费量。根据 IPCC 及相关文献，各种能源的排放因子如表 7-4 所示。

表 7-4　　　　　　　　各种能源的温室气体排放系数

种类	CO_2（吨/吨标准煤）	N_2O（千克/吨标准煤）	NO_x（千克/吨标准煤）	SO_2（千克/吨标准煤）	CH_4（千克/吨标准煤）	TSP（千克/吨标准煤）
秸秆	2.634	0.136	1.632	0.503	10.629	18.765
薪柴	2.539	0.141	2.032	1.103	4.729	5.342
畜粪	1.585	0.100	7.700	1.340	7.500	20.400
直接用煤	3.191	0.041	2.632	22.399	4.088	1.820
间接用煤	2.837	0.035	1.540	18.760	3.475	1.547
液化气	1.840	0.018	1.371	0.1727	0.032	*
天然气	1.177	0.002	0.986	0.0126	0.021	*
煤气	0.942	*	0.0026	0.001	0.0004	*
汽油	2.700	0.058	8.650	0.083	0.760	0.121
沼气	0.748	0.048	0.941	0.882	0.025	*
电力	3.900	0.057	2.116	25.793	5.723	2.548

注：* 表示由于数据量过小，本书忽略不计。

（二）从家庭层面计量的排放

除了电力、热力和太阳能以外，家庭在使用其他燃料的过程中都会产生一定量的污染物。汽车使用燃油产生排放，但排放在公共环境中，因此不计入户用能源的排放。核算结果以地区归类，见表 7 - 5。

表 7 - 5　　　　　　　　各地区对家庭人均排放的温室气体

	CO_2（千克）	CH_4（克）	N_2O（克）	NO_x（克）	SO_2（克）	TSP（克）
兰州市	78.62	2.28	1.07	108.54	297.91	24.56
白银市	81.02	0.98	0.94	47.22	286.06	23.59
天水市	78.01	1.14	1.01	55.40	331.34	27.32
定西市	137.07	1.61	1.82	81.35	679.46	56.03
平凉市	110.88	1.41	1.49	71.10	563.07	46.43
永登县	44.07	0.73	0.45	31.90	30.85	2.54
秦安县	229.99	2.51	3.17	131.42	1305.98	107.69
泾川县	325.15	3.39	4.59	181.36	1991.22	164.20
隆德县	129.52	1.68	1.62	81.14	502.31	41.42
农村	1315.96	440.04	40.49	883.57	3771.28	4634.12

可以看出，农村居民家庭的所有污染物排放量都远高于城镇居民。这主要是因为农户直接燃烧大量的生物质能和煤炭，产生了大量排放。清洁能源电力、太阳能的利用量占总用能的比例较小。县城中排放的多数指标明显高于大中城市，主要是因为县城居民直接燃煤的比例高于大中城市，致使排放量偏高。这表明从大中城市到小城市、县城再到农村，居民用能的清洁性依次下降，室内污染对居民健康的影响增大。城镇中仅用电力、热力两种二次能源①的家庭没有排放，为"零排放"家庭。

（三）从社会层面计量的排放

从能源足迹的视角来考察排放量，即从全社会来看人均能源消耗产生的排放，则会呈现出另一种情景。由于计入了电力、热力供暖用煤和机动车耗油产生的排放，人均排放在城乡居民之间的差异大大缩

---

①　一次能源是指直接取自自然界，没有经过加工转换的各种能量和资源，包括原煤、原油、天然气、核能、生物质能等。由一次能源经过加工直接或转换得到的能源，如石油制品、电、煤气、热能等为二次能源。

小了，见表7-6。农村人均的 CO_2、NO_x 与城镇相近，CH_4 比城镇大一个数量级，N_2O 比城镇多出一倍，SO_2 不到城镇的 $1/2$，TSP 是城镇的 7 倍多，总体来看，差距有所缩小。农村人均 TSP 总量大，主要是因为消费了较多生物质能；城镇人均 SO_2 排放多，主要是因为用煤较多。

显然，从消费者选择的角度看，主要考虑在家庭室内的排放及其对自身健康的影响。尽管城镇地区能源消费量大，同时也产生了更多的温室气体，但是更多的是在异地进行排放，对居民造成直接影响的数量较少。从整个社会的角度来看，尽管城镇地区的能源结构更高级，但是在温室气体的排放量上与农村相差无几，也就是说，这种从农村到城镇能源消费模式的演进带来的只是对居民自身健康不利影响的降低，对整个社会的减排作用并不明显。而对于国家或行政区来说，要实施节能减排的战略，就要核算总的排放量，并在供给居民相对清洁能源的同时，减少污染物排放。

表 7-6　　　　　　　　　各地区对社会人均排放的温室气体

	CO_2（千克）	CH_4（克）	N_2O（克）	NO_x（克）	SO_2（克）	TSP（克）
兰州市	1316.15	19.18	30.27	945.72	8072.07	695.21
白银市	1259.40	18.09	24.33	811.97	7768.94	668.83
天水市	1251.66	17.92	22.93	799.31	7756.01	668.65
定西市	1242.72	17.72	16.16	727.02	7878.20	674.83
平凉市	1240.25	17.89	21.94	786.12	7779.05	667.76
永登县	1150.44	16.27	10.78	632.41	7347.00	626.81
秦安县	1069.58	15.25	14.44	631.44	6748.44	578.45
泾川县	1095.57	15.58	10.26	599.52	7085.89	602.01
隆德县	1195.63	17.09	19.05	734.00	7368.77	626.33
农村	1339.19	440.17	40.81	896.18	3924.90	4649.29

二　能源利用、收入和排放的关联分析

关于能源消费、收入和排放的因果关系，之前的大量研究主要是利用多个国家或地区的长时间序列的面板数据进行单位根检验、协整

分析、向量自回归和误差修正模型分析,证实了三个变量存在较强的内在关联[1][2]。这些研究都是在宏观数据资料的基础上进行的,利用实地调查资料分析三个变量关系的微观研究并不多。因此,本节将利用研究区域的样本资料分析城乡家庭人均能源消费和人均收入、污染排放之间的关系。

(一) 研究方法

以人均能源消费或人均有效热能(E)为因变量,人均收入(R)和污染排放(D)为自变量建立二元函数关系。用1166个样本资料进行回归分析,交叉二次多项式的效果较好,表达式如下:

$$E = b_0 + b_1 R + b_2 D + b_3 R \cdot D \tag{7-8}$$

关于污染排放的度量,为简化分析,将六种排放物折合为一个指标——燃料的污染排放指数。其中,CO_2 的数量最多,权重取50%;其他五种排放物数量虽远低于 CO_2,但它们直接影响人居环境的质量,权重各取10%。则第 q 个家庭用能的污染排放指数可用下式计量:

$$D_q = \sum_{j=1}^{m} w_j \cdot \frac{EM_{qj} - \min_q EM_{qj}}{\max_q EM_{qj} - \min_q EM_{qj}} (j = 1, 2, \cdots, m) \tag{7-9}$$

式中,D_q 为污染排放指数,w_j 为第 j 种排放物的权重,$\dfrac{EM_{qj} - \min\limits_q EM_{qj}}{\max\limits_q EM_{qj} - \min\limits_q EM_{qj}}$ 为将第 j 种气体的排放量进行标准化。

(二) 回归分析

根据式(7-9),分别计算出城乡居民家庭在家庭层面和社会层面上的污染排放指数,结果较好地反映了城乡居民家庭用能清洁性的差异。从家庭层面看,城镇居民污染排放指数为0.0307,因为城镇居民大多使用二次能源,能源消费产生的排放少,还有一些仅使用电力

---

① Soumyananda Dinda, Dipankor Coondoo, "Income and Emission: A Panel Data - based Cointegration Analysis", *Ecological Economics*, 2006, 57 (2).

② Shuwen Niu, et al., "Economic Growth, Energy Conservation and Emissions Reduction: A Comparative Analysis based on Panel Data for 8 Asian - Pacific Countries", *Energy Policy*, 2011, 39 (4).

和热力的家庭为"零排放"。农村居民的污染排放指数为 0.417，污染较严重。从大、中、小城市、县城到农村燃料的污染指数与有效热能呈反向关系，即有效热能越多的家庭污染指数越低，用能越清洁。从社会层面看，城镇居民的污染排放指数增加到 0.2393，而农村居民的指数变化很小，城乡家庭之间排放的差异性缩小。排放量与实物用能的数量关系更加密切，即用能越多排放也越多。

由此，通过回归方程（7 - 8），分析人均有效热能和人均收入、家庭污染排放指数/社会污染排放指数的关系以及人均实物用能和人均收入、社会污染排放指数的关系，模型估计结果见表 7 - 7。

表 7 - 7　　　　能源利用与收入和燃料污染排放指数的回归分析

	因变量	b_0	b_1	b_2	b_3	R^2	F 值
模型 1	人均有效热能	93.78	19.20	家庭污染排放指数 - 39.72	5.97	0.7287	640.04
模型 2	人均有效热能	95.77	14.63	社会污染排放指数 - 27.37	16.92	0.7431	689.42
模型 3	人均实物用能	165.93	10.18	社会污染排放指数 597.16	30.03	0.4736	214.45

模型 1 中，人均有效热能（千克标准煤）与人均收入（千元）具有良好的正相关关系，人均收入每增加 1000 元，有效热能增加 19.2 千克标准煤。燃料的家庭污染排放指数对有效热能的影响存在正反两个方面。在一次项中系数为负，即当污染排放指数增加 1 个单位时，人均有效热能减少 39.72 千克标准煤，反映了消费者选择清洁能源的倾向，即单位用能污染排放将逐步下降。但在二次交叉项中系数为正，说明家庭污染排放指数与收入一起共同增大了有效热能，表明了用能多的家庭排放量也大的特点。人均收入从 500 元到 4 万元，变动范围很大，对有效热能的影响差异也很大，从 9.6 个标准煤到 768.0 个标准煤。而家庭污染排 0 指数从 0 到 0.82，影响有效热能的变动范围为 0—32.57 个标准煤。二次项的系数较小，对因变量的影响不大，

不过其中仍是收入的作用重要一些。因此可以说，人均有效热能的大小主要取决于居民的收入水平。

模型 2 中，当用社会污染排放指数替换家庭污染排放指数后，每千元人均收入增加有效热能 14.63 千克标准煤，贡献量较前一个方程少，但还是呈正相关。社会污染排放指数仍具有双向作用特征，一次项的系数为 -27.37，表明污染排放指数增加时有效热能的消费会减少。二次项系数为 16.92，表明收入和污染排放指数的互作效应变大。实际上的逻辑关系应是，收入增长扩大能源消费，而能源消费增多必然加大排放。同样，人均收入的变化范围越大，对有效热能的影响也越大。而社会污染排放指数的变动范围在 0.0046 - 0.81，影响有效热能的变幅只有 30.27 个标准煤，仍然意味着收入在有效热能上起主导作用。不同的是，两个自变量的互作效应增强，共同促进了有效热能的消费。

模型 3 中，将因变量由人均有效热能改变为人均实物用能后，回归方程的常数项增大，每千元收入的边际增加值变为 10.18 个标准煤，虽比前两个回归方程的贡献有所下降，但作用仍是较大的。社会污染排放指数与实物用能呈正相关，当它从 0.0046 增加到 0.81 时，对应的实物用能从 2.75 个标准煤增加到 483.70 个标准煤，其影响力显著提高，与收入的作用相当。这意味着，较多的实物用能需要较高的收入来支付，同时也伴随着较大的污染物排放。简而言之，从社会排放的视角看，城镇居民所用燃料不再清洁，污染排放指数的负向影响消失了。交叉项的系数为 30.03，显示两个自变量的互作效用很强。回归方程虽通过了 F 检验，但 R^2 和 F 值不如前两个方程高，说明实物用能和人均收入、社会污染排放指数的拟合效果不如人均有效热能与这两个自变量的拟合效果好。主要是因为一些低收入居民消费了较多低效的实物燃料。

概括地说，人均收入是决定人均有效热能消费的主导因素。燃料的污染排放指数对有效热能的作用较小，但具有正反两个方面的作用。作为独立变量时，污染排放指数增加会减少有效热能，反映了消费者选择清洁能源的倾向。但与收入发生作用时，污染排放指数增加又对有效热能的消费产生促进作用，意味着较多的能源消费必须要有较高的收入来支付，也必然伴随着较多的排放。将实物能源的消费作为因变量后，它与人均收入和污染排放指数都为正相关，并且影响的程度基本对等，反映了收入增长、能源消耗增加、排放增多之间的必然关联。

（三）家庭用能需求和排放的变动趋势

上文通过三个回归方程揭示了能源消费与人均收入和污染排放指数之间的关系。由于收入是引起能源消耗和排放变化的主要动因，所以可用收入的增长分析用能需求和排放的变动趋势。从前面的分析中可以看出，中高收入的城镇居民家庭用能需求得到了较好的满足，而低收入家庭，特别是农村居民用能得不到保证，能源贫困问题依然突出，需要进一步扩大能源供给，增加消费。

统计数据显示，2009 年甘肃城镇居民家庭可支配收入为11929.78 元，农民家庭人均纯收入 2980.1 元。我们的调查结果与之接近，城镇居民和农民的人均收入将分别为 11766.48 元和 2683.21元，表明调查结果可信。按可比价格计算，1990 年至 2010 年甘肃城镇居民家庭可支配收入平均每年增长 7.4%，农民人均纯收入平均每年增长 5.0%。以此推算，2020 年城乡人均收入将分别达到 25804.4元和 4589.2 元（2009 年价格水平），不会超出现有城乡调查样本中各自的最大值。

另外，燃料污染排放指数的双向作用特征将依然存在。随着收入的增长，居民所用能源趋向清洁化。因此，单位用能的污染排放将有所下降。然而，有效用能的增加将持续增加污染排放。基于城乡居民收入的年增长率和污染排放指数的变动，可用前面的回归方程模拟未来人均实物用能、有效热能和社会排放量的变动趋势。结果表明，各变量都呈增长态势。综合三个回归方程的模拟结果，到 2020 年，城镇居民人均实物用能和有效热能分别为 670 千克标准煤和 470 千克标准煤，平均年增长 4.3% 和 5.2%；农村居民实物用能和有效热能分别为 550 千克标准煤和 165 千克标准煤，平均年增长 1.7% 和 2.7%。城镇居民能源消费增加快主要是由于人均收入增长较快所致。有效热能的增速快于实物用能，主要是由于用能效率逐步提高。随着能源消费的增长，城乡人均污染物排放将增长 3.31% 和 1.65%。2020 年城镇居民人均排放的 CO_2、CH_4、N_2O、NO_x、SO_2 和 TSP 分别为：1750.8 千克、25.2 克、31.8 克、1136.5 克、10929.2 克和 938.0 克。农户人均排放为：1601.8.2 千克、418.3 克、48.0 克、971.9 克、4770.8 克和 5324.8 克。预测年份的人均收入、污染排放指数都在调查样本数据的区间内，没有外推，结果具有较高的可靠性。将样本散点的分布和拟合曲面用三维视图表现，可直观地反映能源利用与人均收入、污染排放指数的变动趋向，见图 7－9。

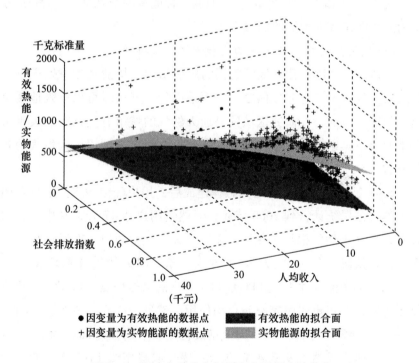

图 7－9　样本点的分布和拟合曲面的变动趋向

三　生活能源结构转换的减排效应

多种能源之间可以相互替代，即同一种用途可以由不同的能源利用来实现，其中隐含着人们对于能源的选择问题，还有能源供应问题。随着城乡居民收入水平的提高，人们对能源的需求也逐渐增加，并注意选择优质能源以改善用能的清洁性。能源消费结构的转换就是利用了能源之间的替代性，随着社会经济的发展，家庭用能结构将向清洁化和可再生的方向转换，成为居民生活水平提高和减少温室气体排放的重要因素。

在计量能源之间的替代量时，一般根据热能守恒原理，即在假定人们获取等量热量的前提下，来计算某种能源可以替代其他能源的数量，公式如下：

$$E_a \cdot \eta_a = E_b \cdot \eta_b \qquad (7-10)$$

式中，E_a 和 E_b 分别为 a 种能源和 b 种能源的消费量，η_a 和 η_b 分别为 a 种能源和 b 种能源的热效率。

（一）天然气替代液化石油气和燃煤的减排效益

城镇居民家庭以化石能源为主的用能结构，特别是冬季燃煤供热是造成大气污染的重要原因之一，而采用天然气供暖可以有效地缓解这一问题。目前，在研究区域内已通天然气的城市有兰州市、天水市和平凉市，其中兰州市最为普及，下面以兰州市为例探讨天然气的替代效益。

2001 年，兰州市的天然气工程建成后，用户陆续增多。根据兰州市天然气公司统计，到 2008 年底，天然气用户达 47 万，其中采暖居民 9 万户（天然气锅炉供热用户 4 万，天然气壁挂炉采暖用户 5 万），单位面积采暖用气 12 立方米/平方米·年。即天然气分别替代了 47 万户的炊事用能（主要是 LPG）和 9 万户的供热用煤。根据问卷调查结果可知，兰州市居民家庭年户均使用天然气 205.9 立方米，通过式（7-10）折算出可替代 199.7 千克液化气。户均住房面积为 79.7 平方米，采暖需天然气 956.4 立方米，替代取暖用煤 1412.2 千克。由此可计算出，兰州市 47 万户居民利用天然气替代 LPG 产生的减排效应为：CO_2 144571.15 吨、SO_2 26.17 吨、N_2O 2.64 吨、NO_x 93.69 吨、CH_4 2.45 吨；替代用煤取暖产生的减排效应为：CO_2 122815.94 吨、SO_2 3449.12 吨、N_2O 2.95 吨、NO_x 26.93 吨、CH_4 313.08 吨，见表 7-8。进一步推动用能结构的转换，扩大天然气的利用特别是在取暖方面的利用，减排潜力巨大。

表 7 - 8　　　　　　　　　　利用天然气的减排效应

燃料		天然气	液化气	1 户减排量	47 万户减排量
使用量		205.9（立方米）	199.7（千克）		
排放量	CO_2（千克）	322.31792	629.91611	307.59819	144571148.1
	SO_2（千克）	0.00344	0.05912	0.05569	26172.0
	N_2O（千克）	0.00055	0.00616	0.00561	2638.6
	NO_x（千克）	0.27001	0.46936	0.19934	93691.2
	CH_4（千克）	0.00575	0.01096	0.00520	2445.9
燃料		天然气	煤炭	1 户减排量	9 万户减排量
使用量		956.4（立方米）	1412.2（千克）		
排放量	CO_2（千克）	1497.15812	2861.77966	1364.62154	122815938.5
	SO_2（千克）	0.02509	38.34861	38.32353	3449117.3
	N_2O（千克）	0.00254	0.03531	0.03276	2948.6
	NO_x（千克）	1.25420	1.55345	0.29925	26932.3
	CH_4（千克）	0.02671	3.50535	3.47864	313077.6

（二）太阳能和沼气利用的减排效益

在城镇地区，太阳能的用途主要为太阳能热水器，可替代电和天然气的利用。在大城市、中等城市、小城市和县城所有使用太阳能的居民家庭中，平均每户每年利用太阳能 196.3 千克标准量，可替代电力 1996.54 千瓦时（热效率按 80% 计算），减少 CO_2、SO_2、N_2O、NO_x 和 CH_4 的排放量分别为 956.96 千克、6.33 千克、0.014 千克、0.52 千克和 1.40 千克；可替代天然气 196.79 立方米（热效率按 75% 计算），减少排放 CO_2 308.06 千克、SO_2 3.30 克、N_2O 0.52 克、NO_x 2.76 克和 CH_4 5.50 克。目前太阳能用户占总户数的 34.3%，扩大太阳能的利用仍有较大的减排潜力。

在农村地区，太阳能和沼气的利用是农村能源开发的主要内容，可用于炊事和照明，能够替代生物质能和煤炭等。研究区域内，沼气每年的可用时间约为 240 天，在常温条件下，每口沼气池日产沼气量为 1.2—2.4 立方米。根据调查，每户燃烧沼气量为 1.2 立方米/天，即可满足五口之家一天的炊饮需求。因此以这一消费量为基准，核算沼气的替代效益即每户年消耗沼气 122.9 千克标准煤，分别可替代秸秆 1229 千克和煤炭 614.5 千克，各种气体的减排量见表 7-9。农村家庭对于太阳能的利用主要是太阳灶，该区域太阳能的有效利用天数为 240 天，户均人口为 4.5 人，人均日开水用量为 2.5 千克，则户均年利用太阳灶所得的热量为 1046.7 兆焦，可替代秸秆 355.9 千克。由此计算出减少 CO_2、SO_2、N_2O、NO_x 和 CH_4 的排放量分别为 468.68 千克、89.5 克、24.2 克、290.39 克和 1891.28 克。

表 7-9　　　　　　　　利用沼气的减排效应

燃料		沼气	秸秆	减排量	煤炭	减排量
使用量		122.9 （千克标准煤）	1229 （千克）		614.5 （千克）	
排放量	CO_2（千克）	91.93	1618.59	1526.66	1400.65	1308.72
	SO_2（克）	108.40	309.09	200.70	9831.76	9723.36
	N_2O（克）	5.90	83.57	77.67	18.00	12.10
	NO_x（克）	115.65	1002.86	887.22	1155.28	1039.63
	CH_4（克）	3.07	13063.04	13059.97	1794.38	1791.30

由于该区域日照时间长，太阳能资源十分丰富。在利用时，除了一次性投入设备费用外，无须支付其他成本。因此，可以在太阳能利用途径上进行更多的技术研发，尤其是在民用建筑采暖方面，开发潜力巨大，减排效益非常可观。

（三）绿电替代火电的减排效益

近年来，甘肃省大力发展风能、太阳能发电项目，水电和沼气发电也有一定潜力。这些清洁电力每替代 1 千瓦时火电，可减少温室气体 CO_2、SO_2、N_2O、NO_x 和 CH_4 的排放量分别为 698.7 克、4.62 克、0.01 克、0.38 克和 1.03 克。

四　小结

在黄土高原西部地区，城乡居民家庭使用能源的种类不同，导致了温室气体排放量的巨大差异。根据 IPCC 等相关文献中各种能源的排放因子，以家庭为单位核算 CO_2、N_2O、NO_x、SO_2、CH_4 和 TSP 六种污染物的排放量。结果表明，从家庭层面看，城镇居民能源消费的排放少，还有"零排放"家庭，而农村家庭使用大量秸秆和直接燃煤，使得各类气体排放量都远大于城镇；从大城市、中等城市、小城市、县城到农村，居民用能的清洁性依次下降，室内污染对居民健康的影响逐渐增大。这主要是因为农村居民主要利用煤炭、生物质能等一次能源，而城镇居民多利用二次能源。从社会层面看，城乡家庭之间排放的差异性缩小，也就是说，这种从农村到城镇能源消费模式的演进带来的只是对居民自身健康不利影响的降低，对整个社会的减排作用并不明显。

有效热能和人均收入、污染排放之间的内在关系通过二次交叉函数清晰地表现出来。其中，人均收入是决定人均有效热能消耗的主导因素。燃料的污染排放指数对有效热能的影响较小，但具有正反两方面的作用。在一次项中，污染排放指数与有效热能呈负向关系，即有效热能越多的家庭污染指数越低，用能越清洁；反映了用户收入增加时选择清洁能源的倾向。但是，污染排放指数在与收入的交叉项中又产生了正向关系，反映了有效热能增加必然伴随着较多排放的现实。将实物用能作为因变量后，人均收入和污染排放指数都起正向作用，并且影响的程度基本对等。反映了收入增长、能源消耗增加、排放增多的必然关联，但回归方程的拟合效果有所下降。未来 10 年，家庭用能需求和污染物排放将随着居民收入的增加而增加，尚不会出现增长收敛的变化，但增长速度低于收入增长的速度。

能源替代的减排效益明显，未来减排潜力巨大。在城镇地区，用天然气替代液化气，每户减少温室气体 CO_2、SO_2、N_2O、NO_x 和 CH_4 的排放量分别为 307.6 千克、0.056 千克、0.006 千克、0.199 千克和 0.005 千克；用天然气替代燃煤取暖每户减排 CO_2、SO_2、N_2O、NO_x 和 CH_4 分别为 1364.62 千克、38.32 千克、0.033 千克、0.299 千克和 3.48 千克。用太阳能可替代电力 1996.54 千瓦时，减少 CO_2、SO_2、N_2O、NO_x 和 CH_4 的排放量分别为 956.96 千克、6.33 千克、

0.014 千克、0.52 千克和 1.40 千克；或替代天然气 196.79 立方米，可减少排放 CO_2 308.06 千克、SO_2 3.30 克、N_2O 0.52 克、NO_x 2.76 克和 CH_4 5.50 克。在农村地区，主要是沼气和太阳能等新能源的利用对一次能源的替代。用沼气替代秸秆 1229 千克，可减少 CO_2、SO_2、N_2O、NO_x 和 CH_4 的排放量分别为 1526.66 千克、200.70 克、77.67 克、887.22 克和 13.06 千克；或替代煤炭 614.5 千克，可减少的排放量分别为 1308.72 千克、9723.36 克、12.10 克、1039.63 克和 1971.30 克。用太阳能替代秸秆 355.9 千克，可减少排放 CO_2 468.68 千克、SO_2 89.5 克、N_2O 24.2 克、NO_x 290.39 克和 CH_4 1891.28 克。因此，进一步扩大天然气和太阳能的利用，减排效益可观。

以上分析结果的政策启示是：在推进城镇化进程和全面小康建设的过程中，应以高效、清洁、可再生、低成本为能源开发、建设的目标，扩大能源公共服务设施的覆盖范围，对生物质能进行深加工、清洁化和集中化利用。在农村积极推广一些户用式的节能炕、太阳能暖房等取暖措施和节能建筑，并像沼气建设一样给予补助或支持，重点改善农户的取暖需求。落实节能减排战略要兼顾家庭和社会两个方面的要求，既要重视人居环境的改善，通过燃料的加工、转化使直接用能清洁化，维护居民健康，也要积极研发新能源和新的用能技术，进一步调整能源结构，减少单位用能的排放量。

第八章　展望

人类社会发展的历史告诉我们，人类文明的每一次重大进步都伴随着能源的改进和更替。能源是经济发展的必要前提和基本条件，新型能源和现代能源的使用必然会有力地推动经济发展、环境保护、生态建设、生活富裕、文明提高、社会进步，实现人与自然的和谐发展。

把握全球能源未来发展趋势，应从全球的视角、战略的视角、整体的视角出发，应对全球经济发展、能源和其他资源安全、环境污染和社会的严峻挑战，需要具有经济、资源、环境、社会四位一体的战略考量，这一战略也可以用"3E＋S"体系来表述，即能源（Energy）、经济（Economy）、环境（Environment）和社会（Society）。"3E＋S"是密切相关、相互影响、相互制约、相互作用的一体化系统性体系，这四个方面正在影响和改变着我们的生活方式、生产方式、发展模式以及政治、经济格局的变革等。"3E＋S"体系的协同促使人们考虑可持续发展问题，不仅是经济、能源、环境的可持续发展，还包括人类的可持续发展。因此，发展绿色经济和绿色能源是根本出路。

当前，世界发展正面临着资源紧缺、环境污染、气候变化等重大挑战，习近平主席提出的探讨"构建全球能源互联网"，是在全球范围推动能源革命、促进清洁发展、应对气候变化的重大倡议，开启了世界能源可持续发展的新征程。全球能源互联网不仅是世界经济低碳转型的重要平台，为发展低碳经济、实现能源变革转型提供系统性解决方案，还将拉动经济增长、促进产能升级、优化能源结构、提高能源效率，成为世界经济增长的新引擎。

　　我国经济社会发展面临日趋强化的资源环境制约，虽然我国是全世界温室气体排放最多的国家，也是能耗最多的国家，但同时还是清洁能源发展最快的国家。我国在近些年来已经做出了很多努力，煤炭消费量在 2014 年和 2015 年连续两年下降，说明我国很可能已经跃过了煤炭消费的天花板，而且因为煤炭消费量的下降，温室气体排放也在下降，很可能使我国跃过了温室气体排放的天花板。即便如此，我国还必须付出更多的努力，为全球气候变化做更多的贡献。当前，以智能化、绿色化为特征的第四次工业革命正在发生，并将对未来能源发展产生巨大影响。解决能源资源制约问题的根本出路是发展可再生能源，而可再生能源的根本发展途径是分布式结构和能源服务的链接。集中力量加快建设分布式能源体系，整体调整能源结构，是实现我国能源可持续发展的重要抓手，必将对我国的能源发展和能源安全产生深远影响。

附录一 黄土高原西部地区城镇家庭能源消费调查问卷

亲爱的朋友:

您好! 为了更好地了解城市居民家庭能源消费情况, 促进节能减排政策的实施, 创建良好的城市环境, 我们组织了这项调查。本问卷是不记名的, 且您所填写的任何资料, 我们将为您保密。请您放心填写!

---

1. 您家的人口总数为_____。

2. 家庭成员基本情况:

序号	就业情况 (在职/待业/退休)	职业	是否常住	备注
1				
2				
3				
4				
5				

3. 您家平均每月电费为_____元。(家庭年收入_____元)

4. 您家用电器具使用情况 (选择家中有的填写):

用途	耗能项目	数量	规格	购买价钱	使用时间	备注
照明	照明灯		瓦		小时/天	
炊事	冰箱		升		—	
	抽油烟机		瓦		小时/天	
	电饭煲		瓦		小时/天	（尺寸）
	电水壶		瓦		小时/天	（尺寸）
	饮水机		瓦		小时/天	
	微波炉		瓦		小时/天	
	电磁炉		瓦		小时/天	
	电烤箱		瓦		小时/天	
娱乐	彩电		瓦		小时/天	（尺寸）
	录放机		瓦		小时/天	
	音响		瓦		小时/天	
	电脑		瓦		小时/天	
取暖制冷	空调		瓦		月/年	
	电扇		瓦		月/年	
	电暖器		瓦		月/年	
	电热毯		瓦		月/年	
清洁卫生	洗衣机		瓦		次/周	普通/半自动/全自动
	电热淋浴器		瓦		次/周	
	电吹风		瓦		小时/天	
	吸尘器		瓦		小时/天	
	电熨斗		瓦		小时/天	
交通	电动车		瓦		次/天	
医疗保健	电动按摩椅		瓦		小时/天	
	跑步机		瓦		小时/天	

5. 其他交通工具方面：

交通工具	汽油耗量	柴油耗量	备注
小汽车			
卡车			
摩托车			

6. 您家每年取暖费用为_____，房屋取暖面积为_____，冬季室内温度为_____。

7. 其他能源使用情况（选择家中应用的填写）：

能源	分类	用途		使用时间（月）
		炊事	取暖	
煤	块煤	斤/月	斤/年	
	蜂窝煤	块/月	块/年	
		炊事	淋浴	
天然气		立方米/月	立方米/年	
液化气	炊事	罐（10/15kg）/年		

8. 您家是否有太阳能热水器？A 是　B 否，其容积为_____。

您购买时的价钱为_____，使用频率_____次/周，一次使用时间_____，每天大概用水量为_____升。

9. 如果您的收入增加，您还将增加上述哪些家庭器具？

_____

_____

10. 是否使用其他能源？（如沼气、煤油、作物秸秆、薪柴）

调查地点：_____　调查时间：_____

附录二 黄土高原西部地区农村家庭能源消费调查问卷

一 家庭基本情况

1. 家庭所在地是_____乡（镇）_____村。

2. 被调查人姓名_____，年龄_____，文化程度_____。

3. 家庭总人口_____人，其中劳动力_____人，外出打工人数_____人。

4. 家庭成员中男_____人，女_____人。

二 经济与社会发展情况

5. 耕地面积_____亩，其中水浇地_____亩，旱地_____亩。

6. 家畜数量：骡马_____，牛_____，猪_____，羊_____。

7. 农业机械：拖拉机_____，三马子_____，榨油机_____，机井（抽水机）_____。

8. 退耕还林前的耕地面积是_____亩。

9. 家庭收入主要来源：

   A. 作物：

作物种类	种植面积（亩）	产量（斤/亩）	出售数量（斤）
小麦			
玉米			
洋芋			
油菜			
胡麻			

B. 果品产量_____；

C. 出栏猪_____头，出栏牛_____头，出栏羊_____头；

D. 开办企业_____；E. 商业_____；F. 外出打工_____；

G. 其他_____。

三　能源使用情况

10. 用电状况：电灯_____盏（功率_____）；电视_____台（使用时间_____小时/天）；VCD_____；电吹风_____；电褥子_____；电炉子_____；电饭锅_____；冰箱_____；洗衣机_____；每月电费_____元。

11. 炊事用能：

能源类型	耗能数量		使用时间（月）
	斤/天	斤/年	
秸秆			
薪柴			
薪草			
煤炭			
液化气	罐（10/15kg）		

太阳灶（有/无）_____。

沼气池：建造时间_____年，体积_____立方米，用时_____月/年，沼气灯（有/无）_____。炊具（灶具）的类型？_____。（如多于1个注明数量）

A. 火炕灶　　B. 节柴灶　　C. 煤气灶　　D. 电饭锅

12. 您家沼气池里的发酵原料是什么？

A. 猪粪　　　B. 驴粪　　　C. 牛羊粪　　D. 人尿粪

E. 秸秆　　　F. 薪草

13. 取暖用能：

取暖用能	能源类型与数量		炕（炉）数量	使用时间（月）
烧炕	斤/炕/天			
	秸秆			
	薪草			
	畜粪			
	煤沫			
火炉	斤/炉/天			
	炭			
	型煤			
	木柴			

取暖面积：长 _____ 米，宽 _____ 米（_____ 平方米）。太阳能暖房（有/无）_____，面积 _____ 平方米。

14. 如果收入增加，您会选择哪种方式补充能源 _____。

A. 煤炭　　B. 电能　　C. 液化气　　D. 砍柴　　E. 铲草皮　F. 沼气　　G. 太阳能

15. 用（不用）沼气的原因？

_____

16. 利用（不利用）太阳能的原因？

_____

参考文献

一　中文文献

［1］白瑷峥、姜月香：《我国城市居民家庭能源可持续消费研究》，《山西财经大学学报》2010 年第 2 期。

［2］白泉、刘静茹：《关于能源消费革命的思考》，《中国经贸导刊》2013 年第 10 期（下）。

［3］曹东等：《中国绿色经济发展和机制政策创新研究》，《中国人口·资源与环境》2012 年第 5 期。

［4］陈彬：《城镇化背景下我国农村居民能源消费的转变》，http://www. sic. gov. cn/News/455/4605. htm。

［5］陈国新：《中国能源资源》，科学普及出版社 1991 年版。

［6］陈迅、袁海蔚：《中国生活能源消费行为影响因素的实证研究》，《消费经济》2008 年第 5 期。

［7］陈义龙：《农村能源应加快供给侧改革》，《人民日报》2017 年 3 月 13 日第 21 版。

［8］陈跃等：《区域低碳经济发展评价研究综述》，《中国人口·资源与环境》2013 年第 4 期。

［9］程川等：《重庆农村不同家庭能源消费研究》，《可再生能源》2004 年第 5 期。

［10］崔民选：《中国能源发展报告》，社会科学文献出版社 2007 年版。

［11］崔颖：《互联网 + 智慧能源：引领能源生产和消费革命》，《世界电信》2015 年第 8 期。

［12］邓可蕴：《中国农村能源综合建设理论与实践》，中国环境科学

出版社 2001 年版。

［13］狄向华等:《中国火力发电燃料消耗的生命周期排放清单》,
《中国环境科学》2005 年第 5 期。

［14］樊杰、李平星:《基于城市化的中国能源消费前景分析及对碳
排放的相关思考》,《地球科学进展》2011 年第 1 期。

［15］方杰:《发展能源循环经济是实现能源可持续性消费的最佳模
式》,《生产力研究》2006 年第 11 期。

［16］高红贵、刘忠超:《中国绿色经济发展模式构建研究》,《科技
进步与对策》2013 年第 24 期。

［17］高翔:《德国低碳转型的进展和经验》,《德国研究》2014 年第
2 期。

［18］耿海青等:《基于信息熵的城市居民家庭能源消费结构演变分
析——以无锡市为例》,《自然资源学报》2004 年第 2 期。

［19］郭焕成:《中国农村能源与开发利用研究》,《经济地理》2004
年第 4 期。

［20］何建坤:《我国能源发展与应对气候变化的形势与对策》,《经
济纵横》2014 年第 5 期。

［21］何秀萍、柯俊:《内蒙古能源消费与经济增长发展关系实证研
究》,《科学管理研究》2007 年第 4 期。

［22］何勇健:《推进能源革命　建设现代能源体系》,《中国投资》
2017 年第 5 期。

［23］贺海峰:《我国农村生活用能结构转换及其环境效应研究》,硕
士学位论文,华中师范大学,2011 年。

［24］黄素逸:《能源概论》,高等教育出版社 2004 年版。

［25］金乐琴:《能源结构转型的目标与路径:美国、德国的比较及
启示》,《经济问题探索》2016 年第 2 期。

［26］郎树德:《大地湾遗址房屋遗存的初步研究》,《考古与文物》
2002 年第 5 期。

［27］李国柱等:《陇中黄土丘陵地区农村生活能源消费的环境经济
成本分析》,《自然资源学报》2008 年第 1 期。

[28] 李家军、张茜：《陕西省能源消费与经济增长关系的实证分析》，《统计与决策》2008 年第 5 期。

[29] 李俊峰等：《我国低碳能源发展思考》，《光明日报》2015 年 6 月 5 日第 10 版。

[30] 李慷等：《中国能源贫困问题现状分析》，《中国能源》2011 年第 8 期。

[31] 李姝、姜春梅：《战略性新兴产业主导的产业结构调整对能源消费影响分析》，《宏观经济研究》2011 年第 1 期。

[32] 李霞：《中国绿色经济发展路径研究》，《中国物价》2016 年第 4 期。

[33] 李晓燕、邓玲：《城市低碳经济综合评价探索——以直辖市为例》，《现代经济探讨》2010 年第 2 期。

[34] 李艳梅：《中国城市化进程中的能源需求及保障研究》，博士学位论文，北京交通大学，2007 年。

[35] 李正图：《中国发展绿色经济新探索的总体思路》，《中国人口·资源与环境》2013 年第 4 期。

[36] 李子良、史仕新：《省域低碳经济综合评价指标体系构建研究——以四川省为例》，《科技管理研究》2012 年第 21 期。

[37] 廖华等：《能源贫困研究现状与展望》，《中国软科学》2015 年第 8 期。

[38] 刘达锋：《农村能源与经济发展》，《农业现代化研究》1988 年第 6 期。

[39] 刘敏：《低碳经济背景下构建湖南低碳消费生活方式研究》，《消费经济》2009 年第 5 期。

[40] 刘宇等：《农村沼气开发与温室气体减排》，《中国人口·资源与环境》2008 年第 3 期。

[41] 娄博杰：《农户生活能源消费选择行为研究》，硕士学位论文，中国农业科学院，2008 年。

[42] 陆慧、卢黎：《农民收入水平对农村家庭能源消费结构影响的实证分析》，《财贸研究》2006 年第 3 期。

［43］陆莹莹、赵旭：《家庭能源消费研究述评》，《水电能源科学》
      2008 年第 1 期。

［44］芈凌云：《城市居民低碳化能源消费行为及政策引导研究》，博
      士学位论文，中国矿业大学，2011 年。

［45］牛叔文等：《陇中黄土丘陵地区农村生活能源资源潜力的估算
      和利用结构分析——以通渭县李店乡祁咀村为例》，《资源科
      学》2007 年第 3 期。

［46］牛叔文等：《能源消耗、经济增长和碳排放之间的关联分析——
      基于亚太八国面板数据的实证研究》，《中国软科学》2010 年
      第 5 期。

［47］牛叔文等：《兰州市家庭用能特点及结构转换的减排效应》，
      《资源科学》2010 年第 7 期。

［48］潘家华等：《低碳经济的概念辨识及核心要素分析》，《国际经
      济评论》2010 年第 4 期。

［49］屈小娥、曹珂：《陕西省低碳经济发展水平评价研究》，《干旱
      区资源与环境》2013 年第 2 期。

［50］曲建升等：《国际主要温室气体排放数据集比较分析研究》，
      《地球科学进展》2008 年第 1 期。

［51］沈镭、刘立涛：《中国能源政策可持续性评价与发展路径选
      择》，《资源科学》2009 年第 8 期。

［52］时璟丽：《"十三五"推进可再生能源发展的战略思考》，《环境
      保护》2016 年第 9 期。

［53］史丹：《全球能源转型特征与中国的选择》，《经济日报》2016
      年 8 月 18 日第 14 版。

［54］史丹：《我国天然气发展的战略目标及其实现》，《中外企业文
      化》2017 年第 1 期。

［55］王革华等：《中国农村地区可持续发展能源战略研究（Ⅳ）建
      立我国农村可持续发展能源战略的政策措施及发展模式》，《农
      业工程学报》1998 年第 4 期。

［56］王效华、冯祯民：《中国农村家庭能源消费的回顾与展望》，

《农业机械学报》2002 年第 3 期。

[57] 王效华、冯祯民：《中国农村家庭能源消费阶段划分研究》，《中国沼气》2001 年第 1 期。

[58] 王效华、冯祯民：《中国农村家庭能源消费研究——消费水平与影响因素》，《农业工程学报》2001 年第 5 期。

[59] 王效华、冯祯民：《中国农村生物质能源消费及其对环境的影响》，《南京农业大学学报》2004 年第 1 期。

[60] 王效华、胡晓燕：《农村家庭能源消费的影响因素》，《农业工程学报》2010 年第 3 期。

[61] 王雨：《推进我国能源战略转型的路径选择》，《当代经济研究》2014 年第 3 期。

[62] 王仲颖、张庆分：《绿色低碳产业：构建清洁高效低碳的现代产业体系和能源体系》，《中国战略新兴产业》2017 年第 1 期。

[63] 王仲颖等：《合理控制能源消费总量理论与实践》，中国经济出版社 2014 年版。

[64] 王仲瑀：《黑龙江省能源可持续发展研究》，博士学位论文，东北林业大学，2007 年。

[65] 王宗军、潘文砚：《我国低碳经济综合评价——基于驱动力—压力—状态—影响—响应模型》，《技术经济》2012 年第 12 期。

[66] 魏一鸣、范英：《中国能源报告 2006：战略与政策研究》，科学出版社 2006 年版。

[67] 魏一鸣、郝宇：《中国能源报告：能源贫困研究》，科学出版社 2014 年版。

[68] 吴开尧：《基于可持续发展的中国能源核算研究》，博士学位论文，上海交通大学，2011 年。

[69] 吴燕红等：《滇西北农村生活能源使用现状及生物质能源开发利用研究——以兰坪县和香格里拉县为例》，《自然资源学报》2008 年第 5 期。

[70] 相伟：《碳排放强度视野下的中国经济"低碳化"》，《城市管理与科技》2010 年第 6 期。

[71] 肖新建：《我国能源革命亟待跨越三大障碍》，《宏观经济管理》2016 年第 12 期。

[72] 肖运来等：《贫困、能源与环境：贫困县农村炊事能源使用分析》，《华中农业大学学报》（社会科学版）2010 年第 5 期。

[73] 谢传胜等：《城市低碳经济综合评价及发展路径分析》，《技术经济》2010 年第 8 期。

[74] 谢松、刘庆和：《贵州的能源消费与经济增长》，《贵州社会科学》2007 年第 12 期。

[75] 谢玮：《后震灾时代，日本谋求能源转型》，《中国经济周刊》2015 年第 12 期。

[76] 谢治国等：《建国以来我国可再生能源政策的发展》，《中国软科学》2005 年第 9 期。

[77] 许国斌、许义娇：《西部地区县域经济低碳化发展探析》，《经济纵横》2011 年第 5 期。

[78] 闫丽珍等：《中国农村生活能源利用与生物质能开发》，《资源科学》2005 年第 1 期。

[79] 姚广红等：《对我国能源可持续消费的探讨》，《科技创新导报》2008 年第 20 期。

[80] 姚建平：《"能源贫困"亟待扶贫创新》，《人民日报》2015 年 6 月 26 日第 5 版。

[81] 姚建平：《论家庭能源消费行为研究》，《能源研究与利用》2009 年第 4 期。

[82] 叶梓：《节能减排呼唤消费行为环境责任》，《消费日报》2007 年 7 月 19 日第 3 版。

[83] 尹希果：《计量经济学原理与操作》，重庆大学出版社 2009 年版。

[84] 于立：《能源价格理论研究》，东北财经大学出版社 1994 年版。

[85] 翟辅东：《我国农村能源发展方针调整问题探讨》，《自然资源学报》2003 年第 1 期。

[86] 张传国、陈蔚娟：《广东省能源消费与经济增长关系实证研

究》,《国际经贸探索》2008 年第 6 期。

［87］张传平、高伟:《基于熵权—灰色关联—TOPSIS 方法的山东省低碳经济综合评价》,《科技管理研究》2014 年第 17 期。

［88］张帆、李佐军:《我国节能减排的区域差异与应对之策》,《宏观经济管理》2012 年第 8 期。

［89］张海鹏等:《林区农村家庭生活能源消费需求实证分析——基于双扩展的线性支出系统模型》,《中国农村经济》2010 年第 7 期。

［90］张奇:《中国的天然气战略:布局、改革与未来趋势》,《人民论坛·学术前沿》2016 年第 22 期。

［91］赵晓丽、洪东悦:《中国节能政策演变与展望》,《软科学》2010 年第 4 期。

［92］赵媛:《可持续能源发展战略》,社会科学文献出版社 2001 年版。

［93］张馨等:《中国城市化进程中的居民家庭能源消费及碳排放研究》,《中国软科学》2011 年第 9 期。

［94］张馨:《城乡居民家庭能源消费及其生存现状的多维视角分析——以黄土高原西部地区为例》,博士学位论文,兰州大学,2012 年。

［95］中国国际经济交流中心课题组:《中国能源生产与消费革命》,社会科学文献出版社 2014 年版。

［96］周大地:《中国能源状况和新能源产业发展方向与亮点》,《中国经贸导刊》2017 年第 1 期(下)。

［97］周曙东等:《江苏和吉林农村家庭能源消费差异及影响因素分析》,《生态与农村环境学报》2009 年第 3 期。

［98］周中仁等:《北方小康农村家庭能源消费结构演变研究——以山东省桓台县为例》,《农业工程学报》2007 年第 3 期。

［99］朱曹坚:《苏州市能源消费与可持续发展战略分析》,《中国能源》2006 年第 12 期。

［100］朱四海:《农村能源软化国家能源约束途径分析》,《中国农村

经济》2007 年第 11 期。

［101］朱彤：《对当前我国能源转型的理论思考》，《光明日报》2015
年 12 月 24 日第 16 版。

［102］庄贵阳：《低碳经济：气候变化背景下中国的发展之路》，气
象出版社 2007 年版。

［103］邹蕴涵：《对促进我国页岩气产业发展的政策思考》，《中国能
源》2016 年第 3 期。

二　英文文献

［104］Abdeen Mustafa Omer, "Focus on Low Carbon Technologies：The
Positive Solution", *Renewable and Sustainable Energy Reviews*,
2008, 12 (9).

［105］Adeoti, D. O. O. Idowu, T. Falegan, "Could Fuelwood Use Con-
tribute to Household Poverty in Nigeria?", *Biomass and Bioenergy*,
2001, 21 (3).

［106］Alemu Mekonnen, Gunnar Köhlin, *Determinants of household fuel
choice in major cities in Ethiopia*, 2008.

［107］Amulya K. N. Reddy, B. Sudhakara Reddy, "Substitution of Ener-
gy Carriers for Cooking in Bangalore", *Energy*, 1994, 19 (5).

［108］Analaya Nansaior, Aran Patanothai, A. Terry Rambo, Suchint Si-
maraks, "Climbing the Energy Ladder or Diversifying Energy
Sources? The Continuing Importance of Household Use of Biomass
Energy in Urbanizing Communities in Northeast Thailand", *Biomass
and Bioenergy*, 2011, 35 (10).

［109］Andrea Stocker, Anett GroBmann, Reinhard Madlener, Marc Ingo
Wolter, "Sustainable Energy Development in Austria until 2020：
Insights from Applying the Integrated Model 'e3. at'", *Energy
Policy*, 2011, 39 (10).

［110］Anna – Lisa Lindén, Annika Carlsson – Kanyama, "Voluntary A-
greements—A Measure for Energy – efficiency in Industry? Lessons
from a Swedish Programme", *Energy Policy*, 2002, 30 (10).

[111] Annemarie C. Kerkhof, René M. J. Benders, Henri C. Moll, "Determinants of Variation in Household CO_2 Emissions between and within Countries", *Energy Policy*, 2009, 37 (4).

[112] B. Sudhakara Reddy, "A Multilogit Model for Fuel Shifts in the Domestic Sector", *Energy*, 1995, 20 (9).

[113] B. Sudhakara Reddy, "Overcoming the Energy Efficiency Gap in India's Household Sector", *Energy Policy*, 2003, 31 (11).

[114] B. S. Reddy, *The Energy Sector of the Metropolis of Bangalore*, India: Indian Institute of Science, 1990.

[115] Bas J. van Ruijven, et al., "Model Pprojections for Household Energy Use in India", *Energy Policy*, 2011, 39 (12).

[116] Bas van Ruijven, Frauke Urban, René M. J. Benders, Henri C. Moll, et al., "Modeling Energy and Development: An Evaluation of Models and Concepts", *World Development*, 2008, 36 (12).

[117] Bitian Fu, Meng Wu, Yue Che, Min Wang, Yuchi Huang, Yang Bai, "The Strategy of A Low – carbon Economy Based on the STIRPAT and SD Models", *Acta Ecologica Sinica*, 2015, 35 (4).

[118] Boukary Ouedraogo, "Household Energy Preferences for Cooking in Urban Ouagadougou, Burkina Faso", *Energy Policy*, 2006, 34 (18).

[119] Bruce A. Larson, Sydney Rosen, "Understanding Household Demand for Indoor Air Pollution Control in Developing Countries", *Social Science &amp, Medicine*, 2002, 55 (4).

[120] Bwo – Nung Huang, M. J. Hwang, C. W. Yang, "Causal Relationship between Energy Consumption and GDP Growth Revisited: A Dynamic Panel Data Ppproach", *Ecological Economics*, 2008, 67 (1).

[121] Dalia Streimikiene, Andzej Volochovic, "The Impact of Household

Behavioral Changes on GHG Emission Reduction in Lithuania", *Renewable and Sustainable Energy Reviews*, 2011, 15 (8).

[122] David I. Stern, "Energy and Economic Growth in the USA: A Multivariate Approach", *Energy Economics*, 1993, 15 (2).

[123] Dianah Ngui, John Mutua, Hellen Osiolo, Eric Aligula, "Household Energy Demand in Kenya: An Application of the Linear Approximate almost Ideal Demand System (LA – AIDS)", *Energy Policy*, 2011, 39 (11).

[124] Dinesh Misra, Shashi Kant, "Economic Efficiency and Shadow Prices of Social and Biological Outputs of Village – level Organizations of Joint Forest Management in Gujarat, India", *Journal of Forest Economics*, 2005, 11 (3).

[125] Faiza Abbasi, Khalid Riaz, "CO_2 Emissions and Financial Development in An Emerging Economy: An Augmented VAR Approach", *Energy Policy*, 2016, 90 (3).

[126] Fatih Birol, "Energy Economics: A Place for Energy Poverty in the Agenda", *Energy Journal*, 2007, 28 (3).

[127] Foxon T. , Kohler J. , Oughton C. , *Innovation for A Low – carbon Economic Institutional and Management Approaches*, UK: Edward Elgar Publishing, 2008.

[128] Gang Liu, Mario Lucas, Lei Shen, "Rural Household Energy Consumption and Its Impacts on Eco – environment in Tibet: Taking Taktse County as An Example", *Renewable and Sustainable Energy Reviews*, 2008, 12 (7).

[129] Gautam Gupta, Gunnar Köhlin, "Preferences for Domestic Fuel: Analysis with Socio – economic Factors and Rankings in Kolkata, India", *Ecological Economics*, 2006, 57 (1).

[130] Geo Harlem Brundtland. Our Common Future, *The World Commission on Environment and Development*, UK: O. U. Press, 1987.

[131] George S. Donatos, George J. Mergos, "Residential demand for e-

lectricity: The case of Greece", *Energy Economics*, 1991, 13 (1).

[132] Gerald A. Leach, "Residential Energy in the Third World", *Annual Review of Energy*, 1988: 13.

[133] Greg Hiemstra – van der Horst, Alice J. Hovorka, "Reassessing the 'Energy Ladder': Household Energy Use in Maun, Botswana", *Energy Policy*, 2008, 36 (9).

[134] Guozhu Li, Shuwen Niu, Libang Ma, Xin Zhang, "Assessment of Environmental and Economic Costs of Rural household Energy Consumption in Loess Hilly Region, Gansu Province, China", *Renewable Energy*, 2009, 34 (6).

[135] Haripriya Gundimeda, Gunnar Köhlin, "Fuel Demand Elasticities for Energy and Environmental policies: Indian sample survey evidence", *Energy Economics*, 2008, 30 (2).

[136] Ibrahim Dincer, "Renewable Energy and Sustainable Development: A Crucial Review", *Renewable and Sustainable Energy Reviews*, 2000, 4 (2).

[137] Ibrahim Hafeezur Rehman, et al., "Rural Energy Rransitions in Developing Countries: A Case of the Uttam Urja Initiative in India", *Environmental Science & Policy*, 2010, 13 (4).

[138] Ignas Sateikis, Stefa Lynikiene, Bronius Kavolelis, "Analysis of Feasibility on Heating Single Family Houses in Rural Areas by Using Sun and Wind Energy", *Energy and Buildings*, 2006: 38.

[139] International Energy Agency (IEA), "Energy and Poverty", *World Energy Outlook*, Paris: 2010.

[140] Intergovernmental Panel on Climate Change (IPCC), "2006 IPCC Guidelines for National Greenhouse Gas Inventories: Volume II", *Institute for Global Environmental Strategies*, Japan: 2008.

[141] J. J. Hain, et al., "Additional Renewable Energy Growth through Small – scale Community Orientated Energy Policies", *Energy Poli-*

cy，2005，33（9）．

[142] J. W. Sun，"Real Rural Residential Energy Consumption in China，1990"，*Energy Policy*，1996，24（9）．

[143] Jing Cai，Zhigang Jiang，"Changing of Energy Consumption Patterns from Rural Households to Urban Households in China：An Example from Shaanxi Province，China"，*Renewable and Sustainable Energy Reviews*，2008，12（6）．

[144] Johan Martinsson，Lennart J. Lundqvist，Aksel Sundström，"Energy Saving in Swedish Households：The（Relative）Importance of Environmental Attitudes"，*Energy Policy*，2011，39（9）．

[145] Jorge Rosas，Claudia Sheinbaum，David Morillon，"The Structure of Household Energy Consumption and Related CO_2 Emissions by Income Group in Mexico"，*Energy for Sustainable Development*，2010，14（2）．

[146] Joy Dunkerley Elizabeth Cecelski，William Ramsay，*Household Energy and the Poor in the Third World*，Washington DC：Resources for the Future，1979.

[147] K. Mahapatra，C. P. Mitchell，"Biofuel Consumption，Deforestation，and Farm Level Tree Growing in Uural India"，*Biomass and Bioenergy*，1999，17（4）．

[148] Kirk R. Smith，Michael G. Apte，Ma Yuqing，Wathana Wongsekiarttirat，et al.，"Air Pollution and the Energy Ladder in Asian Cities"，*Energy*，1994，19（5）．

[149] Kraft J.，Kraft A.，"On the Relationship between Energy and GNP"，*Energy Development*，1978（3）．

[150] L. X. Zhang，Z. F. Yang，B. Chen，G. Q. Chen，et al.，"Temporal and Spatial Variations of Energy Consumption in Rural China"，*Communications in Nonlinear Science and Numerical Simulation*，2009，14（11）．

[151] Larry Chuen - ho Chow，"A Study of Sectoral Energy Consumption

in Hong Kong (1984 – 1997) with Special Emphasis on the House-hold Sector", *Energy Policy*, 2001, 29 (13).

[152] Le Chen, Nico Heerink, Marrit van den Berg, "Energy Consumption in Rural China: A Household Model for Three Villages in Jiangxi Province", *Ecological Economics*, 2006, 58 (2).

[153] Li Zhidong, "Quantitative Analysis of Sustainable Energy Strategies in China", *Energy Policy*, 2010, 38 (5).

[154] Lin Gan, Juan Yu, "Bioenergy Transition in Rural China: Policy options and co – benefits", *Energy Policy*, 2008, 36 (2).

[155] Luis Mundaca, Anil Markandya, "Assessing Regional Progress Towards A Green Energy Economy", *Applied Energy*, 2016, 179 (10).

[156] M. Campbell, S. J. Vermeulen, J. J. Mangono, R. Mabugu, "The Rnergy Transition in Action: Urban Domestic Fuel Choices in A Changing Zimbabwe", *Energy Policy*, 2003, 31 (6).

[157] M. K. Misra, N. C. Sahu, B. Govind Rao, S. K. Nisanka, "Domestic Fuel Rnergy Consumption in An Indian Urban Ecosystem", *Biomass and Bioenergy*, 1995, 9 (6).

[158] M. N. Eltony, N. H. Al – Mutairi, "Demand for Gasoline in Kuwait: An Empirical Analysis Using Cointegration Techniques", *Energy Economics*, 1995, 17 (3).

[159] M. Narasimha Rao, B. Sudhakara Reddy, "Variations in Energy use by Indian Households: An Analysis of Micro Level Data", *Energy*, 2007, 32 (2).

[160] Majid Ezzati, Daniel M. Kammen, "Household Energy, Indoor Air Pollution and Health in Developing Countries: Knowledge Base for Effective Interventions", *Annual Review of Energy and the Environment*, 2002, 27 (1).

[161] Makoto Kanagawa, Toshihiko Nakata, "Analysis of the Energy Access Improvement and Its Socio – economic Impacts in Rural Areas

of Developing Countries", *Ecological Economics*, 2007, 62 (2).

[162] Manzoor Alam, Jayant Sathaye, Doug Barnes, "Urban Bousehold Energy Use in India: Efficiency and Policy Implications", *Energy Policy*, 1998, 26 (11).

[163] Martin Fournier, Sylvie Demurger, *Rural Poverty and Fuelwood Consumption: Evidence from Labagoumen Township (China)*, 2007.

[164] Martiskainen Mari, "Household Energy Consumption and Behavioural Change – the UK Perspective", *Sustainable Consumption Research Exchange*, 2008.

[165] Matthew J. Cohen, Mark T. Brown, Keith D. Shepherd, "Estimating the Environmental Costs of Soil Erosion at Multiple Scales in Kenya Using Emergy Synthesis", *Agriculture, Ecosystems & Environment*, 2006, 114 (2 – 4).

[166] McKay Helen, "Environmental, Economic, Social and Political Drivers for Increasing Use of Woodfuel as A Renewable Resource in Britain", *Biomass and Bioenergy*, 2006, 30 (4).

[167] Mohan Munasinghe, *Sustainable Energy Development (SED): Issues and Policy*, Washington, D. C.: The World Bank, 1995.

[168] Muyeye Chambwera, Henk Folmer, "Fuel Switching in Harare: An Almost Ideal Demand System Approach", *Energy Policy*, 2007, 35 (4).

[169] N. Anozie, A. R. Bakare, J. A. Sonibare, T. O. Oyebisi, "Evaluation of Cooking Energy Cost, Efficiency, Impact on Air Pollution and Policy in Nigeria", *Energy*, 2007, 32 (7).

[170] Nguyen Anh Tuan, Thierry Lefevre, "Analysis of Household Energy Demand in Vietnam", *Energy Policy*, 1996, 24 (12).

[171] Organisation for Economic Co – operation and Development (OECD), *Global Environmental Outlook*, Paris: 2001.

[172] P. Balachandra, "Dynamics of Rural Energy Access in India: An Assessment", *Energy*, 2011, 36 (9).

[173] Phetkeo Poumanyvong, Shinji Kaneko, "Does Urbanization Lead to Less energy Use and Lower CO_2 Emissions? A Cross – country Analysis", *Ecological Economics*, 2010, 70 (2).

[174] Piet G. M. Boonekamp, "Actual Interaction Effects between Policy Measures for Energy Efficiency—A Qualitative Matrix method and Quantitative Simulation Results for Households", *Energy*, 2006, 31 (14).

[175] Poul Alberg φstergaard., "Reviewing Optimisation Criteria for Energy Systems Analyses of Renewable Energy Integration", *Energy*, 2009, 34 (9).

[176] Q. Yu X. Gao, Q. Gu, Y. Chen, K. Ding, J. Zhu, L. Chen, "Indoor Air Pollution from Solid Biomass Fuels Combustion in Rural Agricultural Area of Tibet, China", *Indoor Air*, 2009, 19 (3).

[177] Qiaosheng Wu, Valerie Clulow, Svetlana Maslyuk, *Energy Consumption Inequality and Human Development*, Australia: International Confernce on Mangement Science & Engineering (17th), 2010.

[178] R. Saidur, H. H. Masjuki, M. Y. Jamaluddin, S. Ahmed, "Energy and Associated Greenhouse Gas Emissions from Household Appliances in Malaysia", *Energy Policy*, 2007, 35 (3).

[179] Richard D. Prosser, "Demand Elasticities in OECD: Dynamical Aspects", *Energy Economics*, 1985, 7 (1).

[180] Richard H. Hosier, Jeffrey Dowd, "Household Fuel Choice in Zimbabwe: An Empirical Test of the Energy Ladder Hypothesis", *Resources and Energy*, 1987, 9 (4).

[181] Robert Van Der Plas Douglas F. Barnes, Willem Floor, "Tackling the Rural Energy Problem in Developing Countries", *Finance &*

Development, 1997, 34 (2).

[182] Sen Wang, G. C. van Kooten and B. Wilson, "Mosaic of Reform: Forest Policy in Post – 1978 China", *Forest Policy and Economics*, 2004, 6 (1).

[183] Shonali Pachauri, Leiwen Jiang, "The Household Energy Transition in India and China", *Energy Policy*, 2008, 36 (11).

[184] Shui Bin, Hadi Dowlatabadi, "Consumer Lifestyle Approach to US Energy Use and the Related CO_2 Emissions", *Energy Policy*, 2005, 33 (2).

[185] Shuwen Niu, Xin Zhang, Chunsheng Zhao, Yongxia Ding, et al. , "Household Energy Use and Emission Reduction Effects of Energy Conversion in Lanzhou City, China", *Renewable Energy*, 2011, 36 (5).

[186] Shuwen Niu, Yixin Li, Yongxia Ding, Jing Qin, "Energy Demand for Rural Household Heating to Suitable Levels in the Loess Hilly Region, Gansu Province, China", *Energy*, 2010, 35 (5).

[187] Shu Wenniu, Xin Zhang, Chunsheng Zhao, Yunzhu Niu, "Variations in Energy Consumption and Survival Status between Rural and Urban Households: A Case Study of the Western Loess Plateau, China", *Energy Policy*, 2012, 49 (10).

[188] Shuwen Niu, et al. , "Economic Growth, Energy Conservation and Emissions Reduction: A Comparative Analysis Based on Panel Data for 8 Asian – Pacific Countries", *Energy Policy*, 2011, 39 (4).

[189] Simon Roberts, "Demographics, Energy and Our Homes", *Energy Policy*, 2008, 36 (12).

[190] Soumyananda Dinda, Dipankor Coondoo, "Income and Emission: A Panel Data – based Cointegration Analysis" *Ecological Economics*, 2006, 57 (2).

[191] Sovacool Benjamin K. , "Conceptualizing Urban Household Energy Use: Climbing the 'Energy Services Ladder'", *Energy Policy*, 2011, 39 (3) .

[192] Stephen R. Tyler, "Household Energy Use in Asian Cities: Responding to Development Success", *Atmospheric Environment*, 1996, 30 (5) .

[193] Stephen Tyler Jayant Sathaye, "Transitions in Household Energy Use in Urban China, India, the Philippines, Thailand and Hong Kong", *Annual Review of Energy and the Environment*, 1991, 16.

[194] Suchismita Bhattacharjee, *Analytical Framework to Study Energy Efficiency Policy Portfolios across Countries/States*, Blacksburg: Virginia Tech, 2010.

[195] Sudhakara Reddy, T. Srinivas, "Energy Use in Indian Household Sector – An Actor – oriented Approach", *Energy*, 2009, 34 (8) .

[196] Surendra K. Nisanka, Malaya K. Misra, Nirmal C. Sahu, "Economics of Fuel Energy in An Indian Village Ecosystem", *Bioresource Technology*, 1992, 39 (3) .

[197] Tommi Ekholm, Volker Krey, Shonali Pachauri, Keywan Riahi, "Determinants of Household Energy Consumption in India", *Energy Policy*, 2010, 38 (10) .

[198] Ugur S. , Ramazan S. , "Energy Consumption and GDP: Causality Relationship in G – 7 Countries and Emerging Markets", *Energy Economics*, 2003, 25 (1) .

[199] Ugur Soytas, Ramazan Sari, "Energy Consumption, Economic Growth, and Carbon Emissions: Challenges Faced by An EU Candidate Member", *Ecological Economics*, 2009, 68 (6) .

[200] Ugur Soytas, Ramazan Sari, Bradley T. Ewing, "Energy Consumption, Income, and Carbon Emissions in the United States", *Ecological Economics*, 2007, 62 (3 – 4) .

[201] Ugur Soytas, Ramazan Sari, "Energy Consumption and Income in

G –7 Countries", *Journal of Policy Modeling*, 2006, 28 (7).

[202] United Nations Development Programme (UNDP), *Human Development Report*, 1997.

[203] Vassilis Daioglou, Bas J. van Ruijven, Detlef P. van Vuuren, "Model Projections for Household Energy Use in Developing Countries", *Energy*, 2012, 37 (1).

[204] Vijay Laxmi, Jyoti Parikh, Shyam Karmakar, Pramod Dabrase, "Household Energy, Women's Hardship and Health Impacts in Rural Rajasthan, India: Need for Sustainable Energy Solutions", *Energy for Sustainable Development*, 2003, 7 (1).

[205] Wang Xiaohua, Feng Zhenming, "Survey of Rural Household Energy Consumption in China", *Energy*, 1996, 21 (7 – 8).

[206] Wang Xiaohua, Feng Zhenmin, "Common Factors and Major Characteristics of Household Energy Consumption in Comparatively Well – off Rural China", *Renewable and Sustainable Energy Reviews*, 2003, 7 (6).

[207] Wang Xiaohua, Feng Zhenmin, "Rural Household Energy Consumption with the Economic Development in China: Stages and Characteristic Indices", *Energy Policy*, 2001, 29 (15).

[208] Wang Xiaohua, Feng Zhenmin, "Sustainable Development of Rural Energy and Its appraising System in China", *Renewable and Sustainable Energy Reviews*, 2002, 6 (4).

[209] Wang Xiaohua, Feng Zhenming, "Rural Household Energy Consumption in Yangzhong County of Jiangsu Province in China", *Energy*, 1997, 22 (12).

[210] Wang Yu, "The Analysis of the Impacts of Energy Consumption on Environment and Public Health in China", *Energy*, 2010, 35 (11).

[211] Wenying Chen, Hualin Li, Zongxin Wu, "Western China Energy Development and West to East Energy Rransfer: Application of the

Western China Sustainable Energy Development Model", *Energy Policy*, *2010*, *38*（*11*）.

［212］ Word Health Organization（WHO）, *Fuel for life*: *Household Energy and Health*, 2006.

［213］ Wuyuan Peng, Zerriffi Hisham, Jiahua Pan, "Household Level Fuel Switching in Rural Hubei", *Energy for Sustainable Development*, 2010, 14（3）.

［214］ Xiangsheng Dou, "Low carbon – economy Development: China's Pattern and Policy Selection", *Energy Policy*, 2013, 63（11）.

［215］ Xiaoge Ping, Zhigang Jiang, Chunwang Li, "Status and Future Perspectives of Energy Consumption and Its ecological Impacts in the Qinghai – Tibet Region", *Renewable and Sustainable Energy Reviews*, 2011, 15（1）.

［216］ Xiaoli Zhao, Na Li, Chunbo Ma, "Residential Rnergy Consumption in Urban China: A Decomposition Analysis", *Energy Policy*, 2012, 41（10）.

［217］ Yang, H. Y. , "A Note on the Causal Relationship between Energy and GDP in Taiwan", *Energy Economics*, 2000（3）.

［218］ Yinlong Jin, et al. , "Exposure to Indoor Air Pollution from Household Energy Use in Rural China: The Interactions of Technology, Behavior, and Knowledge in Health Risk Management", *Social Science & amp*; *Medicine*, 2006, 62（12）.

［219］ Yu E. S. H. , Choi J. Y. , "The Causal Relationship between Electricity and GNP: An International Comparison", *Journal of Energy and Development*, 1985, （10）.

［220］ Yutaka Tonooka, Jiaping Liu, Yasuhiko Kondou, Yadong Ning, Oki Fukasawa, "A Survey on Energy consumption in Rural Households in the Fringes of Xi' an city", *Energy and Buildings*, 2006, 38（11）.

［221］ Zha Donglan, Zhou Dequn, Zhou Peng, "Driving Forces of Residential CO$_2$ Emissions in Urban and Rural China: An Index Decomposition Analysis", *Energy Policy*, 2010, 38 (7).

[222] Zhang Jingchao, Koji Kotani. "The Determinants of Household Energy Demand in Rural Beijing: Can Environmentally Friendly Technologies be Effective?", *Energy Economics*, 2012, 34 (2).

[223] Zhang Peidong, Jia Guomei, Wang Gang, "Contribution to Emission Reduction of CO$_2$ and SO$_2$ by Household Biogas Construction in Rural China", *Renewable and Sustainable Energy Reviews*, 2007, 11 (8).

[224] Zhongren Zhou, Wenliang Wu, Qun Chen, Shufeng Chen, "Study on Sustainable Development of Rural Household Rnergy in Northern China", *Renewable and Sustainable Energy Reviews*, 2008, 12 (8).

后　记

在人类发展道路上，能源的演进与变革是重要的驱动力。人类要实现可持续发展，能源的绿色低碳转型是必然趋势。目前，人们已经意识到解决能源问题的紧迫性，世界能源变革正在蓬勃兴起。在世界各国人民的齐心协力下，总有一天，世界将成为能源充足、环境友好、和平和谐的"地球村"。当下我们多做一些努力，将来大自然会回馈我们更多。

本书的创作是我多年来在能源资源与可持续发展领域的科研积累，也是在承担国家、省级社科基金项目基础上形成的成果。然而，更为重要的是，本书凝结了众多人给予的指导、帮助和支持，我唯有满怀感恩，铭记在心，并将这些关怀与厚爱以书的形式传递给更多人。衷心感谢我的导师牛叔文教授对于本书部分研究内容的设计和撰写给予精心的指导，倾注了大量心血，拓宽了我在能源领域的研究思维，带给我智慧的启迪和科研的能力。感谢师门调研团队全体成员，在大家的齐心协助下，我的大样本问卷调查才得以顺利完成。感谢杨振、李国柱、吴文恒、刘正广、王志锋、马利邦、罗光华、秦静、胡莉莉、刘建兰、董建梅、孙红杰、丁永霞、李怡欣、李怡涵、马莉、赵春升、杨丽娜、张喜风等对我的帮助，同时，还要感谢甘肃省统计局为调查数据的获取提供了帮助。

在书稿的写作过程中，家人无私的爱是我坚强的后盾和前进的动力，最深切最真挚的谢意献给我的父母。先生蒋军学对于本书的部分数据整理和文字校对给予了热忱帮助，感激之情溢于言表。同时，本书的撰写和出版得到了陕西省社会科学院经济研究所所长裴成荣研究员和副所长吴刚研究员的殷切关怀和大力支持，以及各位同事的点滴帮助，在此一并致以谢忱。另外，感谢中国社会科学出版社编辑部侯苗苗为本书付出了很大精力，并提出了宝贵意见。

在书稿即将付梓之际，谨向所有关心和帮助我的人表示诚挚的谢意，感恩各位专家、学者、老师给予的指点和教诲，感谢家人、朋友、领导、同事对我一如既往的支持和鼓励，让我在未来的科研道路上，披荆斩棘，勇往直前。

未来，能源转型与可持续发展还有很多研究和工作要做，我的研究也只是一种探索，由于研究水平有限，书中难免有不足和错漏之处，敬请批评指正。

张馨

2017 年 7 月 6 日于西安